普通高等教育"十一五"国家级规划教材

"十二五"职业教育国家规划教材
经全国职业教育教材审定委员会审定

U0670574

高职高专会计专业系列教材

管 理 会 计

Guanli Kuaiji（第3版）

郭少东 / 主 编

刘伊莎 翟其红 / 副主编

翁建威 / 主 审

重庆大学出版社

内 容 提 要

　　本书是根据教育部最新制订的《高等职业学校会计专业教学标准》和高职高专的教学特点而编写的。本书比较全面、系统地介绍了管理会计的基本理论和基本方法，并对管理会计的最新研究成果进行了介绍，具有针对性强、突出实用性的特点。全书共分11个项目，其主要内容有：认知管理会计，成本性态分析和变动成本法，本量利分析，预测分析，短期经营决策的分析与评价，长期投资决策的分析与评价，全面预算，标准成本法，责任会计，作业成本法和战略管理会计。

　　本书不但可供独立设置的高等职业技术学院、高等专科学校、成人高等学校及本科院校举办的二级职业技术学院和民办职业技术学院的会计专业、管理类专业作为教材使用，也可供经济管理人员、财会人员学习时参考。

图书在版编目(CIP)数据

管理会计/郭少东主编 . —3 版.—重庆：重庆

大学出版社,2014.8(2021.12 重印)

高职高专会计专业系列教材

ISBN 978-7-5624-8554-4

Ⅰ.①管…　Ⅱ.①郭…　Ⅲ.①管理会计—高等职业教

育—教材　Ⅳ.①F234.3

中国版本图书馆 CIP 数据核字(2014)第 190803 号

管理会计
(第 3 版)

郭少东　主　编

刘伊莎　翟其红　副主编

翁建威　主　审

责任编辑：马　宁　王智军　　版式设计：王智军

责任校对：陈　力　　　　　　责任印制：张　策

*

重庆大学出版社出版发行

出版人：饶帮华

社址：重庆市沙坪坝区大学城西路 21 号

邮编：401331

电话：(023) 88617190　88617185(中小学)

传真：(023) 88617186　88617166

网址：http://www.cqup.com.cn

邮箱：fxk@ cqup.com.cn (营销中心)

全国新华书店经销

重庆市联谊印务有限公司印刷

*

开本：720mm×960mm　1/16　印张：19.25　字数：335 千

2014 年 9 月第 3 版　　2021 年 12 月第 15 次印刷

印数：37 001—38 000

ISBN 978-7-5624-8554-4　定价：49.00 元

第3版前言

本书是根据教育部最新制定的《高等职业学校会计专业教学标准》和高职高专的教学特点编写而成的。

本书是普通高等教育"十一五"国家级规划教材、"十二五"职业教育国家规划教材,在本次的编写过程中,除保留了现代管理会计理论架构之外,对一些复杂的理论和方法,做了适度简化,力争使本书突出基础理论知识的应用和实践技能的培养。在内容设计上加强了针对性和实用性,通过大量的案例计算与分析来帮助学生加强对知识的理解与掌握,有利于学生综合素质的形成及科学思维方式和创新能力的培养。增加了作业成本计算与战略管理会计的内容,以吸收国际先进的成本管理方法;增加了导入案例,提高学生学习兴趣;增加了项目分解和过程训练等栏目,以适应高职教育的职业化、过程化、项目化。为了突出高职高专训练性的特点,特依托行业企业开发能力标准,以典型工作任务与职业能力分析为依据,确立了工作任务在课程框架中的主线地位,以解构岗位专业知识,分析岗位职业素质,分解岗位实践技能;将工商企业特别是中小企业生产经营决策、长期投资决策、财务预算、成本控制和企业内部责任会计等领域的基本问题及解决问题的基本理论和技术方法作为重点介绍。

本书由重庆电子工程职业学院郭少东教授担任主编,重庆电子工程职业学院刘伊莎副教授、太原大学翟其红副教授共同担任副主编,中国兵器工业集团公司财务金融部主任、高级会计师翁建威任主审。郭少东负责对全书的初稿进行修改和总纂,并执笔编写项目1和项目2,翟其红编写项目3和项目8及有关习题,刘伊莎编写项目4、项目7和项目9,山西财贸职业技术学院的杨卫编写项目5及有关学习引导,重庆青年职业技术学院的顾春景编写项目6,太原学院的柴晓星编写项目10,重庆青年职业技术学院的倪羽编写项目11。本书在编写过程中,中国嘉陵工业集团公司总会计师简然全面地审阅了本书,并提出了许多有价值的修改意见,同时该书还得到了重庆大学出版社的大力支持,在此一并表示衷心的感谢。

　　由于编者的学识水平所限,加之编写时间仓促,书中定有不少缺点和错误,恳请读者批评指正。

编　者

2014 年 7 月于重庆

目　录

项目 **1** 认知管理会计

【项目概述】

本项目主要阐述了管理会计的基本理论。通过本项目的学习,掌握管理会计的基本概念、管理会计的内容、管理会计与财务会计的关系以及管理会计的职能,以便为后续的学习打下基础。

本项目包括4个任务:任务1,管理会计的形成和发展;任务2,管理会计的基本内容;任务3,管理会计的职能;任务4,管理会计与财务会计的联系与区别。

【学习引导】

一般而言,企业的管理者往往只关注自己的岗位。生产经理把精力集中在如何制造高质量的产品或者提供优质的服务上;市场经理注重的是销售产品或服务;设计工程师们在设计时往往着重于设计的精巧而不是根据生产能力来设计;管理会计师为决策、计划、控制和业绩评价提供信息。

面对科技变革、全球化以及日新月异的风险管理的顾虑,管理会计正在经历一场复兴运动。如何将产品与运营经理、市场经理、采购和材料处理专家、设计工程师和管理会计人员联系在一起,把他们的技能和经验集中在一起去解决所有的管理问题?管理会计信息正是将管理的不同职能联系在一起的黏合剂,管理会计人员设计出信息系统,为组织内部运营和外部环境提供各方面的资料。所以,管理会计师在公司中同时扮演着规章的倡导者、智慧的建议人与守纪的记账员来为公司保驾护航。

思考:1. 管理会计师是干什么的?

2. 管理会计的职能包括哪些?

【项目分解】

任务1 管理会计的形成和发展

【任务描述】通过本部分的学习,了解管理会计的形成和发展。
【任务实施】

1.1.1 管理会计的概念

什么是会计,理论界有多种解释。一般认为,广义的会计包括两个含义:

一是记录、计算活动。对会计的这种理解可以追溯到古代。据史料记载,在原始的印度公社里,已经有了"一个记账员,登记农业账目,登记和记录与此有关的一切事项。"在我国,从西周开始就设置官吏为封建王朝掌管财物赋税,进行月计岁会(零星计算称为计,总合计算称为会)。宋元以后,在官厅进行钱粮移交时,要编造"四柱清册"。此后,民间移用此法,逐渐发展成为传统的中式簿记。

二是泛指担任会计工作的人员。狭义的会计仅指现代会计,就是指以意大利数学家巴其阿勒在1494年提出的借贷复式记账法原理为标志,以货币为主要计量单位,以复式的经济活动或预算账为基本手段,对企业、机关、事业单位或其他经济组织乃至个体经营者的经济活动或预算执行过程及其结果连续地、系统地进行核算,并根据核算资料进行分析和检查的一种管理经济的工具。

与会计一样,对于什么是管理,理论界也有多种观点。按照马克思的论述,管理是共同劳动的产物。很多人在一起劳动、生活,其中有些人就不知道该怎么劳动,该怎么生活,也有些人不好好劳动,不好好生活,这就产生了指挥劳动与监督劳动的管理问题。根据这样的理解,管理的概念可以表述为:一个组织为了达到和实现一定的目的所采取和进行的最有效、最经济的方法、方式、手段、措施等活动的总称。法国企业家、工程师法约尔(1841—1925年)把上述的方式、方法、手段、措施归纳为计划、组织、指挥、协调和控制。在西方,有人认为,不但一个组织存在管理问题,就是一个人的劳动、工作和生活也存在管理问题。这样,管理的概念就可表述为:一个人、一个组织为了达到和实现一定的目的所进行和采取的最有效、最经济的计划、组织、指挥、协调和控制等活动的总称。

管理会计是指为适应企业内部管理的需要,科学地运用会计、统计和数学方法,进行数据的搜集、整理、计算和分析,据以进行预测、规划、决策、控制和评价并传达信息的一种会计。简言之,管理会计是把会计工作应用到企业管理上去的一种方法。

1.1.2 管理会计的形成

管理会计是随着资本主义商品经济的发展,特别是工业商品经济的高度发展而逐渐产生形成的。19世纪末20世纪初,随着资本主义从自由竞争阶段向垄断阶段过渡,企业规模不断扩大,生产技术日趋复杂,企业管理也逐渐由传统的经验管理阶段向科学管理阶段过渡。1911年,被誉为"科学管理之父"的美国工程师泰勒(1856—1915年)发表了《科学管理原理》一书,将其积累的管理经验加以系统化、标准化和理论化。与泰勒同时代的美国管理学者埃默森(1853—1931年)几乎也在同时提出并实行了标准人工成本法。随后,美国工业工程师甘特(1861—1919年)又把标准人工成本法的原理推广到材料和制造费用的成本管理中去。标准成本的制订,执行标准中的控制,报告期实绩同标准成本的差异分析等,为管理会计的形成提供了条件,奠定了基础。

在标准成本制度形成的同时,美国民间企业和政府机关又对各项管理费用实行了预算控制制度。此后,在美国,大企业也先后实行了全面预算。这样,就使会计工作的重心从事后核算、事后分析转为事前计划、事中控制和事后分析。通过预算实际执行结果与预算的对比,求得差异,总结经验或分析原因、追究责任。

标准成本和预算控制制度的建立和实行,在当时被认为是管理会计的两大支柱。1922年,美国哥伦比亚大学教授劳漆斯特·劳赫针对当时由于新技术的采用所引起资本有机构成的变化和产品成本中固定成本的提高以及企业家为维持固定开销而提出的盈亏平衡销售量等问题,提出了"盈亏平衡图"进行成本—业务量—利润分析。同年,美国奎因·坦斯出版了《管理会计:财务管理入门》一书,首先提出了管理会计这个名称。

20世纪30年代,美国出版了《弹性预算》一书。20世纪40年代特别是第二次世界大战以后,随着行为科学的兴起,责任会计的概念也应运而生。至此,管理会计实际已形成独立的学科。由于从20世纪初到50年代管理会计的产生与形成,管理会计的服务重心是力求提高企业的生产效率和生产成果,所以有人把这一阶段的管理会计称为执行性管理会计。

1.1.3 管理会计的发展

1950 年以后,资本主义经济有了很大的发展,现代科学技术突飞猛进,科技新成果被广泛用于生产的各个领域,生产过程越来越自动化,生产力得到迅速提高。与此同时,随着生产经营专业化协作和联合化的发展,跨国公司不断涌现,企业规模多样化,生产经营管理更趋灵活和复杂,市场行情瞬息万变,竞争日益激烈。由于上述种种情况的出现,使得原来的管理学说以及原来的会计学科无法适应这种变化了的形势,从此资本主义企业管理进入了现代管理阶段。1952 年,在世界会计学会的年会上,正式通过了"管理会计"这个专门名词。现代企业管理的首要特点是突出经营决策,并提出了"管理的重心在经营,经营的重心在决策"的观点。随着企业管理的发展,管理会计的内容也相应有所发展,它的服务重心也转变为力求提高企业的盈利水平或经济效益。因此,有人把 20 世纪 50 年代以后发展了的管理会计称为决策性管理会计。

总之,随着科学技术的进步和经济的发展以及受现代企业管理各学派理论的影响,会计理论和实务不断发生变化。这些变化的主要表现是:

①把会计工作的重心由单纯的事后记账、算账、报账,转到以提高经济效益为中心的事前预测、参与决策、事中控制、事后分析的轨道上来。

②运用行为科学理论,结合目标管理,建立责任会计制度。

③运用各种现代数学方法,进行多个方案的优化运算成为会计核算的重点。

④在会计核算中广泛使用电子计算机。

凡此种种,为现代管理会计体系的形成奠定了理论和实践的基础。可以概括地说,20 世纪 50 年代初以来,在资本主义世界,为使会计更有效地为企业管理服务,把会计中涉及企业管理的部分逐渐从传统的财务会计中分离出来,在成本会计的基础上,发展了一门独立的新兴学科——管理会计。

管理会计是一门新兴的以研究企业资金、成本、利润问题为主的,指导人们如何有效地运用规划、决策、控制、评价等方法谋求开拓业务,增强市场竞争能力和应变能力,提高资金利用效率,降低成本,增加盈利的学科。它是介于管理学科、会计学科之间的并与统计学、技术经济学等相互结合与渗透的综合性交叉学科。这门学科正处在完善和发展的过程中,必将成为有效加强企业管理、促进经济发展的一门学科。

任务 2 管理会计的基本内容

【任务描述】通过本部分的学习,掌握管理会计的内容。

【任务实施】

管理会计的主要内容包括规划与决策会计和控制与评价会计两大组成部分。

1.2.1 规划与决策会计

规划与决策会计是利用会计、统计资料和其他业务数据,运用各种数学方法,对反映经济现象的各种指标进行预测,并运用目标管理方法来确定盈利目标,评价实现盈利目标的多个方案,选优决策,编制实现方案的预算和计划。规划与决策会计的主要内容包括以下 3 个部分:

1) 经营预测与规划

决策的依据是预测,目标的描绘是规划。管理会计应包括运用本量利分析法等对企业生产经营活动中与财会工作密切相关的资金、成本、利润、售价等问题进行预测与规划的内容。

2) 经营决策

参与经营决策是管理会计工作的核心。管理会计应包括运用变动成本法、本量利分析法、货币时间价值计算等方法对企业生产经营活动中的诸如售价、产品生产、物料储备、投资等重大问题在两个和两个以上方案中进行选优决策的内容。管理会计参与经营决策所涉及的内容,无疑是最重要的内容。

3) 编制预算

对多个方案进行取舍决策后,要实现优选方案的规划目标,求得最佳的经济效益,必须编制全面预算,以使方案得以落实。所以,编制预算是管理会计的一项重要内容。预算是决策的具体化,要以预算为具体指导,控制企业的生产经营活动朝着决策所预定的规划目标发展。要通过预算的编制、执行和控制,把企业的人力、财力、物力以及各项工作科学地组织起来,使企业的生产经营活动进行得更加协调,以达到实现最佳经济效益的目的。

1.2.2　控制与评价会计

控制与评价会计是指在方案实施和计划执行的过程中,进行有效地成本预算控制和其他预算控制,并将实际完成情况与预算目标对比,进行业绩评价,分析检查产生差异的原因,以不断调整企业的行动方案,然后进行新一轮预测、规划、决策、预算、执行、控制、评价、调整的循环。

控制与评价会计的主要内容包括以下两个部分:

1)进行控制

预算编定以后就要认真执行。为使企业的生产经营活动能按预算去实施,需要进行有效的控制。控制的主要方法是实行标准成本制度和责任会计制度,可见,标准成本制度与责任会计制度是管理会计的重要组成部分。

2)业绩评价

制订了目标和预算,进行了控制,执行结果如何呢? 这就要通过业绩的考核衡量和评价生产经营活动的成果来找出差距,分析原因,采取措施,为改进今后的工作提供有价值的信息。因此,业绩评价当然也应该是管理会计所要讨论的内容。

综上所述,预测与规划、决策、预算、控制和业绩评价等方面的内容是相互依存、相互补充的,它们共同构成了管理会计的整体,并且随着管理会计这门学科的不断发展,它的内容将不断得到补充和完善。

管理会计的基本内容及它们之间的相互关系可用图 1.1 表示。

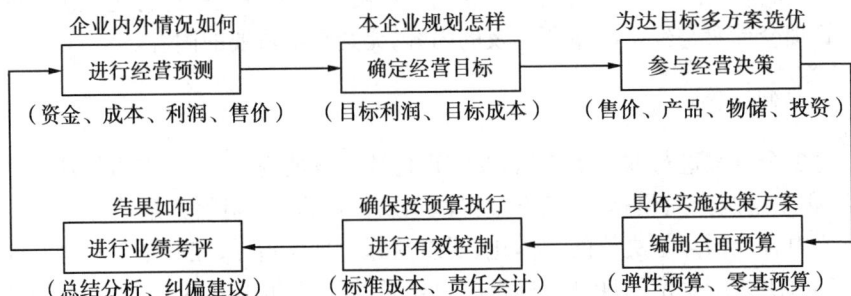

图 1.1　管理会计基本内容及其相互关系示意图

任务 3　管理会计的职能

【任务描述】通过本部分的学习,了解管理会计的职能。
【任务实施】

1.3.1　计划职能

广义的计划职能是指管理者制订计划、执行计划和检查计划执行情况的全过程。狭义的计划职能是指管理者对未来活动的预先谋划和安排。计划是设定目标以及决定如何达成目标的过程,这个过程包含信息的搜集、整理、分析、归纳,目标的思考与设定,执行方案的构想比较与决策,单位内外的沟通与协调,资源的分析、统计与组合,以及过程中遇到问题的解决等。

计划是管理会计职能的首要职能。好的开始是成功的一半,好的计划是迈向成功的第一步。计划能够给出行动的方向,减少环境变化对执行的冲击,提高管理的效率,形成活动的标准。管理会计的计划工作就是对企业的人、财、物等实行全面预算,制订费用标准,层层分解计划指标,形成责任会计体系并进行有效的控制和考核。

1.3.2　预算职能

预测是指用科学的方法来预计、推断事物的发展变化,它是根据过去和现在预计未来,根据已知来推测未知的一个过程。由于事物的发展变化受到各种可能因素的影响,这就使得预测不仅要运用合理假设、逻辑推理和科学的分析方法,还要依赖于预测者本人的专业知识、经验、判断能力以及从所搜集到的不完整的数据和资料中提取有用信息的能力。

预测既有利于管理者制订计划,又有利于提高管理者的预见性。预测能够促使各级主管人员向前看,面向未来,发现目前存在的问题,从而集中力量加以解决。

预测是为决策服务的,它是企业进行经营决策的基础。没有准确而科学的经营预测,要做出符合客观实际的科学决策是不可能的。因此,在实际工作中,只能把预测和决策结合起来应用,才能收到较为满意的效果。管理会计工作中的预测工作主要是指经营预测分析中的销售预测分析、成本预测分析、利润预测分析和资金预测分析。

1.3.3　决策职能

决策是指人们为了确定未来的行动目标和为实现目标从两个及两个以上可行方案中选择一个较优方案的分析判断过程。工业企业的经营决策,则是为了实现企业的经营目标,在对企业的外部环境和内部条件进行深入分析研究的基础上,在正确的经营思想指导下,运用科学的方法从多种经营方案中进行优化选择的分析判断过程。这个过程应包括找出制定决策的理由,找出能够行动的方案,对所有行动方案进行评价和抉择以及对所选方案进行评价 4 个阶段。

现代管理理论认为,管理的重心在经营,经营的重心在决策,所以评价和决策是管理的重要组成部分。我国目前处于社会主义初级阶段,实行的是社会主义市场经济,这就要求我们也要遵循市场经济的一般规律,即有市场必有竞争,有竞争就存在着优胜劣汰。在市场竞争日趋激烈的今天,特别是在新技术浪潮的冲击下,技术与产品更新换代速度日益加快,企业为了在竞争中取胜并保持优势,不得不以大量投资去进行技术与产品的更新换代,这就必须慎重进行决策,以避免投资的风险。同时,随着我国经济体制改革的深化,企业生产资料所有权与经营权的分离,企业将成为独立核算、自主经营、自负盈亏的商品生产者和经营者。企业对产品开发、设备更新、技术改造和投资等重大问题都拥有了自主决策权,企业经营决策的重要性也越来越突出了。由于决策正确可使企业由衰变兴,迅速发展壮大,而决策失误会使企业遭遇失败,由兴变衰,甚至破产,因此决策是否正确就成为企业经营成败的关键。管理会计能为方案的可行性研究,方案的评价和选择提供具有说服力的信息、数据和资料,有助于企业决策。

1.3.4　控制职能

控制是指通过一定手段来影响人们的行为,使之能按预定的目标或计划(或标准)开展行动的管理活动,也就是对企业内部的管理活动及其效果进行衡量和校正,以确保企业的目标以及为此制订的计划(或标准)得以实现。

控制工作不仅是实现计划的保证,而且可以积极地影响计划工作。控制职能不是仅限于衡量计划执行中出现的偏差。控制的目的在于通过采取纠正措施,把那些不符合要求的管理活动引到正常的轨道上来,使管理系统实现预定目标。纠正措施可能很简单,但是在很多情况下,纠正措施可能需要重新制订目标、修订计划、改变组织机构、调整人员配备,并对指导或领导方式做出重大改变。因此,控制工作既是一个管理过程的终结,又是一个新的管理过程的开始。管理会计工作中的控制工作主要是指成本控制,即企业在经营活动中对各项经济活动的成本进行控制和监督,及时发现与既定目标(或标准成本)之间的差异,采取纠正措施,保证目标实现的一种管理活动。

1.3.5 考核职能

考核是指企业对各职能部门和全体员工完成预定目标的情况,按照科学的方法进行评价并根据其业绩的大小给予相应奖惩的一种管理活动。

现代化的企业集中着许多职工,分工从事多种多样的生产操作和经营管理活动,而企业的最高决策人不可能对每一个职工直接进行指挥和管理。这就要求必须进行分级分权管理并实行严格的考核,才能调动全体职工的生产和工作积极性,为完成预定目标而努力。管理会计工作中的考核工作主要是指为了保证决策目标的实现,把全部预算中的指标按照责任层次进行具体地分解和落实,建立责任中心,提出责任报告和业绩考评等工作。

任务4　管理会计与财务会计的联系与区别

【任务描述】通过本部分的学习,掌握管理会计与财务会计的联系与区别。
【任务实施】

1.4.1　管理会计与财务会计的联系

由于管理会计是从传统的财务会计中分离出来的,因此它们之间存在着密切的联系。管理会计与财务会计的联系主要表现在:

1)应用的数据、资料来源多数是同一的

管理会计所需要的资料主要来源于财务会计。它经常直接利用财务会计的数据资料进行分析研究,必要时再进行加工、调整和延伸,使之成为进行企业内部管理的有用信息。所以,管理会计与财务会计是有机联系的两个信息系统。

2)执行控制和考核的职能是相同的

管理会计为执行控制和考核的职能而进行的预算控制、成本控制和业绩考评与财务会计的监督分析职能实质是相同的。监督与分析,就是检查企业生产经营活动的实际情况,考核实际情况与原定规划目标或预算的差异,分析其原因,以便采取必要的对策。实行控制、考核与监督分析职能的组织保证,在管理会计中就是建立各级责任中心和落实责任会计制度,在财务会计中就是划小核算单位,落实内部经济责任制。

3)会计报表是相互渗透的

西方一些国家把原属管理会计的内部报表列入了对外公开发表的范围。例如,从 1973 年起,美国已正式把原属于企业内部管理需要的、用来解释和分析资金流动情况的"财务状况变动表"列为必须对外报告的基本财务报表。在我国,目前尚无固定的管理会计报表。财会部门往往根据管理的需要,运用若干管理会计方法,在财务会计报表的补充资料中或文字说明中进行分析、考核和评价,以给经营管理者提供急需的管理信息(国家有关部门规定,在基本建设投资项目、重大技术改造投资项目开工前进行的可行性研究工作中,必须填报若干管理会计报表)。

1.4.2 管理会计与财务会计的区别

随着经济的发展,管理会计既然有必要从传统的财务会计中分离出来,成为与之并列的新兴的管理会计学科,那么管理会计与财务会计必然存在着不同点。管理会计与财务会计的主要区别表现在:

1)主要服务对象不同

管理会计主要是向企业管理当局提供内部生产经营管理所需要的经济信息,作为管理当局预测未来、规划目标、选择方案、制定决策、编制预算、进行控制和评价的依据。简言之,主要是为企业进行生产经营管理服务的。

财务会计主要服务对象则不同,它虽然也为企业管理当局提供财务信息,如资金流转、成本开支、利润实现等情况,但它的主要服务对象是外界,是向外界与企业有经济利害关系的管理当局、团体单位乃至个人提供企业的经济信息。

2）工作依据的规范不同

管理会计工作不受强制性的会计法、公认的会计原则、统一的会计制度的约束，只服从于管理人员的意愿和需要，但是要受经济规律、经济理论、数学公式的制约。例如，它可以将成本按照习性进行重新归类组合，区分为固定成本和变动成本，并运用变动成本法进行成本预测和经营决策。因此，管理会计的要求不十分严格，其结构比较松散，其工作领域比财务会计更为广阔。

财务会计工作依据则不同。在我国，财务会计工作必须严格按照会计法行事，必须遵循会计工作规范，即必须按会计原则工作。如必须严格遵循财政部统一颁发的包括有会计科目的使用、会计报表的编报、成本计算规程、费用开支范围和财产物资盘存、估价、报损等内容的会计制度。它要求在逐步对从会计凭证、账簿到会计报表等有关资料进行综合时严格遵守既定的会计程序。所以财务会计工作具有比较严密的、稳定的基本程序，要求较高。

3）工作重点和时限不同

管理会计的工作重点和时限是现在和将来，尤其重视对未来的经济活动进行展望，对今后进行事前的预测和决策。

财务会计的工作重点和时限则主要是反映过去已经发生的经济活动，单纯地提供已经发生的信息，进行事后的反映和监督。

4）核算对象的范围不同

管理会计核算对象的范围既可是整个企业，也可是企业内部的一个部门，既可从整个企业的全局出发，为企业的规划、决策、控制、评价提供数据，也可从企业内部的各个责任中心，为解决局部问题或特定问题提供数据。因此管理会计核算对象的范围是可大可小的。

财务会计则主要以整个企业为核算对象，提供反映整个企业财务状况和经营成果的总括性资料，同时为适应实行企业内部经济责任制的需要，考核评价各部门的实绩。

5）核算程序和报表格式不同

管理会计的核算程序和报表格式不固定、不统一，可以自由选择合适的核算程序和自行设计会计报表的格式。

财务会计的核算程序则是固定的、带有强制性的。一个企业需要向上级主管部门或财政部门、税务部门、审计部门、开户银行提供什么资料,这些资料应当如何搜集、整理,都有固定的程序或规定。财务会计所用凭证、账簿、报表的模式也是统一规定的。

6)核算方法体系不同

管理会计采用的方法灵活多样,没有严密的结构体系,而且大量采用各种现代数学方法和统计方法,进行复杂的计算需要借助于计算机。

财务会计则有一整套处理会计资料的方法体系。对凭证的填制,会计科目的运用,复式记账原理的应用,登记账簿的要求,成本的计算规程,物资、账目的清查,报表的编制等,财务会计都有严格的规定。其所用的计算方法主要是简单的算术方法,一般使用简单的计算工具即可。

7)核算精确度要求不同

管理会计为了满足管理上的需要,一般强调核算速度,要求迅速、及时地提供数据,对数据的计算一般要求近似值即可,不要求绝对精确。所以,管理会计的核算结果具有"弹性"。

财务会计对核算的精确度则要求很高,如资产和权益必须平衡,总账与明细账必须一致,各项财务成本指标的计算要求绝对精确。

8)编制报表的时间不同

管理会计的报表编制时间不定期、不固定。根据管理的需要可能随时编制,也可能一年或数年编报一次。

财务会计则必须按规定期限定期、及时编制报表。

【项目小结】

管理会计是指为适应企业内部管理的需要,科学地运用会计、统计和数学方法,进行数据的搜集、整理、计算和分析,据以进行预测、规划、决策、控制和评价并传达信息的一种会计。简言之,管理会计是把会计工作应用到企业管理上去的一种方法。

管理会计是随着资本主义商品经济的发展,特别是工业商品经济的高度发展而逐渐产生形成的。

20世纪50年代初以来,在资本主义世界,为使会计更有效地为企业管理服务,把会计中涉及企业管理的部分逐渐从传统的财务会计中分离出来,在成本会计的基础上,发展了一门独立的新兴学科——管理会计。

管理会计的主要内容包括规划与决策会计和控制与评价会计两大组成部分。

预测与规划、决策、预算、控制和业绩评价等方面的内容是相互依存、相互补充的,它们共同构成了管理会计的整体。并且随着管理会计这门学科的不断发展,它的内容将不断得到补充和完善。

管理会计的职能:计划职能、预算职能、决策职能、控制职能和考核职能。

广义的计划职能是指管理者制订计划、执行计划和检查计划执行情况的全过程。狭义的计划职能是指管理者对未来活动的预先谋划和安排。

预测是指用科学的方法来预计、推断事物的发展变化,它是根据过去和现在预计未来,根据已知来推测未知的一个过程。

决策是指人们为了确定未来的行动目标和为实现目标从两个及两个以上可行方案中选择一个较优方案的分析判断过程。

控制是指通过一定手段来影响人们的行为,使之能按预定的目标或计划(或标准)开展行动的管理活动,也就是对企业内部的管理活动及其效果进行衡量和校正,以确保企业的目标以及为此制订的计划(或标准)得以实现。

考核是指企业对各职能部门和全体员工完成预定目标的情况,按照科学的方法进行评价并根据其业绩的大小给予相应奖惩的一种管理活动。

管理会计与财务会计的联系主要表现在:①应用的数据、资料来源多数是同一的;②执行控制和考核的职能是相同的;③会计报表是相互渗透的。

管理会计与财务会计的主要区别表现在:①主要服务对象不同;②工作依据的规范不同;③工作重点和时限不同;④核算对象的范围不同;⑤核算程序和报表格式不同;⑥核算方法体系不同;⑦核算精确度要求不同;⑧编制报表的时间不同。

【项目训练】

一、思考题

1. 管理会计是怎样形成的? 它的发展趋势如何?
2. 什么是管理会计? 它应包括哪些基本内容?

3. 管理会计有哪些基本职能？

4. 管理会计与财务会计有哪些联系？又有哪些主要区别？

二、练习题

（一）单项选择题

1. 现代企业会计的两大分支：一为财务会计，一为（　　）。

    A. 成本会计　　　　B. 预算会计　　　　C. 管理会计　　　　D. 财务管理

2. 以提高劳动效率和生产经济效果为核心的是（　　）。

    A. 现代管理会计　　　　　　　　　　B. 执行性管理会计

    C. 决策性管理会计　　　　　　　　　D. 责任会计

3. 现代管理会计的基本内容包括规划决策会计、控制和（　　）。

    A. 业绩评价会计　　B. 成本会计　　　　C. 内部会计　　　　D. 外部会计

4. 管理会计为了有效地服务于企业内部的经营管理，必须（　　）。

    A. 反映过去　　　　B. 反映现在　　　　C. 表述历史　　　　D. 面向未来

5. 进入现代管理会计阶段，管理会计以（　　）。

    A. 规划控制为核心　　　　　　　　　B. 预测决策为核心

    C. 责任会计为核心　　　　　　　　　D. 业绩评价为核心

6. 管理会计与财务会计的关系是（　　）。

    A. 起源相同、最终目标不同　　　　　B. 最终目标相同、基本信息同源

    C. 具体工作目标相同、服务对象交叉　D. 服务对象交叉、概念相同

7. 在现代企业会计系统中，管理会计又可称为（　　）。

    A. 算呆账的报账型会计　　　　　　　B. 外部会计

    C. 算活账的经营型会计　　　　　　　D. 责任会计

8. 第一次提出"管理会计"这一术语的会计学者是（　　）。

    A. 漆斯特·劳赫　　　　　　　　　　B. 奎因·坦斯

    C. 埃默森　　　　　　　　　　　　　D. 法约尔

9. 管理会计产生与发展的根本原因是（　　）。

    A. 科学技术的发展　　　　　　　　　B. 商品经济的发展

    C. 跨国公司的发展　　　　　　　　　D. 生产力的进步

10. 管理会计所需要的资料主要来源于（　　）。

    A. 统计　　　　　　　　　　　　　　B. 财务会计

    C. 销售部门　　　　　　　　　　　　D. 生产部门

（二）多项选择题

1. 管理会计与财务会计之间有许多不同之处，如（　　）。

A. 会计主体不同　B. 基本职能不同　C. 依据的原则不同

D. 信息特征不同　E. 观念取向不同

2. 下列各项中,属于管理会计职能的有(　　　)。

A. 预测经济前景　B. 参与经济决策　C. 控制经济过程

D. 规划经营目标　E. 考核评价经营业绩

3. 管理会计属于(　　　)。

A. 现代企业会计　B. 经营型会计　　C. 外部会计

D. 报账型会计　　E. 内部会计

4. 以下各项中,属于管理会计与财务会计的联系有(　　　)。

A. 两者相互依存相互制约　　　　B. 两者工作客体有相似之处

C. 两者最终奋斗目标一致　　　　D. 两者都需要完善与发展

5. 管理会计的主体包括多个层次,它可以以(　　　)作为其工作的主体。

A. 投资中心　　　B. 利润中心　　　C. 成本中心　　　D. 费用中心

E. 整个企业

6. 管理会计要求,凡是涉及未来的信息要满足(　　　)。

A. 精确性　　　　B. 及时性　　　　C. 相关性　　　　D. 统一性

E. 规范性

7. 下列不属于标志着管理会计雏形已经形成的内容是(　　　)。

A. 数量分析　　B. 离散分析　　　C. 差异分析　　　D. 成本分析

8. 广义管理会计包括(　　　)。

A. 微观管理会计　　　　　　　　B. 宏观管理会计

C. 国际管理会计　　　　　　　　D. 成本会计

9. 下列不属于管理会计服务对象的是(　　　)。

A. 企业的投资人　　　　　　　　B. 企业的债权人

C. 税务部门　　　　　　　　　　D. 企业经营管理者

10. 下列不属于管理会计信息载体的是(　　　)。

A. 利润表　　　　B. 资产负债表　　C. 现金流量表　　D. 内部报告

(三)判断题

1. 管理会计的主要职能是反映和监督。　　　　　　　　　　　　(　　)

2. 管理会计萌生于19世纪末20世纪初。　　　　　　　　　　　(　　)

3. 管理会计的资料主要来源于财务会计,它的主要工作内容是对财务会计信息进行深加工和再利用。　　　　　　　　　　　　　　　　　　(　　)

4. 财务会计和管理会计都必须遵守企业会计准则。　　　　　　　(　　)

5. 管理会计突破了"公认会计原则"的要求,这可以不受权责发生制原则和历史成本原则的限制。　　　　　　　　　　　　　　　　　　　（　　）

6. 现代管理会计的特征在于以预测决策会计和责任会计为主,以规划控制会计为辅。　　　　　　　　　　　　　　　　　　　　　　　　（　　）

7. 管理会计既能够提供价值信息,又能提供非价值信息;既提供定量信息,又提供定性信息;既提供部分的、有选择的信息,又提供全面的、系统的信息。
　　　　　　　　　　　　　　　　　　　　　　　　　　　　　　（　　）

8. 从工作侧重点讲,管理会计可称为"内部会计",财务会计可称为"外部会计"。　　　　　　　　　　　　　　　　　　　　　　　　　　　　（　　）

9. 管理会计工作受财务会计工作质量的约束,财务会计的发展与改革应充分考虑到管理会计的要求。　　　　　　　　　　　　　　　　　　（　　）

10. 管理会计与财务会计同属现代会计的两大分支,因此,两者在信息特征及信息载体、方法体系及观念取向等方面是一致的。　　　　　　　（　　）

项目 2　成本性态分析和变动成本法

【项目概述】

本项目主要阐述了成本性态和变动成本法的理论问题。通过学习,了解成本分类、成本性态分析及应用,掌握全部成本法的概念和成本流转模式,变动成本法的概念和成本流转模式,全部成本法与变动成本法之间的区别,按全部成本法和变动成本法计算的税前利润之间的相互转换以及这两种成本计算法的结合运用。

本项目包括 6 个任务:任务 1,成本及其性态分析;任务 2,混合成本的分解方法;任务 3,变动成本法;任务 4,变动成本法与全部成本法的区别;任务 5,变动成本法与全部成本法计算的分期净利不同的原因分析;任务 6,变动成本法与全部成本法的优缺点及结合运用。

【学习引导】

ABC 股份有限公司 2013 年 4 月初召开工作例会,分析 3 月份的利润完成情况,会议纪要如下:

销售经理:3 月份计划产销某产品 10 万件,固定成本总额为 30 万元,计划利润为 10 万元,实际执行结果是产销该产品 12 万件,成本水平与售价均无变动,实际利润 12 万元。由于每件产品的计划利润为 1 元,现超产 2 万件,增加利润 2 万元,就是超额 20% 完成了利润计划,实现了利润同产量(产值)的同步增大。

财务经理:你的算法不对,你没有考虑固定成本的影响,虽然上月实际产量为 12 万件,较计划产量增长 20%,但固定成本总额不变。因此,原每件产品分担的固定成本就由 3 元降为 2.5 元,降低的 0.50 元应增加利润 60 000 元,累计产量增加的利润 20 000 元,应当共计 80 000 元才对。即达到 180 000 元,才能同企业的产量相适应,而实际上,企业只实现 120 000 元的利润,相差 60 000 元。因此,我认为 3 月份利润计划的完成情况是不理想的。

思考:你赞同哪位经理的算法?为什么?

【项目分解】

任务1 成本及其性态分析

【任务描述】通过本部分的学习,掌握成本及其性态分析。

【任务实施】

产品成本是生产一定种类和数量的产品而发生的各种耗费的货币表现,它包括产品生产中耗费的活劳动和物化劳动的价值。

产品成本指标是反映企业生产经营管理工作质量的综合性指标。企业在生产经营过程中劳动生产率水平、产品的数量、产品的质量、原材料的节约使用情况、设备合理利用程度、费用开支是否节约以及经营管理工作水平的高低都会直接或间接地从产品成本指标上得到反映。这一指标对于加强企业经营管理,降低成本,提高经济效益有重要意义。

在实际工作中,为适应经营管理上的不同需要,成本可以从各种不同角度进行分类。

2.1.1 成本按经济职能分类

在财务会计中,通常把成本分为两大类:生产成本和期间费用。

1)生产成本

生产成本是生产一定种类和数量的产品所发生的各项费用。在通常情况下,生产成本包括直接材料、直接人工和制造费用3个组成部分。直接材料是指在产品生产过程中用于产品生产并构成产品实体的那部分材料的成本。直接人工是指在生产过程中对材料进行直接加工使它变成产品实体所耗用的人工成本。制造费用是指企业各生产单位(如生产车间)为组织和管理生产而发生的各项费用,是除了直接材料和直接人工以外的其他生产成本。

制造费用包括工资和福利费、折旧费、修理费、办公费、水电费、机物料消耗、劳动保护费以及其他制造费用。这个项目还可以分为间接材料、间接人工和其他制造费用。间接材料是指在生产中发生的但不便归入某一特定产品的材料成本,如机器设备维修用的材料等。间接人工是指为生产服务而不直接进行产品生产加工的人工成本,如维修人员、检验人员的工资等。其他制造费用是指不属于前述两种的其他各种间接费用,如厂房、机器设备折旧、维护和修理费等。

2）期间费用

期间费用是指在营业与行政管理方面发生的费用，一般可以分为财务费用、营业费用和管理费用。财务费用是指企业为筹集生产经营所需资金而发生的费用，如利息支出、汇兑损失等。营业费用是指企业在商品销售过程中发生的费用，如广告费、展览费、保险费，以及为销售本企业产品而专设的销售部门的职工工资、福利费、业务费等经营费用。管理费用是指企业行政管理部门为组织和管理生产经营活动而发生的各项费用支出，具体包括管理部门人员工资和福利费、折旧费、办公费、邮电费和保险费等。

2.1.2 成本按其性态分类

成本性态是指成本总额与特定业务量之间的依存关系，又称成本习性。在管理会计中，为在企业内实行优化管理，提高经济效益，对成本进行的最重要的分类就是按其性态进行分类。

成本按其性态分类可分为固定成本、变动成本和混合成本3大类。

1）固定成本

固定成本是指在一定时期、一定业务量范围内，其成本总额保持不变的成本，如按直线法计提的固定资产折旧费、计时工资等。其主要特点举例说明如下。

例1 假定某商店每月需支付房屋租金600元，其他条件不变。下面来观察固定成本（租金）与业务量之间有什么样的数量关系，见表2.1。

表2.1 固定成本与业务量的关系

批　次	业务总量/件	购货总成本/元	租金/元	每件商品租金成本/元
1	1 000	5 000	600	0.60
2	2 000	10 000	600	0.30
3	3 000	15 000	600	0.20

在一定时期、一定业务量范围内，固定成本总额不受业务量变动影响，固定不变，如图2.1所示。

在一定时期、一定业务量范围内，单位固定成本与业务量呈反方向变动，如

图 2.2 所示。

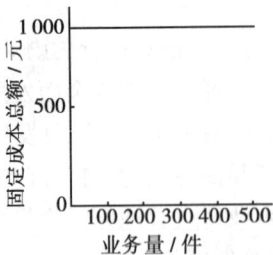

图 2.1　固定成本的性态模型　　　　图 2.2　固定成本的性态模型

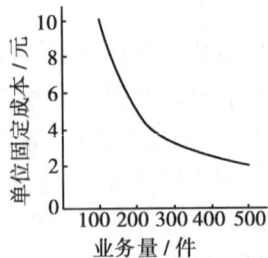

根据表 2.1、图 2.1、图 2.2 可以得到两点结论:一是随着每批商品业务量的增加,租金总成本保持不变,固定成本中的"固定"含义是针对成本"总额"而言的;二是当业务总量不断增加,固定成本总额保持不变时,每件商品的租金成本从 0.60 元下降为 0.20 元。因此,每个业务量的单位固定成本随业务量增加而减少,随业务量的减少而增加。

固定成本一般包括:制造费用中不随业务量变动的办公费、差旅费,销售费用中不受业务量影响的销售人员工资、广告费和折旧费,管理费用中不受业务量影响的企业管理人员工资、折旧费、租赁费、保险费、土地使用税等。

固定成本还可进一步划分为约束性固定成本和酌量性固定成本。

①约束性固定成本是指管理者的决策行动不能改变其支出数额的固定成本,如固定资产折旧费、管理人员薪金、租金、财产税等都属于约束性固定成本。这部分费用是企业经营业务必须负担的最低成本,即使在企业停工、原材料严重短缺、业务锐减等情况下,其费用都不能减少。换句话说,只要企业存在,这部分固定成本就必须开支,对企业具有很大的约束性。因此,要想降低这部分约束性固定成本,不能减少其绝对额,而只有从合理利用企业的生产能力提高产品产量或扩大产品销售量从而相对减少每个业务量所含单位固定成本入手。

②酌量性固定成本是指管理者的决策行动可以改变其支出数额的固定成本,如广告费、研究和开发费、推销费、职工培训费等都属于酌量性固定成本。这部分费用的支出对企业扩大产品销路、提高产品质量、增强竞争能力无疑是有好处的。但是,其支出数额的多少并不是绝对不可改变的。酌量性固定成本的支出水平一般是每年确定的,但是如果企业遇到未曾预见的困难时,决策者可以在短期内削减这些支出。可见,固定成本中的"固定"一词,并不意味着这些成本不能减少,仅仅表明这些成本不直接受业务量变动影响,因此,要想降低这部分酌量性固定成本应从减少它们的绝对额入手。

2) 变动成本

变动成本是指在一定时期、一定业务范围内,随着业务量的变动,其总额成正比例变动的有关成本,如直接材料、直接人工等成本。其主要特点举例说明如下。

例2 某商场以每件5元购进商品,并以每件10元销售。假定第1次购进商品1 000件,第2次购进2 000件,第3次购进3 000件。下面来观察一下变动成本与业务量之间有什么样的数量关系,见表2.2。

表2.2 变动成本与业务量的关系

批次	业务总量/件	购货总成本/元	购货单位成本/元
1	1 000	5 000	5
2	2 000	10 000	5
3	3 000	15 000	5

变动成本总额随着业务量变动成正比例变动,单位变动成本不受业务量变动影响。其表现形式如图2.3所示。

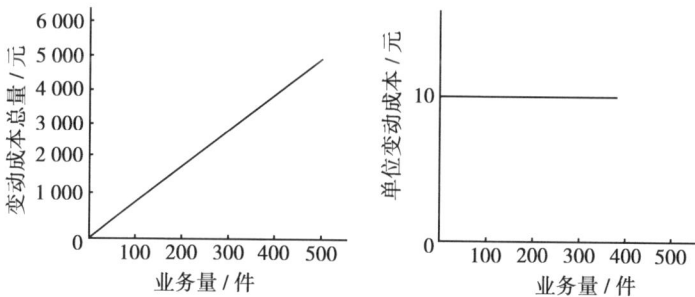

图2.3 变动成本的性态模型

从表2.2、图2.3可以得到两点结论:一是每批业务量总数增加,其总成本也相应地成正比例增加,变动成本的"变动"含义是针对成本"总额"而言的;二是当业务总量与成本总额成正比例变化时,每件商品的单位进价5元却保持不变。因此,就每个业务量的单位变动成本而言,则是固定不变的。

变动成本的内容一般包括:直接材料、直接人工和制造费用中随产量成正比例变动的物料用品费、动力费、按销售量支付的销售佣金、装运费、包装费及买一赠一的费用等。

变动成本可进一步划分为技术性变动成本和酌量性变动成本。

①技术性变动成本是指单位成本受客观因素决定、数额由技术因素决定的那部分变动成本。例如,生产某种数控机床必须配套外购的某种自动控制系统,在外购价格一定的情况下,其成本就是由设计技术决定的、与机床产量成正比例变动的技术性变动成本。这类成本只能通过技术革新或提高劳动生产率等来降低其单位产品成本。

②酌量性变动成本是指单位成本不受客观因素决定、企业管理者可以改变其数额的那部分变动成本。例如,在达到质量要求的情况下,企业可以采购价格水平不同的原材料,其原材料成本就属于酌量性变动成本。降低这类成本可以通过合理决策,控制开支,降低材料采购成本,优化劳动组合来实现。

3)混合成本

混合成本是指随业务量的变动而变动,但又不成正比例变动的那部分成本。混合成本区别于固定成本和变动成本的特点是其成本随业务量的变动而变动但又不成正比例,如设备维修费、机械动力费、检验人员工资、行政管理费等。

混合成本可以进一步划分为半固定成本、半变动成本、延期变动成本和曲线式成本4类。

①半固定成本是在一定业务量范围内,其发生额是固定的,当业务量增长到一定程度时,其发生额产生跳跃式增加,并在新的业务量范围内保持不变,如设备修理费、化验员、检验人员的工资等。其表现形式如图2.4所示。

②半变动成本是指在没有业务量的情况下仍发生一定的初始量成本,当有业务量发生时,其发生额随业务量正比例变化,如水电费、煤气费、电话费等公共事业费用。其表现形式如图2.5所示。

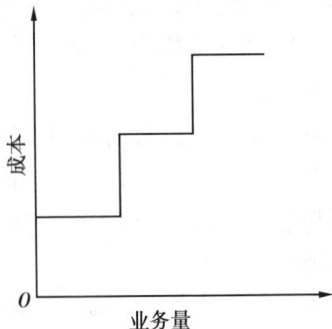

图2.4　半固定成本

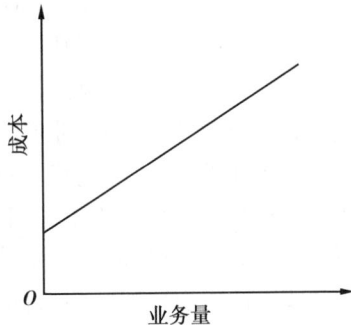

图2.5　半变动成本

③延期变动成本是指在一定业务量范围内,其总额保持固定不变,但若突破该业务量范围,其超额部分则随着业务量的增加按正比例增长的成本。如在定额计件的工资制度下,职工在完成正常工作定额之前只能取得基础工资;若超过定额,则除领取基础工资之外,还可取得按超产数额计算的超额计件工资。其表现形式如图2.6所示。

④曲线式成本是指在没有业务量的情况下有一个初始量成本,当有业务量时,成本总额随业务量的变化而变化,但变化不成直线关系,而是成曲线关系。如热处理用的电炉设备,每班需要预热,因为预热而耗用的成本(初始量)属于固定成本性质,而预热后进行热处理的耗电成本,则随业务量的增加呈现出抛物线上升的趋势。其表现形式如图2.7所示。

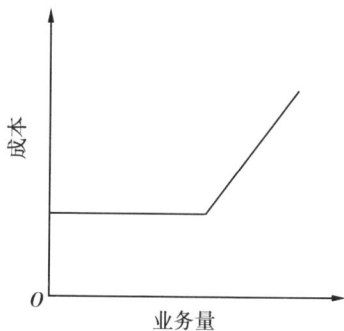

图2.6 延期变动成本

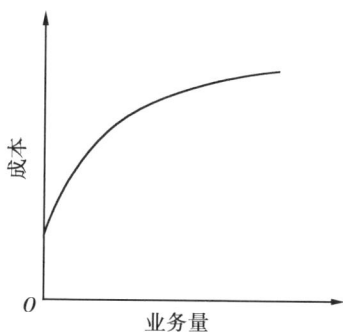

图2.7 曲线式成本

任务2 混合成本的分解方法

【任务描述】通过本部分的学习,掌握混合成本的分解方法。

【任务实施】

混合成本是一种既固定又不完全固定、既变动又不完全变动的双重性成本。它同业务量之间的依存关系不太清晰,人们无法据以对成本与业务量的依存关系做出正确的分析和判断,因而也不能满足企业内部管理的需要,不能为企业管理人员计划和控制生产经营活动提供有效服务。因此,必须采用一定的方法将混合成本中包含的固定成本因素和变动成本因素分解开来。分解混合成本最常见的基本方法有高低点法、散布图法和回归分析法。

2.2.1 高低点法

高低点法是以一定时期、一定业务量范围内的最高业务量和最低业务量的混合成本之差除以最高业务量和最低业务量之差,来推算混合成本总额中固定成本和变动成本含量的一种简便方法。

高低点法的基本原理是:假设任何一个混合成本项目都含有变动成本和固定成本因素,并能用直线方程 $y = a + bx$ 来表示。其中 y 代表混合成本总额,a 代表混合成本中的固定成本总额,b 代表混合成本中单位变动成本,x 代表业务量。通过最高点和最低点来求得公式中的 b 和 a。

高低点法的基本步骤:

①求单位变动成本,又称成本变动率,其计算公式:

$$单位变动成本 = \frac{最高点混合成本 - 最低点混合成本}{最高点业务量 - 最低点业务量}$$

②计算出固定成本总额,其计算公式为:

固定成本总额 = 最高点混合成本(y) - 单位变动成本(b) × 最高点业务量(x)

或 固定成本总额 = 最低点混合成本(y) - 单位变动成本(b) × 最低点业务量(x)

混合成本分解完后,将 a,b 的值代入直线方程 $y = a + bx$ 公式中,可用来预测成本。但是必须注意,高低点是相关范围(历史资料)中的两个极限,并假定在相关范围内是能够代表成本特征的。这种方法虽然简便,但存在明显缺点,分析成本效果较差,一般适用于混合成本的变动部分与业务量基本保持正比例的成本项目。

例3 某企业某年上半年的混合成本资料如表2.3所示。

表2.3 混合成本表

月 份	1	2	3	4	5	6
业务量/t	300	200	540	350	420	280
混合成本/元	3 500	2 500	5 900	3 800	4 500	3 000

下面用高低点法将混合成本分解为变动成本和固定成本。

首先,设混合成本直线模型为 $y = a + bx$ 且根据上述资料已知最高点为(540,5 900),最低点为(200,2 500)。

其次,求单位变动成本

$$b = \frac{5\,900\,元 - 2\,500\,元}{540\,t - 200\,t} = 10\,元/t$$

然后，求固定成本

$$a = 2\,500\,元 - 10\,元/t \times 200\,t = 500\,元$$

最后将 a，b 分别代入直线方程，求混合成本

$$y = a + bx = 500 + 10x$$

2.2.2　散布图法

散布图法是把过去某个时期混合成本的历史数据逐一在坐标图上标明，一般以横轴代表业务量（x），纵轴代表混合成本（y），经目测在各个成本点之间画 1 条反映成本变动趋势的直线，借以分解混合成本中固定成本（a）和变动成本（b）含量的一种方法。

散布图法的基本步骤：

①根据业务量和混合成本的历史观测数据，描出相应的坐标点；

②用目测法确定趋势直线；

③确定固定成本，即在成本趋势直线同纵轴交点上确定为固定成本；

④确定单位变动成本或成本变动率，其计算公式为

$$b = \frac{(y - a)}{x}$$

但是必须注意，散布图法与高低点法一样，只适用于相关范围内的情况。散布图法与高低点法的区别在于散布图法所有取样点都可以确定业务量与成本的依存关系，而高低点法只选择最高和最低两点来确定这种依存关系。散布图法的优点是直观简便，图解结果的本身就可以提醒人们注意，但这种方法提供的趋势直线只是一个近似值。

例 4　现在仍然根据表 2.4 资料，利用散布图法对混合成本进行分解。

①将所给资料中的相应各点分别绘制在坐标图中，形成散布图。

②用目测法画 1 条直线，使其尽可能反映各坐标点。

③读出直线截距 $a = 510$。

④在直线上取一点（350，3 800），得

$$b = (3\,800 - 510)\,元/350t = 9.4\,元/t$$

⑤混合成本模型为 $y = 510 + 9.4x$。

根据上述资料形成的散布图如图 2.8 所示。

2.2.3 回归直线法

回归直线法是根据过去一定时期业务量(x)和混合成本(y)的历史资料,运用最小平方法原理算出最能代表业务量和混合成本关系的回归直线,借以确定混合成本中固定成本(a)和变动成本(b)的一种数理统计方法。

从上述散布图法中可以看出,在平面上各个成本点之间可以画出许多反映业务量与混合成本关系的

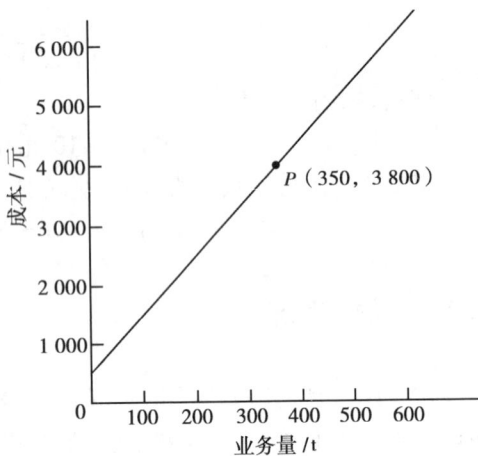

图 2.8　散布图

成本变动趋势直线。究竟哪一条直线最合理,最有代表性?从数学观点讲,应选用以全部成本点的误差平方和最小的直线最为合理,最能代表整个成本的平均变动趋势,这条直线称为"回归直线"。采用回归直线来分析的方法,称为"回归直线法"或"最小平方法"。

回归直线法的基本步骤是:以直线方程 $y = a + bx$ 为基础,采用一组 n 个实际观测值来建立回归直线的联立方程组。

首先,以合计数($\sum$)的形式,表达 $y = a + bx$ 中每一项,得

$$\sum y = na + b \sum x \tag{2.1}$$

再以业务量 x 乘 $y = a + bx$ 中的每一项,然后相加得

$$\sum xy = a \sum x + b \sum x^2 \tag{2.2}$$

然后将式(2.1)移项化简后,得

$$a = \frac{\sum y - b \sum x}{n} \tag{2.3}$$

将式(2.3)代入式(2.2),并化简得

$$b = \frac{n \sum xy - \sum x \sum y}{n \sum x^2 - \left(\sum x\right)^2} \tag{2.4}$$

最后将有关数据代入式(2.3)和式(2.4),先求 b,后求 a,于是可建立混合成本表达式。

现举例说明回归直线法的具体运用。

例5 假设某企业上半年的销售额与销售成本的有关资料如表2.4所示，对已知资料进行加工，计算出求 a 和 b 值所需要的数据。

表2.4 某企业销售与成本资料 单位:元

期间	销售额(x)	成本(y)	x^2	xy
1	70	70	4 900	4 900
2	90	80	8 100	7 200
3	100	85	10 000	8 500
4	120	95	14 400	11 400
5	110	90	12 100	9 900
6	130	100	16 900	13 000
$n=6$	$\sum x = 620$	$\sum y = 520$	$\sum x^2 = 66\ 400$	$\sum xy = 54\ 900$

将表2.4的合计代入(2.4)式和(2.3)式，分别求出 b 与 a 值，即

$$b = \frac{n\sum xy - \sum x \sum y}{n\sum x^2 - (\sum x)^2} = \frac{6 \times 54\ 900 - 620 \times 520}{6 \times 66\ 400 - 620^2} = \frac{7\ 000}{14\ 000} = 0.5$$

$$a = \frac{\sum y - b\sum x}{n} = \frac{520 - 0.5 \times 620}{6} = \frac{210}{6} = 35$$

由此可知，该项混合成本的公式为

$$y = 35 + 0.5x$$

当销售额为200元时，混合成本为135元，其中变动成本为100元，固定成本为35元。

在上述3种以历史成本数据为基础的分析方法中，高低点法最为简便。但是，由于各个成本点与回归直线的距离不一，如果最高或最低点的成本有畸高畸低现象，其计算结果就很不准确。散布图法按目测画线，很难做到准确，但是它容易被理解，比较方便。回归直线法利用了离差平方和最小的原理，所以相比较最为准确，但是其计算量较大，如果借助于计算工具亦可扬长避短。

总之，以上3种方法是分解混合成本的有效工具，也是经济预测、编制预算、成本控制等常用的方法。但也必须知道，这3种方法均包含有估计成分，带有一定程度的假定值，在实际工作中，必须根据具体情况谨慎选用。

任务 3 变动成本法

【任务描述】通过本部分的学习,了解变动成本法的基本原理。

【任务实施】

2.3.1 变动成本法的概念

变动成本法是指以成本性态分析为基础,在计算产品成本时只包括产品生产过程中所消耗的直接材料、直接人工和变动制造费用即变动生产成本,而把固定制造费用即固定生产成本及非生产成本全部作为期间成本处理的成本计算方法。在变动成本法下成本构成如图 2.9 所示。

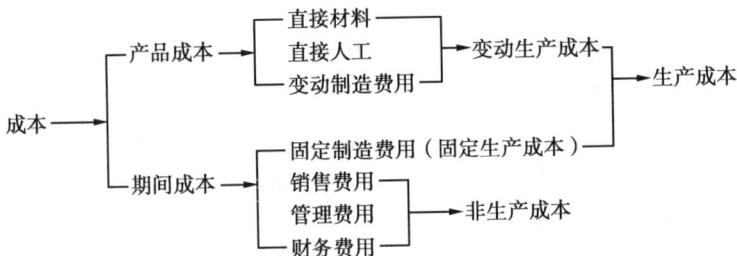

图 2.9 变动成本法下的成本构成图

2.3.2 变动成本法的理论根据

变动成本法在计算产品成本时仅将变动生产成本包括进去,而将固定生产成本作为期间成本处理,主要基于以下理由:

1)产品成本只应该包括变动生产成本

在管理会计中,产品成本是指那些随产品实体的流动而流动,只有当产品实现销售时才能与相关收入实现配比并得以补偿的成本。显然,只有与业务量有关的变动生产成本才能随产品实体流动而流动,因此只有变动生产成本才能构成产品成本的内容。

2）固定制造费用应当作为期间成本处理

在管理会计中,期间成本是指那些不随产品实体的流动而流动,而是随企业生产经营持续时间长短而增减,其效益随期间的推移而消逝,不能递延到下期,只能于发生的当期计入损益表由当期收入补偿的成本。这类成本不能计入存货成本。

显然,并非在生产领域内发生所有成本都是产品成本。如生产成本中的固定制造费用,在相关范围内,它的发生与各期的实际产量的多少无关,它只是定期地创造了可供利用的生产能量,因而与期间的关系更为密切。在这一点上,它与销售费用、管理费用和财务费用等非生产成本一样,具有时效性。不管这些能量和条件能否在当期被利用以及利用得是否有效,这种成本的发生额都不会受到丝毫影响,其效益随着时间的推移而逐渐丧失,不能递延到下期。因此,固定制造费用应当与非生产成本一样作为期间成本处理。

2.3.3　变动成本法的成本流转模式

在变动成本法下,变动生产成本被视为产品成本,而固定生产成本和销售、管理与财务费用作为期间成本。因此,仅有变动生产成本列为产品存货成本。

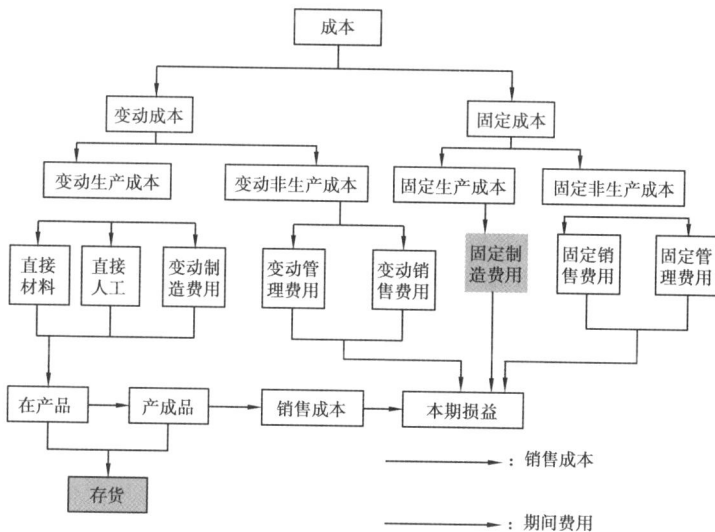

图 2.10　变动成本法的成本流转图

在产品出售之前,变动生产成本随存货的变化而增减,在产品出售之后,再将存货成本转入产品销售成本,与销售收入相配比决定损益。变动成本法的成本流转模式见如图 2.10 所示。

任务 4　变动成本法与全部成本法的区别

【任务描述】通过本部分的学习,掌握变动成本法与全部成本法的区别。

【任务实施】

变动成本法是与传统的成本计算法相对立的概念,财务会计在计算产品成本时通常使用全部成本法。所谓全部成本法是指在产品成本的计算过程中,以成本按照经济用途分类为基础,将全部生产成本作为产品成本的构成内容,而将非生产成本作为期间成本的一种成本计算方法。为了深刻认识变动成本法的特点,应将其与传统的全部成本法加以比较,以揭示两者之间的区别。变动成本法和全部成本法的主要区别在接下来的各任务中分别加以介绍。

2.4.1　理论根据不同

变动成本法是建立在成本性态分析的基础上,把全部成本分为变动成本和固定成本两大部分。其中对于生产成本要按生产量分解为变动生产成本和固定生产成本,对于销售及管理费用要按销售量分解为变动销售及管理费用和固定销售及管理费用。

应用全部成本法要求把全部成本按其发生的领域或经济用途(经济职能)分为生产成本和非生产成本。凡在生产领域中为生产产品发生的成本就归于生产成本;发生在流通领域和服务领域,由于组织日常销售或进行日常行政管理而发生的成本则归属于非生产成本。

2.4.2　产品成本和期间成本的构成内容不同

在变动成本法下,产品成本只包括变动生产成本,固定生产成本和非生产成本则全部作为期间成本处理。在全部成本法下,产品成本则包括全部生产成本,只有非生产成本作为期间成本处理。上述两点区别可具体通过表 2.5 来反映。

表2.5　两种方法在理论根据和成本构成内容方面的区别

项　目	变动成本法	全部成本法
理论根据	以成本性态分析为基础	以成本按用途分类为基础
成本划分的类别	变动成本 固定成本	生产成本 期间费用
产品成本包含的内容	直接材料 直接人工 变动制造费用	直接材料 直接人工 制造费用
期间成本包含的内容	变动非生产成本： 变动销售费用 变动管理费用 固定成本： 固定销售费用 固定制造费用 固定管理费用	销售费用 管理费用

例6　某公司只产销1种产品,某年的业务量、售价与成本资料如表2.6所示。

表2.6　某公司的业务量、售价与成本资料表

期初存货量/件	0	直接材料/元	8 000
本年产量/件	4 000	直接人工/元	4 000
本年销售量/件	3 000	变动制造费用/元	4 000
期末存货量/件	1 000	固定制造费用/元	1 000
销售价格/(元·件⁻¹)	10	变动销售费用/元	3 000
		固定销售费用/元	1 000
		变动管理费用/元	1 000
		固定管理费用/元	1 000

试分别用变动成本法和全部成本法计算该公司的产品成本和期间成本。

根据上述资料分别按变动成本法和全部成本法计算的产品成本和期间成本见表2.7。

表 2.7　产品成本和期间成本计算表　　　　单位:元

项　　目		变动成本法		全部成本法	
		总成本	单位成本	总成本	单位成本
产品成本	直接材料	8 000	2	8 000	2
	直接人工	4 000	1	4 000	1
	变动制造费用	4 000	1	4 000	1
	固定制造费用			1 000	0.25
	合　　计	16 000	4	17 000	4.25
期间成本	固定制造费用	1 000			
	销售费用	4 000		4 000	
	管理费用	2 000		2000	
	合　　计	7 000		6 000	

2.4.3　税前利润的计算程序不同

在变动成本法下,税前利润应按下列公式计算:

$$销售收入 - 变动成本 = 边际贡献 \qquad (2.5)$$

$$边际贡献 - 固定成本 = 税前利润 \qquad (2.6)$$

式中　变动成本 = 变动生产成本 + 变动非生产成本

其中　变动生产成本 = 按变动成本法计算的本期销货成本

　　　　　　　　 = 期初存货成本 + 本期变动生产成本 - 期末存货成本

　　　　　　　　 = 期初存货量 × 上期单位产品变动生产成本 +

　　　　　　　　　　本期产量 × 本期单位产品变动生产成本 -

　　　　　　　　　　期末存货量 × 本期单位产品变动生产成本

假定前后各期单位产品的变动生产成本不变,则

　　　　变动生产成本 = 单位变动生产成本 × 销售量

　　　　变动非生产成本 = 单位变动非生产成本 × 销售量

　　　　固定成本 = 固定生产成本 + 固定管理费用 + 固定销售费用

在全部成本法下,税前利润则按下列公式计算:

$$销售收入 - 销货成本 = 销售毛利 \qquad (2.7)$$

$$销售毛利 - 期间费用 = 税前利润 \tag{2.8}$$

其中　销货成本 = 按全部成本法计算的本期销货成本

= 期初存货成本 + 本期生产成本 - 期末存货成本

期间成本 = 非生产成本 = 销售费用 + 管理费用

2.4.4　利润表的编制方法不同

在变动成本法下,要按照上述式(2.5)和式(2.6)编制"贡献式"的利润表,而在全部成本法下,只能按上述式(2.7)和式(2.8)编制"职能式"利润表。具体情况见表2.8。

表2.8　按两种成本法编制的利润表　　　　　　单位:元

贡献式利润表		职能式利润表	
单位变动生产成本(8 000 + 4 000 + 4 000)÷ 4 000 = 4		单位生产成本(8 000 + 4 000 + 4 000 + 1 000)÷4 000 = 4.25	
销售收入	30 000	销售收入	30 000
减:变动成本		减:销货成本	
变动生产成本（3 000 ×4）	12 000	期初存货成本	0
变动销售费用	3 000	本期生产成本(4 000 ×4.25)	17 000
变动管理费用	1 000	可供销售的产品成本	17 000
变动成本合计	16 000	减:期末存货成本(1 000 ×4.25)	4 250
边际贡献	14 000	本期销售成本合计	12 750
减:固定成本		销售毛利	17 250
固定制造费用	1 000	减:期间成本	
固定销售费用	1 000	销售费用	4 000
固定管理费用	1 000	管理费用	2 000
固定成本合计	3 000	期间成本合计	6 000
税前利润	11 000	税前利润	11 250

由表2.8可以看出两种方法在编制利润表方面有3个显著的差别:

1）成本项目的排列方式不同

按全部成本法编制的职能式利润表是把所有成本项目按生产、销售、管理等经济用途（职能）进行排列，主要是为适应企业外界有经济利害关系的团体和个人的需要。按变动成本法编制的贡献式利润表则是所有成本项目按成本性态排列，主要是为了便于获得边际贡献信息，适应企业内部管理当局规划与控制经营活动的需要。

2）对固定生产成本的处理不同

全部成本法把固定生产成本即固定制造费用视为产品成本的一部分，因而，每销售一批产品，其固定制造费用就构成销货成本。至于尚未售出的期末存货，与产品成本一样，它们必须结转至下一个会计年度。上例中本期生产量 4 000件，销售量 3 000 件，本期转出固定制造费用 750 元（3 000 元 ×0.25），期末库存1 000件，每一件都吸收了 0.25 元的固定制造费用，共 250 元，被转入下一个会计年度。而变动成本法把本期发生的全部固定生产成本，均作为期间成本在边际贡献总额中扣除。它的销货成本只包括已出售产品的变动生产成本，只要用单位变动生产成本乘以本期实际销售量即可求得，再加上变动的销售及管理费用，即构成变动成本总额。由于本期所发生的固定生产成本（4 000 元）在当期全部转出，因而也就不需要转入下一个会计年度。

3）计算出来的税前利润可能不同

由于两种方法对本期发生的固定生产成本处理不同，可能导致计算出来的税前利润不同。由表 2.8 可以看出用两种方法所计算的税前利润是不同的。在全部成本法下税前利润是 11 250 元，而在变动成本法下税前利润是 11 000 元，两者相差 250 元。这是因为期末存货成本（1 000 件 ×4.25 元/件 =4 250 元）中有 4 000元是变动生产成本，有 250 元是产品吸收的固定制造费用。在变动成本法下，固定制造费用全部转出，完全由本期收入补偿。在全部成本法下，期末存货中吸收的固定制造费用被转入下一个会计期间，使得本期利润虚增了 250 元，同时期末存货也虚增了 250 元，故本期利润为 11 250 元。

任务5 变动成本法与全部成本法计算的分期利润不同的原因分析

【任务描述】通过本部分的学习,了解变动成本法与全部成本法计算的分期利润不同的原因。

【任务实施】

2.5.1 变动成本法与全部成本法分期利润计算的举例

前面介绍了全部成本法和变动成本法的区别,并指出了两种方法计算的税前净利可能不同。下面举例来分析和说明两种方法对各期税前利润的影响。

1)假定各期产量不变,销售量变动

在全部成本法下,各期产量不变就意味着各期产品单位成本不变,而销售量变动表明各期期初和期末的产成品成本不同。

例7 红光公司连续3年的产销业务量、成本、售价等资料如表2.9所示。根据上述资料分别按两种方法计算各期税前利润(假定该公司无期初和期末在产品,无销售退回、折扣及折让,各期成本水平、售价不变,存货计价采用先进先出法)。

表2.9 红光公司业务资料

业务量	第1年	第2年	第3年	合 计
期初存货量/件	0	0	1 000	
当年生产量/件	2 000	2 000	2 000	6 000
当年销售量/件	2 000	1 000	3 000	6 000
期末存货量/件	0	1 000	0	

续表

业务量	第1年	第2年	第3年	合 计
售价、成本资料		单位产品成本		
		全部成本法	变动成本法	
单位售价	10元/件			
生产成本:		变动生产成本 5元/件	变动生产成本 5元/件	
单位变动成本	5元/件			
固定成本总额	6 000元	固定生产成本 3元/件		
销售及管理费用:				
单位变动成本	1元/件			
固定成本总额	1 000元	单位生产成本 8元/件	单位生产成本 5元/件	

比较两种方法计算的税前利润(见表2.10)可以看出:

①第1年两种方法计算出的税前利润是相等的。这是由于当年期初存货量与期末存货量相等,即产量等于销售量。本例中期初、期末存货量均为0件,采用全部成本法时,本期生产的产品所包含的固定制造费用随销售一起转出,故两种方法计算的税前利润相等。

②第2年按全部成本法计算的税前利润比变动成本法计算的结果多3 000元。这是由于该年期末存货量增加了1 000件,即产大于销1 000件。从表2.9可以看出全部成本法下产品单位成本为8元,每件吸收了固定制造费用3元,故期末存货1 000件中包含的固定制造费用3 000元被转入下一年度,本期已销产品1 000件只负担了3 000元的固定制造费用。而变动成本法下,该期的固定制造费用6 000元全部计入当期损益。

③第3年按全部成本法计算的税前利润比变动成本法计算的结果少3 000元。这是由于该年的期末存货量为0件,而期初存货量为1 000件,即销大于产1 000件。采用全部成本法把期初存货1 000件所吸收的固定制造费用3 000元在本期释放,而本期存货量为0件。因此在全部成本法下本期转出固定制造费用9 000元(3 000件×3元/件),比变动成本法多计入损益3 000元,故净利润少3 000元。

④从表2.10中的计算结果来看,两种方法计算的3年利润之和相等,均为3 000元。在较长时期内,企业的产销应该趋于一致,各年税前利润的差异应相互抵消,所以按两种方法计入销售成本的固定制造费用总额也应趋于一致,对长期利润的影响甚微。

表2.10 按两种方法计算的税前利润   单位:元

项 目	第1年	第2年	第3年	合 计
按全部成本法编制				
销售收入	20 000	10 000	30 000	60 000
销货成本:				
期初存货	0	0	8 000	
本期生产成本	16 000	16 000	16 000	
减:期末存货	0	8 000	0	
销售成本总额	16 000	8 000	24 000	48 000
销售毛利	4 000	2 000	6 000	12 000
减:销售及管理费用	3 000	2 000	4 000	9 000
税前利润	1 000	0	2 000	3 000
按变动成本法编制				
销售收入	20 000	10 000	30 000	60 000
变动成本:				
变动生产成本	10 000	5 000	15 000	30 000
变动销售及管理费用	2 000	1 000	3 000	6 000
变动成本合计	12 000	6 000	18 000	36 000
边际贡献	8 000	4 000	12 000	24 000
减:固定成本				
固定生产成本	6 000	6 000	6 000	18 000
固定销售及管理费用	1 000	1 000	1 000	3 000
固定成本合计	7 000	7 000	7 000	21 000
税前利润	1 000	-3 000	5 000	3 000

2)假定各期销量不变,产量变动

销量不变意味着各年的销售收入相同,而产量变动表明在全部成本法下各期的单位产品成本不同。

例8 表2.11是风华公司连续3年的产销业务量、成本、售价等资料(各项假设同表2.10)。比较两种方法编制的损益表(表2.12),可以看出在销量不变产量变动的情况下:

①在变动成本法下,各年税前利润相等。因为各年产品售价不变,销量相同,销售收入就不变,而各年成本和费用水平不变,所以各年税前利润也相等。

②在全部成本法下,由于产量不同,各年单位产品所吸收的固定制造费用也

不同,故各年的单位产品成本就不同,分别为 6.2 元/件、6.5 元/件、7 元/件。每期结转的销售成本不等,导致各年利润不相等。

表 2.11　风华公司业务资料

业务量	第 1 年	第 2 年	第 3 年	合　计
期初存货量/件	0	1 000	1 000	
当年生产量/件	5 000	4 000	3 000	12 000
当年销售量/件	4 000	4 000	4 000	12 000
期末存货量/件	1 000	1 000	0	

售价、成本资料	单位产品成本							
	全部成本法				变动成本法			
	年度	1	2	3	年度	1	2	3
单位售价　10 元/件 生产成本: 　单位变动成本　5 元/件 　固定成本总额　6 000 元 销售及管理费用: 　单位变动成本　1 元/件 　固定成本总额　1 000 元	变动生产成本	5 元/件	5 元/件	5 元/件	变动生产成本	5 元/件	5 元/件	5 元/件
	固定生产成本	1.2 元/件	1.5 元/件	2 元/件				
	单位生产成本	6.2 元/件	6.5 元/件	7 元/件	单位生产成本	5 元/件	5 元/件	5 元/件

③尽管两种方法下计算的税前利润不相等,但从长期来看,3 年的税前利润仍然相等,均为 27 000 元。第 1 年产大于销 1 000 件,按全部成本法计算的税前利润比变动成本法的税前利润多 1 200 元。这是由于全部成本法下有 1 200 元(1.2 元/件 × 1 000 件)固定制造费用被转到下一个年度,而在变动成本法下,固定成本均在当期一次扣除。第 2 年尽管产销相等,但全部成本法计算的税前利润比变动成本法的税前利润多 300 元。这是由于期初存货 1 000 件释放了上期的固定制造费用 1 200 元(1.2 元/件 × 1 000 件),期末存货吸收了本期的固定制造费用 1 500 元(1.5 元/件 × 1 000 件),被转到下一期,二者的差异 300 元(1 500 元 − 1 200 元)即为全部成本法下少计入损益的固定成本,导致税前利润多 300 元。第 3 年销大于产 1 000 件,按全部成本法计算的税前利润比按变动

成本法计算的税前利润少 1 500 元。这是由于期初存货 1 000 件释放了上期的固定制造费用 1 500 元(1.5 元/件 × 1 000 件),计入当期损益,而本期期末无存货,本期生产产品所负担的固定制造费用全部在本期转出。

表 2.12 风华公司损益表

单位:元

项　　目	第 1 年	第 2 年	第 3 年	合　计
按全部成本法编制				
销售收入	40 000	40 000	40 000	120 000
销货成本:				
期初存货	0	6 200	6 500	
本期生产成本	31 000	26 000	21 000	78 000
减:期末存货	6 200	6 500	0	
销售成本总额	24 800	25 700	27 500	78 000
销售毛利	15 200	14 300	12 500	42 000
减:销售及管理费用	5 000	5 000	5 000	15 000
税前利润	10 200	9 300	7 500	27 000
按变动成本法编制				
销售收入	40 000	40 000	40 000	120 000
变动成本:				
变动生产成本	20 000	20 000	20 000	60 000
变动销售及管理费用	4 000	4 000	4 000	12 000
变动成本合计	24 000	24 000	24 000	72 000
边际贡献	16 000	16 000	16 000	48 000
减:固定成本				
固定生产成本	6 000	6 000	6 000	18 000
固定销售及管理费用	1 000	1 000	1 000	3 000
固定成本合计	7 000	7 000	7 000	21 000
税前利润	9 000	9 000	9 000	27 000

2.5.2　变动成本法与全部成本法计算的分期利润不同的原因分析

从上节例题可以看出,即使前后各期成本水平、价格和存货计价方法等都不变,两种成本计价方法可能相同,也可能不同。两种成本法计算的税前利润之间是否存在差异以及差异的大小,其原因不在于对固定制造费用的处理是否不同,也不在于产销是否平衡,而在于在两种成本法下计入当期的固定制造费用是否存在差异以及差异的大小。在其他条件不变的前提下,只要某期全部成本法下期末存货吸收的固定制造费用与期初存货释放的固定制造费用水平不同,就意味着在两种成本法下计入当期损益表的固定制造费用的数额不同,则一定会使两种成本法计算的当期税前利润出现差异,差异的大小等于期末存货吸收的固定制造费用数额与期初存货释放的固定制造费用数额。

上述关系可以用下列公式表示:

$$\frac{\text{全部成本法计入当期}}{\text{损益的固定制造费用}} = \frac{\text{期初存货释放的}}{\text{固定制造费用}} + \frac{\text{本期发生的固}}{\text{定制造费用}} - \frac{\text{期末存货吸收的}}{\text{固定制造费用}}$$

$$(2.9)$$

$$\frac{\text{变动成本法计入当期}}{\text{损益的固定制造费用}} = \text{本期发生的固定制造费用} \qquad (2.10)$$

两种方法计入当期损益表的固定制造费用差额

$$= \frac{\text{全部成本法下期末存货}}{\text{吸收的固定制造费用}} - \frac{\text{全部成本法下期初存货}}{\text{释放的固定制造费用}} \qquad (2.11)$$

根据式(2.11)可以得出全部成本法与变动成本法计算的税前净利之间相互转换的公式:

$$\frac{\text{全部成本法}}{\text{的税前利润}} = \frac{\text{变动成本法}}{\text{的税前利润}} + \frac{\text{全部成本法下期末存货}}{\text{吸收的固定制造费用}} - \frac{\text{全部成本法下期初存货}}{\text{释放的固定制造费用}}$$

$$(2.12)$$

这个公式可在已知一种成本法下的税前利润的情况下,用来计算出另一种成本法下的税前利润。

任务6　变动成本法与全部成本法的优缺点及结合运用

【任务描述】通过本部分的学习,了解变动成本法与全部成本法的优缺点及结合运用。

【任务实施】

2.6.1 全部成本法的优缺点

1)全部成本法的优点

全部成本法是将企业的全部生产成本(包括变动的生产成本和固定的生产成本)均计入产品成本的一种传统的成本计算方法。其主要优点有:

①有利于调动企业生产的积极性。在全部成本法下,产量越高,单位产品所负担的固定生产成本就越低,产品的单位成本也越低,因此企业的效益更好,从而调动了企业提高产品生产的积极性。

②符合传统的成本概念。即成本是指为生产产品而发生的各种耗费,故既应包括变动的生产成本也应包括固定的生产成本。财务会计通常使用全部成本法计算产品成本,并编制对外财务报告。

2)全部成本法的缺点

虽然全部成本法有上述优点,但从加强企业内部管理来看,还存在如下缺点:

①产品的单位成本不能反映生产部门的真实成果,反而掩盖了生产业绩。以上述风华公司为例,其单位变动成本为5元/件,假使当产量为3 000件时,生产部门采取了节能降耗措施,单位变动成本降低为3元,单位生产成本为5元(3元+2元)。而当产量为6 000件和12 000件时,尽管未采取任何措施,单位生产成本变为4元(3元+1元)和3.5元(3元+0.5元),比产量为3 000件时还要低。但这是因为产量增加而使单位固定生产成本降低的缘故,并不能代表生产部门的真实业绩。

②在全部成本法下,各期的单位产品成本和各期税前利润受产量变动及期初和期末存货水平的影响,其结果会促使企业管理当局为粉饰业绩而片面追求高产量、高产值,从而造成产品积压和资源浪费。

③全部成本法不利于进行预测、短期决策和编制弹性预算。在全部成本法下成本未按性态划分为变动成本和固定成本,而预测、短期经营决策、弹性预算和本量利分析都是建立在成本性态分析的基础之上的。

④全部成本法需要对固定生产成本进行分配,故计算比较烦琐,工作量较大。

2.6.2　变动成本法的优缺点

1) 变动成本法的优点

变动成本法突破了传统的模式,有着全部成本法不可比拟的优点。

①符合权责发生制的会计原则的要求。将本期发生的固定生产成本与本期的收益相配合,使其计算的各期税前净利避免了由于产量变动而产生的影响,使损益水平更加客观、真实,有利于正确反映和评价企业的经营业绩。

②便于分清各部门的经济责任,有利于进行成本控制与业绩评价。如可以通过指定标准成本和建立弹性预算对直接材料、直接人工和变动制造费用进行日常控制,还可以通过制订费用预算控制固定生产成本的高低,以便分清生产部门和管理部门的责任。

③可以为企业加强内部管理,提高经济效益提供有用的信息和决策方法。如预测保本点,规划目标利润、目标销售量和销售额、目标成本,编制弹性预算和正确的短期经营决策。

④把固定生产成本列作期间成本记入当期损益,可以降低产品成本计算的工作量。

2) 变动成本法的缺点

①不符合传统成本概念的要求。按照传统的成本理论产品成本不仅包括变动成本还应包括固定生产成本,而变动成本法计算的产品成本仅包含变动生产成本。

②不适应长期决策的要求。因为长期决策要解决的是生产能力的增加或减少和经营规模的扩大或缩小问题,而从长期来看,固定成本不可能不发生变动,超过了相关范围就要发生变化,因此,变动成本法提供的资料不能适应长期决策的需求,只能为短期经营决策提供选择最优方案的有关资料。

③所确定的成本数据不符合通用会计报表编制的要求。

2.6.3　变动成本法与全部成本法的结合与运用

综上所述,变动成本法适用于企业内部管理的需要,而对外提供财务报表需用全部成本法。为了更好地履行其对内、对外两方面的职能,两种成本法可以同时使用,互相补充。可分别按全部成本法和变动成本法进行成本核算,即实行所谓的"双轨制";还可以在一套账上进行成本核算,同时满足内外两方面的要求,即实行所谓的"单轨制"。

企业将变动成本法与全部成本法结合运用实行单轨制核算时,可将日常的成本核算建立在变动成本法的基础上,对在产品、产成品和产品销售成本均按变动生产成本计算;同时,增设"固定生产成本"账户,归集日常发生的固定制造费用。期末,按当期产品销售量的比例,将"固定生产成本"账户中属于本期已销产品分担的部分转入"产品销售成本"账户,并列入利润表作为本期销售收入的减除项目;至于"固定生产成本"账户中属于本期末销售产品的部分,仍保留在本期账户内,并将其按实际比例分配给资产负债表上的在产品和产品存货,使之按全部成本反映。变动成本法与全部成本法结合,实行单轨制核算举例如下:

例9 某企业只产销一种商品,其有关资料如下:

项　　目	数量或金额
期初存货	0
当期产量	5 500 件
当期销售	4 500 件
期末存货	1 000 件
单位变动生产成本	
直接材料	15 元
直接人工	10 元
变动制造费用	5 元
单位变动性管理费用	2 元
固定性制造费用	22 000 元
固定性管理费用	45 000 元
单位产品售价	50 元

①平时核算以变动成本法为基础,原材料、直接人工和变动制造费用都计入"生产成本"账户,计算变动生产成本如下:

直接材料 = $15 \times 5\ 500 = 82\ 500$

直接人工 = $10 \times 5\ 500 = 55\ 000$

变动制造费用 = $5 \times 5\ 500 = 27\ 500$

编制分录:

借:生产成本   165 000

 贷:原材料   82 500

  应付职工薪酬   55 000

  变动制造费用   27 500

②结转本月生产完工产品成本的会计分录如下:

借:库存商品   165 000

 贷:生产成本   165 000

③产品销售时,通过"主营业务收入"账户核算,计算如下:

产品销售收入 $= 50 \times 4\ 500 = 225\ 000$

编制分录:

借:应收账款   225 000

 贷:主营业务收入   225 000

④结转产品销售成本时,计算如下:

产品销售成本 $= (15 + 10 + 5) \times 4\ 500 = 135\ 000$

会计分录为:

借:主营业务成本   135 000

 贷:库存商品   135 000

⑤结转各项收支到"本年利润"账户,计算如下:

变动性管理费用 $= 2 \times 4\ 500 = 9\ 000$

本月发生管理费用 $= 9\ 000 + 45\ 000 = 54\ 000$

会计分录为:

借:主营业务收入   225 000

 贷:本年利润   225 000

借:本年利润   211 000

 贷:主营业务成本   135 000

  管理费用   54 000

  固定制造费用   22 000

在变动成本法下,计算所得的税前利润为:

   本年利润 $= (225\ 000 - 211\ 000)$ 元 $= 14\ 000$ 元

⑥期末,为了满足按全部成本法编制会计报表的要求,要把固定制造费用中应由存货分摊的部分加到"存货"项目上,应由销货分摊的部分加到"主营业务成本"项目上,同时调整利润额。

单位固定制造费用 = 22 000 元÷5 500 件 = 4 元/件

a. 按全部成本法应计入产品销售成本固定制造费用：

4 元/件×4 500 件 = 18 000 元

按全部成本法计算的产品销售成本：

(135 000 + 18 000) 元 = 153 000 元

b. 按全部成本法应计入期末产品存货成本的固定制造费用：

4×1 000 元 = 4 000 元

按全部成本法计算的期末产品存货成本：

(15 + 10 + 5)×1 000 元 + 4 000 元 = 34 000 元

⑦编制变动成本法下的利润表。

利润表（变动成本法）　　　　单位:元

项　　目	金　　额
主营业务收入	225 000
减:变动成本	144 000
其中:产品销售成本	135 000
变动销售和管理费用	9 000
边际贡献	81 000
减:固定成本	67 000
其中:固定制造费用	22 000
固定销售费用和管理费用	45 000
税前利润	14 000

⑧把变动成本法的利润表调整为全部成本法的利润表,并对外公布。

$$\underset{\text{的税前利润}}{\text{全部成本法下}} = \underset{\text{的税前利润}}{\text{变动成本法下}} + \underset{\text{固定制造费用}}{\text{期末存货中的}} - \underset{\text{固定制造费用}}{\text{期初存货中的}} =$$

(14 000 + 4 000 − 0) 元 = 18 000 元

利润表（全部成本法）　　　　单位:元

项　　目	金　　额
主营业务收入	225 000
减:主营业务成本	153 000

续表

项 目	金 额
其中:变动成本	135 000
固定成本	18 000
销售毛利	72 000
减:销售和管理费用	54 000
税前利润	18 000

⑨用变动成本法和全部成本法编制资产负债表。

资产负债表(变动成本法)

单位:元

资产	年初数	期末数	负债及所有者权益	年初数	期末数
…			…		
存货			利润		14 000
产成品	0	30 000			
…			…		

用全部成本法编制的资产负债表如下表所示:

资产	年初数	期末数	负债及所有者权益	年初数	期末数
…			…		
存货			利润		18 000
产成品	0	34 000			
…			…		

【项目小结】

产品成本是生产一定种类和数量的产品而发生的各种耗费的货币表现,它包括产品生产中耗费的活劳动和物化劳动的价值。

产品成本指标是反映企业生产经营管理工作质量的综合性指标。企业在生产经营过程中劳动生产率水平、产品的数量、产品的质量、原材料的节约使用情况、设备合理利用程度、费用开支是否节约以及经营管理工作水平的高低都会直接或间接地从产品成本指标上得到反映。这一指标对于加强企业经营管理,降低成本,提高经济效益有重要意义。

在财务会计中,通常按照经济用途把成本分为两大类:生产成本和期间费用。

生产成本是生产一定种类和数量的产品所发生的各项费用。在通常情况下,生产成本包括直接材料、直接人工和制造费用3个组成部分。

期间费用是指在营业与行政管理方面发生的费用,一般可以分为财务费用、销售费用和管理费用。

成本性态是指成本总额与特定业务量之间的依存关系,又称成本习性。

成本按其性态分类可分为固定成本、变动成本和混合成本3大类。

固定成本是指在一定时期、一定业务量范围内,其成本总额保持不变的成本,如按直线法计提的固定资产折旧费、计时工资等。其主要特点举例说明如下。

固定成本还可进一步划分为约束性固定成本和酌量性固定成本。

约束性固定成本是指管理者的决策行动不能改变其支出数额的固定成本,如固定资产折旧费、管理人员薪金、租金、财产税等都属于约束性固定成本。酌量性固定成本是指管理者的决策行动可以改变其支出数额的固定成本,如广告费、研究和开发费、推销费、职工培训费等都属于酌量性固定成本。

变动成本是指在一定时期、一定业务范围内,随着业务量的变动,其总额成正比例变动的有关成本,如直接材料、直接人工等成本。

变动成本可进一步划分为技术性变动成本和酌量性变动成本。

技术性变动成本是指单位成本受客观因素决定、数额由技术因素决定的那部分变动成本。酌量性变动成本是指单位成本不受客观因素决定、企业管理者可以改变其数额的那部分变动成本。

混合成本是指随业务量的变动而变动,但又不成正比例变动的那部分成本。

混合成本可以进一步划分为半固定成本、半变动成本、延期变动成本和曲线式成本4类。

半固定成本是在一定业务量范围内,其发生额是固定的,当业务量增长到一定程度时,其发生额产生跳跃式增加,并在新的业务量范围内保持不变。半变动成本是指在没有业务量的情况下仍发生一定的初始量成本,当有业务量发生时,其发生额随业务量成正比例变化。延期变动成本是指在一定业务量范围内,其总额保持固定不变,但若突破该业务量范围,其超额部分则随着业务量的增加按正比例增长的成本。曲线式成本是指在没有业务量的情况下有一个初始量成本,当有业务量时,成本总额随业务量的变化而变化,但变化不成直线关系,而是成曲线关系。

分解混合成本最常见的基本方法有高低点法、散布图法和回归分析法。

高低点法是以一定时期、一定业务量范围内的最高业务量和最低业务量的混合成本之差除以最高业务量和最低业务量之差,来推算混合成本总额中固定成本和变动成本含量的一种简便方法。

散布图法是把过去某个时期混合成本的历史数据逐一在坐标图上标明,一般以横轴代表业务量(x),纵轴代表混合成本(y),经目测在各个成本点之间画1条反映成本变动趋势的直线,借以分解混合成本中固定成本(a)和变动成本(b)含量的一种方法。

回归直线法是根据过去一定时期业务量(x)和混合成本(y)的历史资料,运用最小平方法原理算出最能代表业务量和混合成本关系的回归直线,借以确定混合成本中固定成本(a)和变动成本(b)的一种数理统计方法。

变动成本法是指以成本性态分析为基础,在计算产品成本时只包括产品生产过程中所消耗的直接材料、直接人工和变动制造费用即变动生产成本,而把固定制造费用即固定生产成本及非生产成本全部作为期间成本处理的成本计算方法。

根据变动成本法在计算产品成本时仅将变动生产成本包括进去,而将固定生产成本作为期间成本处理,主要基于:①产品成本只应该包括变动生产成本;②固定制造费用应当作为期间成本处理。

变动成本法和全部成本法的主要区别:理论根据不同;产品成本和期间成本的构成内容不同;税前利润的计算程序不同;利润表的编制方法不同。

变动成本法与全部成本法计算的分期利润不同的原因在于在两种成本法下计入当期的固定制造费用是否存在差异以及差异的大小。在其他条件不变的前提下,只要某期全部成本法下期末存货吸收的固定制造费用与期初存货释放的固定制造费用水平不同,就意味着在两种成本法下计入当期利润表的固定制造费用的数额不同,则一定会使两种成本法计算的当期税前利润出现差异,差异的大小等于期末存货吸收的固定制造费用数额与期初存货释放的固定制造费用数额。

企业将变动成本法与全部成本法结合运用实行单轨制核算时,可将日常的成本核算建立在变动成本法的基础上,对在产品、产成品和产品销售成本均按变动生产成本计算;同时,增设"固定生产成本"账户,归集日常发生的固定制造费用。期末,按当期产品销售量的比例,将"固定生产成本"账户中属于本期已销产品分担的部分转入"产品销售成本"账户,并列入利润表作为本期销售收入的减除项目;至于"固定生产成本"账户中属于本期末销售产品的部分,仍保留在本期账户内,并将其按实际比例分配给资产负债表上的在产品和产品存货,使之按全部成本反映。

【项目训练】

一、思考题

1.成本按性态如何分类?

2.什么是固定成本?什么是变动成本?它们各有何特点?

3.为什么要对混合成本进行分解?常用哪几种方法?

4.什么是约束性固定成本?什么是酌量性固定成本?并举例说明如何降低固定成本。

5.什么是全部成本法?什么是变动成本法?两者有何区别?

6.分别说明在变动成本法下和全部成本法下产品成本及期间成本分别由哪些成本构成?

7.变动成本法的理论依据是什么?

8.举例说明两种成本法计算的税前利润产生差异的原因。

二、练习题

(一)单项选择题

1.以下按成本性态划分的成本概念是( )。

　　A.相关成本　　　　B.变动成本　　　　C.机会成本　　　　D.可控成本

2.直接人工费用属于( )。

　　A.固定成本　　　　B.机会成本　　　　C.变动成本　　　　D.期间成本

3.以下属于酌量性固定成本的是( )。

　　A.融资租赁费　　　　　　　　　　B.销售人员的工资

　　C.生产设备的折旧费　　　　　　　D.广告费

4.下列各项中,属于变动成本的是( )。

　　A.广告费　　　　　　　　　　　　B.不动产财产税

　　C.管理人员工资　　　　　　　　　D.生产一线工人的工资

5. 在历史资料分析法中, 高低点法所用的"高低"是指( )。

  A. 最高或最低的成本   B. 最高或最低的业务量

  C. 最高或最低的成本或业务量 D. 最高或最低的成本和业务量

6. 变动成本计算法下, 某期销货成本包括( )。

  A. 变动成本   B. 固定生产成本

  C. 制造成本   D. 变动生产成本

7. 某公司产销平衡, 年销售额为 1 000 万元, 变动成本法下的产品成本总额 600 万元, 固定成本为 200 万元, 非生产成本为 60 万元, 则该公司的税前利润为 ( )。

  A. 140 万元 B. 200 万元 C. 260 万元 D. 340 万元

8. 当期初的库存量为零, 而期末的库存量不为零时, 以全部成本法确定的利润比以变动成本法确定的利润( )。

  A. 多   B. 少   C. 相等   D. 无法确定

9. 如果某期按变动成本法计算的营业利润为 5 000 元, 该期产量为 2 000 件, 销售量为 1 000 件, 期初存货为零, 固定性制造费用总额为 2 000 元, 则按全部成本法计算的营业利润为( )。

  A. 0 元   B. 1 000 元   C. 5 000 元   D. 6 000 元

10. 如果某企业连续 3 年按变动成本法计算的营业利润分别为 10 000, 12 000, 11 000 元, 则下列表述正确的是( )。

  A. 第 3 年的销量最小   B. 第 2 年的销量最大

  C. 第 1 年的产量比第 2 年大 D. 不确定

(二)多项选择题

1. 成本按性态进行分析后, 可分为( )。

  A. 固定成本 B. 变动成本 C. 可控成本 D. 期间成本

  E. 半变动成本

2. 以下属于酌量性固定成本的有( )。

  A. 厂房租赁费 B. 差旅费 C. 职工培训费 D. 研究开发费

  E. 设备租赁费

3. 在相关范围内, 固定成本的特点包括( )。

  A. 成本总额的不变性   B. 单位成本的不变性

  C. 成本总额的正比例变动性 D. 单位成本的正比例变动性

  E. 单位成本的反比例变动性

4. 采用高低点法分解混合成本时, 应分别选择( )作为低点和高点。

A. (40,80)　　　B. (60,120)　　　C. (50,120)　　　D. (40,90)

5. 在变动成本法下,产品生产成本和存货成本的成本项目包括(　　)。

A. 直接材料　　　　　　B. 直接人工　　　　　　C. 变动性制造费用

D. 固定性制造费用　　　E. 变动性销售费用

6. 采用变动成本法与采用全部成本法的处理相同的项目包括(　　)。

A. 销售费用　　　　　　B. 固定性制造费用　　　C. 管理费用

D. 变动性制造费用　　　E. 财务费用

7. 在全部成本法下,期间费用应当包括(　　)。

A. 制造费用　　　　　　B. 变动制造费用　　　　C. 固定制造费用

D. 销售费用　　　　　　E. 管理费用

8. 以下关于全部成本法和变动成本法的说法,正确的有(　　)。

A. 在没有期初、期末存货的情况下,按全部成本法与按变动成本法计算的营业利润相等

B. 在没有期初存货,但有期末存货的情况下,按全部成本法计算的营业利润小于按变动成本法计算的营业利润

C. 在有期初存货,但没有期末存货的情况下,按全部成本法计算的营业利润小于按变动成本法计算的营业利润

D. 若期末存货中包含的固定生产成本大于期初存货中的固定生产成本,则按全部成本法计算的营业利润大于按变动成本法计算的营业利润

9. 下列关于变动成本法优点的表述,正确的包括(　　)。

A. 所提供的成本资料比较符合生产经营的实际情况

B. 能提供每种产品盈利能力的资料,有利于管理人员的决策

C. 便于分清各部门的经济责任,有利于成本控制和业绩评价

D. 符合传统的成本概念的要求

E. 所提供的成本数据能适应长期决策的需要

10. 变动成本法存在的局限性表现在(　　)。

A. 不利于进行业绩评价

B. 不符合传统成本概念的要求

C. 只能为短期经营决策提供信息支持

D. 必须重复地同时设置两套成本计算资料

E. 所确定的成本数据不符合通用会计报表编制的要求

(三)判断题

1. 约束性固定成本通常是指将对年度内固定成本的支出起着约束性作用的成本。

（　　）

2.酌量性固定成本是指通过管理当局的决策行动不能改变其数额的固定成本。　（　　）

3.单位产品的固定成本随业务量的增减变化成正比例变化。　（　　）

4.变动成本是指在相关范围内，其总额随业务量成比例变化的那部分成本。　（　　）

5.成本性态分析中高低点法的优点是计算精度高，缺点是计算过程过于复杂。　（　　）

6.成本性态分析与成本性态分类的结果相同。　（　　）

7.变动成本法是将成本按经济用途分类，将全部生产成本作为产品成本，将非生产成本作为期间成本，我国又将此法称为"制造成本法"。　（　　）

8.变动成本法下固定生产成本不可能转化为存货成本或销货成本。　（　　）

9.导致全部成本法与变动成本法营业利润不相等的根本原因在于两种成本法对固定性制造费用的处理方法不同。　（　　）

10.全部成本法求得的营业利润比变动成本法算出的结果要大。　（　　）

（四）计算分析题

1.某企业利用高低点法进行成本性态分析，在已知的八期历史资料中，四月份的产量最低，为200件，总成本为90 000元，其中固定成本为65 000元，变动成本为23 000元，其余为混合成本。七月份产量最高，为300件，总成本为102 000元。

要求：①进行混合成本分析；

②写出总成本的成本性态模型。

2.某企业2012年混合成本资料如下表所示。

季　度	产量/件	混合成本/元
第1季度	100	20 000
第2季度	150	26 000
第3季度	110	21 500
第4季度	130	23 700

要求：①用高低点法分解混合成本。

②假定2013年计划产量为500件，预测2013年的混合成本。

3.某公司2012年产量最高的月份是5月份,产量最低的月份是12月份,这两个月的制造费用资料如下表所示。

项　目	5月份	12月份
产量/件	75	42
制造费用/元	31 660	24 400

制造费用中包括变动成本、固定成本和混合成本,其中:单位变动成本200元/件,每月固定成本总额15 000元。

要求:①采用高低点法将该厂制造费用中的混合成本进行分解,并写出混合成本性态分析模型。

②假定2013年1月份计划产量为90件,则它的制造费用总额将为多少?

4.某企业生产某种产品,本月共完工1 000件,其在生产过程中发生的有关成本项目金额分别为:直接材料48 000元;直接人工32 000元;固定性制造费用18 000元;变动性制造费用12 000元。

要求:分别确定该批产品在变动成本法和全部成本法下的产品总成本和单位成本。

5.已知某产品1—6月份的产量与成本资料见表。

月份	产量/件	成本/万元	月份	产量/件	成本/万元
1	100	2 000	4	120	2 300
2	120	2 100	5	150	2 500
3	110	2 100	6	130	2 200

要求:利用直线回归法。将全部成本分解为变动成本和固定成本,并列出成本-产量方程。

6.某公司某产品生产量与生产成本的资料见表。

	高　点	低　点
生产量/只	15 000	10 000
生产成本:	140 000	100 000

续表

	高　点	低　点
固定成本/元	10 000	10 000
变动成本/元	30 000	20 000
混合成本/元	100 000	70 000

要求：①用高低点法对混合成本分解,并建立成本函数方程。

②当产量为 20 000 只时,预测生产成本。

7. 某企业生产某产品,第 1 年生产 40 000 件,销售 36 000 件;第 2 年生产 42 000 件,销售 44 000 件;第 3 年生产 35 000 件,销售 34 000 件。该产品的销售单价为 20 元,单位产品耗用直接材料 6 元,直接人工 2 元,变动性制造费用 2 元;全年固定性制造费用 42 000 元,全年固定性推销及管理费为 50 000 元,变动性推销及管理费为每件 5 元。存货计价采用先进先出法。

要求：①依据上述资料分别编制变动成本法和完全成本法下的连续三年的税前利润计算表;

②比较变动成本法和完全成本法下各年的税前净利润,如有差异,分析税前利润差异的形成原因。

8. 某厂生产甲产品,产品单价为 10 元/件,单位产品变动生产成本为 4 元,固定性制造费用总额为 24 000 元,销售及管理费用为 6 000 元,全部是固定性的。存货按先进先出法计价,最近三年的产销量如下表：

资料	第 1 年	第 2 年	第 3 年
期初存货量	0	0	2000
本期生产量	6 000	8 000	4 000
本期销货量	6 000	6 000	6 000
期末存货量	0	2000	0

要求：①分别按变动成本法和全部成本法计算单位产品成本;

②分别按变动成本法和全部成本法计算第 1 年的营业利润;

③利用差额简算法计算第 3 年全部成本法与变动成本法的营业利润差额。

项目 **3**　本量利分析

【项目概述】

通过本项目学习,了解本量利分析的假定、本量利分析的概念和本量利分析的基本原理,掌握保本点分析的几种方法以及有关因素变动对保本点影响的分析和安全边际与保本点作业率。

本项目包括 4 个任务:任务 1,认知本量利分析;任务 2,盈亏平衡点分析;任务 3,有关因素变动对盈亏平衡点的影响分析;任务 4,企业经营安全程度评价。

【学习引导】

在国内小家电用品领域里经历了几年的竞争以后,联合公司发现竞争的困难越来越大。该公司现在维持的年生产能力是 60 000 件,单位变动成本已经尽最大努力降到 6 元/件,而且在短期内不可能将年固定费用削减到 60 000 元以下。总经理想知道提高利润的最佳办法,公司智囊团给他提出以下 3 种方案(假设在短期内可变因素不会有其他变化):

第 1 方案:加班。即设法挖掘公司内部潜力增加 20% 的生产能力。但由于发放加班津贴,直接人工成本每件会增加 0.3 元。

第 2 方案:加价。在现行销售单价 7.5 元的基础上加价 10%。

第 3 方案:降价。在现行销售单价 7.5 元的基础上降价 10% 以利促销。

思考:1. 若你是经理,选哪一种方案对公司最为有利? 为什么?

2. 若执行第 3 种方案,公司在保持目前利润水平的条件下,还要增加多少产量?

【项目分解】

任务 1   认知本量利分析

【任务描述】通过本部分的学习,了解本量利分析的概念,掌握本量利分析的基本关系式。

【任务实施】

3.1.1   本量利分析的概念及其基本原理

1)本量利分析的概念

本量利分析是成本、业务量和利润三者依存关系分析的简称,它是指在成本性态分析的基础上,运用数学模型和图示,对成本、利润、业务量与单价等因素之间依存关系进行具体分析,研究其变动的规律性,以便为企业进行经营决策和目标控制提供有效信息的一种方法。

本量利分析法是对"成本性态"研究合乎逻辑地发展。本量利分析在管理会计中具有十分重要的地位。它除了可以用于进行单价、销售量、成本等因素变动对利润影响的分析外,还可以用于指导销售、成本和利润预测,并据以编制全面预算。因此,本量利分析属于管理会计的基础理论和基本方法。

2)本量利分析的基本原理

为说明本量利分析的基本原理,我们以制造业企业为例。在对成本进行性态分析的基础上,本量利之间的联系可用以下基本关系式来描述:

$$销售收入 - 销售成本 = 利润 \tag{3.1}$$

在上述公式中,"销售收入"等于销售单价乘以销售量,"销售成本"按成本性态分析等于变动成本总额加上固定成本总额。因而上述公式就可改变为

$$销售单价 \times 销售量 - (单位变动成本 \times 销售量 + 固定成本总额) = 利润 \tag{3.2}$$

现设销售单价为 p,销售量为 x,单位变动成本为 b,固定成本总额为 a,利润为 P,则本量利分析的基本公式为

$$px - bx - a = P \tag{3.3}$$

上述基本关系式包括了 5 个基本因素:销售单价、销售量、单位变动成本、固

定成本总额和利润。本量利分析的基本原理就是在假设其中3个因素为常量的基础上,将另外2个因素作为自变量和因变量,然后利用上述关系式进行数学换算,求得所需要的分析指标。

必须注意的问题是,在上述公式中,利润(P)是指未扣除利息及所得税以前的"营业利润",就是西方财务会计中的"息税前利润"(EBIT)。

3.1.2 本量利分析的前提条件

本量利分析所建立和使用的有关数学模型和图形,是以下列基本假设为前提条件的:

1)成本性态分析的假定

本量利分析必须在成本性态分析已经完成的基础上进行,即假定成本已经被区分为固定成本和变动成本两大类,并且有关的成本性态模型已经形成。

2)相关范围及线性假定

本假定是指在一定时期和一定的业务量范围内,成本水平始终保持不变,即固定成本总额的不变性和单位变动成本的不变性在相关范围内能够得到保证,成本函数表现为线性方程($y = a + bx$)。同时,在相关范围内,单价也不因产销业务量变化而变化,销售收入也是线性方程($y = px$)。这一假定排除了在时间和业务量变化的情况下,各生产要素(原材料、工资等)的价格、技术条件、工作效率和生产率以及市场条件变化的可能性。总之,假定在一定期间和一定业务量范围内,成本与销售收入分别表现为一条直线。

3)产销平衡和品种结构不变的假定

假定企业在单一品种生产的情况下,生产出来的产品总能在市场上找到买主,实现产销平衡;对于多品种生产的企业,在以价值形式表现的总产销量发生变化时,各种产品的销售额在全部产品总销售额中所占比重不发生变化。这种假定可使分析人员将注意力集中于价格、成本以及业务量对营业利润的影响上。

4)变动成本法假定

假定产品成本是按变动成本法计算的,即产品成本中只包含变动生产成本(直接材料、直接人工、变动性制造费用),而所有固定成本(包括固定性制造费用在内)均作为期间成本处理,并按贡献式利润确定程序,确定营业利润。

5)目标利润假定

在西方管理会计中,本量利分析的利润通常是指"息税前利润",而我国财务会计中涉及的利润指标主要有营业利润、利润总额和净利润 3 个指标。因为营业利润与成本业务量关系密切,在本书的本量利分析中,除特殊说明之外,利润指标是指营业利润,而且为简化分析过程,当利润因素为自变量时,总是假定有关利润指标是事先已知的目标利润。

有了上述假定,就可以十分便利地使用简单的数学模型或图形来提示成本、业务量和利润之间依存关系的规律性,有助于初学者深刻理解本量利分析的基本原理,从而在实际工作中能够灵活运用解决有关问题。

3.1.3 本量利分析的基本公式

1)本量利分析的基本关系式

本量利分析的基本关系式表示如下:

$$营业利润 = (单价 - 单位变动成本) \times 销售量 - 固定成本 \qquad (3.4)$$

用字母表示为

$$P = (p - b)x - a$$

由于本量利分析的数学模型是在上述公式和基础上建立起来的,因此可将该式称为本量利分析的基本关系式。

2)边际贡献及其相关指标的计算公式

(1)边际贡献的概念。在本量利分析中,边际贡献是十分重要的概念,它是指产品的销售收入与相应变动成本之间的差额,又称贡献边际、贡献毛益、边际利润或创利额。

(2)边际贡献的表现形式。边际贡献的表现形式分为两种:一种是以绝对额表现的边际贡献,又分为边际贡献总额(以 M 表示)和单位边际贡献(以 m 表示);另一种是以相对数表示的边际贡献率(以 mR 表示),是边际贡献与销售收入的比率。

(3)边际贡献指标的计算公式

$$边际贡献总额(M) = 销售收入 - 变动成本 = px - bx \qquad (3.5)$$
$$= 单位边际贡献 \times 销售量 = mx$$

$$= 销售收入 \times 边际贡献率 = px \cdot mR$$

$$单位边际贡献(m) = 单价 - 单位变动成本 = p - b \qquad (3.6)$$

$$= 边际贡献总额/销售量 = M/x$$

$$= 单价 \times 边际贡献率 = p \cdot mR$$

$$边际贡献率(mR) = (边际贡献总额/销售收入) \times 100\% \qquad (3.7)$$

$$= (M/px) \times 100\%$$

$$= (单位边际贡献/单价) \times 100\%$$

$$= (m/p) \times 100\%$$

根据本量利基本关系式,营业利润、边际贡献及固定成本之间的关系可用下式表示:

$$营业利润(P) = 边际贡献 - 固定成本 = M - a \qquad (3.8)$$

$$= 单位边际贡献 \times 销量 - 固定成本 = mx - a$$

$$= 销售收入 \times 边际贡献率 - 固定成本 = px \cdot mR - a$$

从这一计算公式可看出,企业各种产品提供的边际贡献虽然不是企业的营业利润,但它与企业的营业利润的形成有着密切的关系。因为边际贡献首先用于补偿企业的固定成本,只有当边际贡献大于固定成本时才能为企业提供利润,否则企业将出现亏损。

3)变动成本率的计算公式

变动成本率(以 bR 表示)是指变动成本占销售收入的百分比,或单位变动成本占单价的百分比,是与边际贡献率有密切关系的一项指标。其计算公式是:

$$变动成本率(bR) = (变动成本/销售收入) \times 100\% \qquad (3.9)$$

$$= (bx/px) \times 100\%$$

$$= (单位变动成本/单价) \times 100\% = (b/p) \times 100\%$$

将边际贡献率与变动成本率联系起来考虑,有以下关系式成立:

$$边际贡献率 + 变动成本率 = 1,即 \ mR + bR = 1 \qquad (3.10)$$

可见,边际贡献率与变动成本率之间具有互补性,变动成本率高的产品,边际贡献率就低,盈利能力就小;反之变动成本率低的产品,边际贡献率就高,盈利能力就大。

例1 A 企业只生产甲产品,单位变动成本为 300 元/件,本期实现销售1 000件,单价为 500 元/件,发生固定成本 160 000 元。

要求:①计算全部边际贡献指标;

②计算变动成本率;

③计算营业利润;

④验证变动成本率与边际贡献率的关系。

解:①边际贡献指标:

单位边际贡献(m) = (500 - 300)元/件 = 200 元/件

边际贡献率(mR) = (200/500) × 100% = 40%

边际贡献总额(M) = 200 元/件 × 1 000 件 = 200 000 元

②变动成本率(bR) = (300/500) × 100% = 60%

③营业利润 = (200 000 - 160 000)元 = 40 000 元

④边际贡献率 + 变动成本率 = 40% + 60% = 1

任务 2 保本分析

【任务描述】通过本部分的学习,了解保本的概念,掌握保本分析的基本方法。

【任务实施】

3.2.1 保本点的概念

保本点(breakeven point)也称为盈亏平衡点,是指企业在一定条件下处于不盈不亏的销售数量或销售收入。

保本点是个很重要的数量指标。在保本业务量的基础上扩大销售,企业就能盈利,否则,就会出现亏损。保本点有两种表现形式:一是用实物量来表现,称为保本量;另一种是用价值形式来表示,称为保本销售额。

保本点的分析方法通常有公式计算法和图示法。

3.2.2 保本分析的公式计算法

1)单一产品的保本分析

在单一品种条件下,根据本量利分析的基本关系式:营业利润 = 销售收入 - 变动成本总额 - 固定成本,即:$P = px - bx - a$。当企业处于保本状态时,利润为零,这时有 $px - bx - a = 0$ 成立,则保本点的计算公式为:

$$盈亏平衡量(x_0) = 固定成本/(单价 - 单位变动成本)$$
$$= a/(p - b)$$
$$= 固定成本/单位边际贡献 = a/m$$

(3.11)

$$盈亏平衡额(y_0) = 单价 \times 盈亏平衡量 = px_0$$
$$= 固定成本/边际贡献率 = a/mR$$
$$= 固定成本/(1 - 变动成本率) = a/(1 - bR)$$

例2 企业经营甲产品,预计该产品单位售价21元/件,单位变动成本为12.6元/件,固定成本总额21 000元。

解: 根据上述资料,现将有关指标计算如下:

单位边际贡献 = 21元/件 - 12.6元/件 = 8.4元/件

边际贡献率 = 8.4/21 = 40%

保本销售量 = 21 000元/8.4元/件 = 2 500件

保本销售额 = 21 000元/40% = 52 500元

或　　保本销售额 = 2 500件×21元/件 = 52 500元

2）多种产品的保本点分析

一般说来,生产单一产品的企业只是少数。在企业生产经营多种产品的情况下,保本点无法用实物量(销售量)来表示,而只能用金额(销售额)来表示。由于各种产品的边际贡献率各有不同,整个企业的综合保本销售额同所生产产品的品种结构存在着直接的联系。在实际工作中,可以通过计算综合边际贡献率求出综合保本销售额。具体步骤如下:

第一步,计算全部产品的总销售额。

全部产品的总销售额 = $\sum$（某种产品的销售量 × 该种产品的销售单价）

$$= \sum (p_i x_i)$$

第二步,计算某种产品销售额占全部产品的总销售额的百分比。

某种产品销售额占全部产品销售额的百分比$(w_i) = \left(\dfrac{某种产品销售额}{全部产品销售额}\right) \times$

$100\% = \dfrac{p_i x_i}{\sum (p_i x_i)} \times 100\%$

第三步,计算全部产品的综合边际贡献率。

综合边际贡献率$(mR') = \sum$（某种产品的边际贡献率 × 该种产品销售额占全部产品销售额的百分比）$= \sum (mR_i w_i)$

第四步,计算综合保本销售额。

综合保本销售额 = 固定成本总额/综合边际贡献率 = a/mR'

第五步,计算某种产品保本销售额和销售量。

某种产品的保本销售额 = 综合保本销售额 × 该种产品销售额占全部产品销售额的百分比

某种产品的保本销售量 = 该种产品的保本销售额/该种产品销售单价

例3 某企业计划期生产并销售 A,B,C 3 种产品,有关资料如表 3.1 所示。

表 3.1　产品资料　　　　　　　　　　　　单位:元

项　目 ＼ 品　种	A 产品	B 产品	C 产品	合　计
单价/元	15	10	5	
单位变动成本/元	11.25	6	2	
预计销量	2 000 件	4 000 套	6 000 件	
固定成本/元				37 350

要求:计算该企业计划期内的综合保本销售额以及各种产品的保本销售额和保本销售量。

解: A 产品的边际贡献率 = $\dfrac{15-11.25}{15} \times 100\% = 25\%$

B 产品的边际贡献率 = $\dfrac{10-6}{10} \times 100\% = 40\%$

C 产品的边际贡献率 = $\dfrac{5-2}{5} \times 100\% = 60\%$

A 产品预计销售收入 = 15 元/件 × 2 000 件 = 30 000 元

B 产品预计销售收入 = 10 元/套 × 4 000 套 = 40 000 元

C 产品预计销售收入 = 5 元/件 × 6 000 件 = 30 000 元

全企业预计销售收入合计 = (30 000 + 40 000 + 30 000) 元 = 100 000 元

A 产品的销售比重 = $\dfrac{30\ 000\ 元}{100\ 000\ 元} \times 100\% = 30\%$

B 产品的销售比重 = $\dfrac{40\ 000\ 元}{100\ 000\ 元} \times 100\% = 40\%$

C 产品的销售比重 = $\dfrac{30\ 000\ 元}{100\ 000\ 元} \times 100\% = 30\%$

全企业综合边际贡献率 = 25% × 30% + 40% × 40% + 60% × 30% = 41.5%

全企业综合保本销售额 = 37 350 元/(41.5%) = 90 000 元

A 产品保本额 = 90 000 元 × 30% = 27 000 元

B 产品保本额 = 90 000 元 × 40% = 36 000 元

C 产品保本额 = 90 000 元 × 30% = 27 000 元

A 产品保本量 = 27 000 元 ÷ 15 元/件 = 1 800 件

B 产品保本量 = 36 000 元 ÷ 10 元/套 = 3 600 套

C 产品保本量 = 27 000 元 ÷ 5 元/件 = 5 400 件

3.2.3 保本分析的图示法

图示法就是通过绘制保本图,在图中以 3 条直线分别反映销售收入、总成本和固定成本,并在总成本与销售收入两线交点处标记出保本点,从而确定保本销售量的一种方法。具体画法如下:

①建立直角坐标系,其中横轴表示销售量(用实物数量或金额表示),纵轴表示成本和收入的金额。

②在纵轴上,按固定成本金额取点,并作一平行于横轴的直线,即为固定成本线。

③在横轴上任取一产销量,计算该销售量的销售收入,并在坐标上找出与之相对应的坐标点,然后连接该点与原点作一直线,得销售总收入线。

④同样,在横轴上任选一整数的销售量,算出它的总成本 $y = a + bx$,并在坐标上找出与之相对应的坐标点,然后连接该点与固定成本线在纵轴上的截距,就可得出总成本线。

⑤总收入线与总成本线相交的交点即为保本点。

例 4 设某企业生产和销售单一产品,销售单价为 60 元,正常销售量为 3 000 件,固定成本总额为 50 000 元,单位变动成本为 35 元。

图 3.1 从动态上集中而形象地反映了有关因素之间的相互关系,可以从中看出一些规律性的东西:

保本点不变,销售量越大,能实现的利润越多,或亏损越少;销售量越小,能实现的利润越少,或亏损越多。

销售量不变,保本点越低,能实现的利润越多,或亏损越少;保本点越高,能实现的利润越少,或亏损越多。

在销售总成本既定的条件下,保本点受产品单位售价变动的影响:产品单位售价越高,表现为销售总收入线的斜率越大,保本点越低;反之,保本点越高。

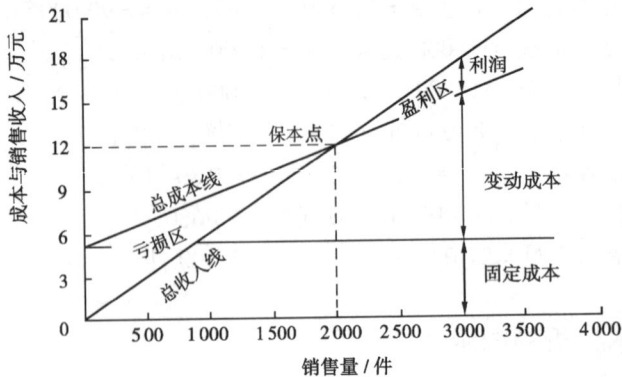

图 3.1　保本图

在销售收入既定的条件下,保本点的高低取决于固定成本和单位产品变动成本的多少。固定成本越多,或单位产品的变动成本越多,保本点越高;反之,保本点越低(单位产品变动成本的变动对于保本点的影响,是通过变动成本线的斜率的变动而表现出来)。

明确上述基本关系,对于促使企业根据主客观条件有预见地采取相应的措施实现扭亏增盈,将有较大的帮助。

任务 3　有关因素变动对保本点的影响分析

【任务描述】通过本部分的学习,了解有关因素变动对保本点的影响。
【任务实施】

3.3.1　销售价格的变动对保本点的影响

产品的销售价格是影响企业保本点的最敏感因素。价格变化对保本点的影响有两种情况:一是价格提高,使保本点降低,盈利增加;一是价格降低,使保本点上升,盈利减少。

例 5　某企业经营甲产品,预计单位售价为 25 元,单位变动成本 18 元,固定成本总额 24 500 元,其保本销售量为 3 500 件。现假定产品单位售价因故提高(或降低)10%,其余资料保持不变。

解:销售价格降低后保本销售量 = 24 500 元/[25 × (1 - 10%) - 18]元/件

$$=5\ 444\ 件$$

销售价格提高后保本销售量 $=24\ 500\ 元/[25\times(1+10\%)-18]$ 元/件

$$=2\ 579\ 件$$

计算结果表明,当某产品销售价格提高 10% 时,其保本销售量比原来减少 921 件(3 500 件 – 2 579 件);而当该产品销售价格降低 10% 时,其保本销售量比原来增加 1 944 件(5 444 件 – 3 500 件)。

3.3.2 单位变动成本的变动对保本点的影响

单位变动成本的变化对保本点的影响仅次于产品销售价格。在其他条件保持不变的情况下,单位变动成本降低,单位边际贡献或产品的边际贡献率就会提高,保本点就会下降;反之,单位产品变动成本增加,单位边际贡献或产品的边际贡献率就会降低,保本点就会上升。

例 6 在例 5 所提供的资料中,某产品单位变动成本因故升高(或降低) 10%,其余资料保持不变。

解: 变动成本上升后保本销量 $=24\ 500\ 元/[25-18\times(1+10\%)]$ 元/件

$$=4\ 712\ 件$$

变动成本下降后保本销量 $=24\ 500\ 元/[25-18\times(1-10\%)]$ 元/件

$$=2\ 784\ 件$$

计算结果表明,当产品单位变动成本升高 10% 时,其保本销售量比原来增加 1 212 件(4 712 件 – 3 500 件);而当该产品单位变动成本降低 10% 时,其保本销售量比原来减少 716 件(3 500 件 – 2 784 件)。

3.3.3 固定成本的变动对保本点的影响

固定成本总额的升高或节约,对企业盈亏的影响同样也很重要。在确定有关产品的保本销售量时,如果其他因素保持不变,那么,固定成本总额上升,会使保本点上升;反之,保本点就会相应降低。

例 7 如例 5 中,某企业固定成本总额因故增加(或减少) 10%,其余资料保持不变。

解: 固定成本增加后保本销售量 $=[24\ 500\ 元\times(1+10\%)]/(25-18)$ 元/件

$$=3\ 850\ 件$$

固定成本减少后保本销售量 $=[24\ 500\ 元\times(1-10\%)]/(25-18)$ 元/件

$$=3\ 150 件$$

计算结果表明,当该企业固定成本总额增加 10% 时,保本销售量比原来增加 350 件(3 850 件 - 3 500 件);而当固定成本总额减少 10% 时,保本点销售量比原来减少 350 件(3 500 件 - 3 150 件)。

3.3.4 品种结构的影响

当企业同时生产多种产品时,由于不同产品的盈利性通常是不同的,因此产品品种结构变动必然要对整个企业的保本点发生一定的影响。

例 8 某厂生产 A,B,C 3 种产品,其销售单价分别为 10 元、15 元、16 元,其单位变动成本分别为 5 元、9 元和 12 元。3 种产品的销售额比例为 5∶3∶2,全年固定成本总额为 3 360 元。

解:保本点销售额计算如下:

先计算各种产品的销售额比重:

$$A\ 产品的销售比重 = \frac{5}{5+3+2} \times 100\% = 50\%$$

$$B\ 产品的销售比重 = \frac{3}{5+3+2} \times 100\% = 30\%$$

$$C\ 产品的销售比重 = \frac{2}{5+3+2} \times 100\% = 20\%$$

再计算各种产品的边际贡献率:

$$A\ 产品的边际贡献率 = \frac{10-5}{10} \times 100\% = 50\%$$

$$B\ 产品的边际贡献率 = \frac{15-9}{15} \times 100\% = 40\%$$

$$C\ 产品的边际贡献率 = \frac{16-12}{16} \times 100\% = 25\%$$

则: 综合边际贡献率 = (50% × 50% + 30% × 40% + 20% × 25%) = 42%
保本销售额 = 3 360 元/42% = 8 000 元

如果将 3 种产品的销售比重调整为 2∶3∶5,则保本点的计算如下:

综合边际贡献率 = 20% × 50% + 30% × 40% + 50% × 25% = 34.5%
保本销售额 = 3 360 元/(34.5%) = 9 739 元

从上述计算可以看出,尽管固定成本总额和各种产品的边际贡献率保持不变,但只要改变产品的销售比重,企业保本点销售额也会发生变化。因为当改变销售比重后,边际贡献率低的 C 产品销售比重上升至 50% ,而边际贡献率高的 A 产品销售比重下降到 20% ,使得企业的总体盈利水平下降,综合边际贡献率由原来的 42% 下降到现在的 34.5% ,因而保本销售额上升了 1 739元(9 739 元 – 8 000 元)。

任务4　企业经营安全程度评价

【任务描述】通过本部分的学习,掌握安全边际、保本点作业率的概念及其计算。

【任务实施】

3.4.1　安全边际

企业在保本分析的基础上,还要进行经营安全程度的评价分析。衡量企业经营安全程度的指标,有安全边际和保本点作业率。

所谓安全边际是指现有或预计的销售业务量(包括销售量和销售额两种形式)与保本点业务量之间的差量所确定的定量指标。它具有绝对量和相对量两种形式。

安全边际的绝对量,又包括以实物形态表现的安全边际销售量 $MS_{量}$(简称安全边际量)和以价值形态表现的安全边际销售额 $MS_{额}$(简称安全边际额)两种具体形式。计算公式如下:

安全边际量$(MS_{量})$＝实际或预计销售量 – 盈亏平衡量＝$x_1 - x_0$　　(3.12)

安全边际额$(MS_{额})$＝实际或预计销售额 – 盈亏平衡额＝$y_1 - y_0$

$$＝单价 \times 安全边际量＝p \cdot MS_{量}　　(3.13)$$

安全边际量和安全边际额都属于正指标,它们可以反映企业实际或预计业务量与保本点业务量的距离有多远,表示企业的经营安全程度到底有多大。安全边际量越大,企业发生亏损的可能性就越小,经营安全程度越高;反之,安全边际量越小,企业发生亏损的可能性越大,经营安全程度就越低。显然,企业可以通过比较不同时期的安全边际量的大小,来评价企业经营安全程度的变化。

3.4.2 安全边际率

如果要评价不同企业经营安全程度时,只能利用安全边际的相对数指标,即安全边际率。其计算公式如下:

$$安全边际率(MSR) = (安全边际量/实际或预计销售量) \times 100\%$$
$$= MS_量/x_1 \times 100\% \qquad (3.14)$$
$$= (安全边际额/实际或预计销售额) \times 100\%$$
$$= MS_额/y_1 \times 100\%$$

安全边际率属于正指标,越大越好。人们根据企业实际经营安全程度的等级和安全边际率经验数据的一定分布区间,设计了评价企业经营安全程度的一般标准。表3.2就是西方国家的企业经常使用的经营安全程度评价标准。

表3.2 西方国家企业经营安全程度评价标准

安全边际率	40%以上	30% ~ 40%	20% ~ 30%	10% ~ 20%	10%以下
经营安全程度	很安全	安全	较安全	要警惕	危险

例9 A企业本期的保本量为10 000件,单价为10元/件,实际销售量为10 500件。假定下期的单价、单位变动成本和固定成本总额均不变,预计下期销售量将达到15 000件。

　　要求:①计算A企业本期的安全边际指标;
　　　　　②判断下期的保本销售量;
　　　　　③计算A企业下期的安全边际指标;
　　　　　④评价A企业在本期和下期的经营安全程度。

　　解:①本期安全边际量 = (10 500 – 10 000)件 = 500件
　　　　本期安全边际额 = 500件 × 10元/件 = 5 000元
　　　　本期安全边际率 = (500/10 500) × 100% = 4.8%

　　②因为下期的价格水平和成本水平均不变,所以该企业的保本量,仍为10 000件。

　　③下期安全边际量 = (15 000 – 10 000)件 = 5 000件
　　　　下期安全边际额 = 5 000件 × 10元/件 = 50 000元
　　　　下期安全边际率 = (5 000/15 000) × 100% = 33.3%

　　④因为本期A企业的安全边际率为4.8%,低于10%,所以经营状况危险;

由于下期预计的安全边际率达33.3%,介于30%与40%之间,因此可以断定 A 企业的经营状况是安全的。

3.4.3 保本点作业率

与安全边际率相对应的另一个指标为盈亏平衡点作业率,又称保本作业率,是指盈亏平衡点业务量占实际或预计销售业务量的百分比,其计算公式如下:

$$盈亏平衡点作业率(dR) = \frac{保本量}{实际或预计销售量} \times 100\%$$

$$= \frac{x_0}{x_1} \times 100\% \tag{3.15}$$

$$= \left(\frac{保本额}{实际或预计销售额} \right) \times 100\%$$

$$= \frac{y_0}{y_1} \times 100\%$$

安全边际率与保本点作业率的关系为:

$$安全边际率 + 保本点作业率 = 1$$

即

$$MSR + dR = 1$$

与安全边际率不同,保本点作业率是个反指标,越小越好。它表明,在销售业务量既定的情况下,要降低保本点作业率,提高企业经营安全程度,应当设法降低保本点。

3.4.4 营业利润与安全边际指标的关系

营业利润 = 安全边际量 × 单位边际贡献 = 安全边际额 × 边际贡献率

营业利润率 = 安全边际率 × 边际贡献率

在评价企业经营安全程度时,通常只需要在安全边际率和保本点作业率指标中选择一项指标,不必重复计算。

例10 三晋公司生产甲产品,单位售价150元,单位变动成本110元,固定成本总额60 000元,计划期间预计产销5 000件。

要求:计算该公司计划期间甲产品的安全边际指标,并从安全边际角度推导出该产品的营业利润及营业利润率。

解:①计算保本点指标:

保本量 $=60\,000$ 元/$(150-110)$ 元/件 $=1\,500$ 件

保本额 $=1\,500$ 件 $\times 150$ 元/件 $=225\,000$ 元

②计算安全边际指标：

安全边际量 $=5\,000$ 件 $-1\,500$ 件 $=3\,500$ 件

安全边际额 $=5\,000$ 件 $\times 150$ 元/件 $-225\,000$ 元 $=525\,000$ 元

安全边际率 $=(3\,500$ 件/$5\,000$ 件$)\times 100\% = 70\%$

或　安全边际率 $=[525\,000/(5\,000\times 150)]\times 100\% = 70\%$

③计算营业利润（率）：

营业利润 $=3\,500$ 件 $\times(150-110)$ 元/件 $=140\,000$ 元

或　营业利润 $=525\,000$ 元 $\times(150-110)$ 元/件/150 元/件 $\approx 140\,000$ 元

营业利润率 $=70\% \times(150-110)$ 元/件/150 元/件 $\approx 18.67\%$

【项目小结】

本量利分析是成本、业务量和利润三者依存关系分析的简称，在成本性态分析的基础上，运用数学模型和图示，对成本、利润、业务量与单价等因素之间依存关系进行具体分析，研究其变动的规律性，目的是为企业进行经营决策和目标控制提供有效信息。

本量利之间的基本关系式为：销售单价 × 销售量 − (单位变动成本 × 销售量 + 固定成本总额) = 利润

进行本量利分析时假设其中 3 个因素为常量，将另外 2 个因素作为自变量和因变量，然后利用上述关系式进行数学换算，求得所需要的分析指标。

边际贡献是指产品的销售收入与相应变动成本之间的差额，在本量利分析中它是十分重要的概念，企业经营只有创造更多的边际贡献才能获得利润。

保本点也叫盈亏平衡点，是指企业在一定条件下处于不盈不亏的销售数量或销售收入。在保本业务量的基础上扩大销售，企业就能赢利，否则，就会出现亏损。保本分析的方法通常有公式计算法和图示法，包括单一品种和多品种分析。

安全边际是指现有或预计的销售业务量（包括销售量和销售额两种形式）与保本点业务量之间的差量所确定的定量指标，是衡量企业经营安全程度的指标。

【项目训练】

一、思考题

1. 什么是本量利分析?

2. 简述本量利分析的基本假设。

3. 为什么保本分析要以成本划分为固定成本和变动成本为基础?

4. 什么是保本点? 计算保本点有何重要意义?

5. 边际贡献指标有哪几种表现形式? 各如何计算?

6. 如何计算多种产品的保本点?

7. 影响保本点的主要因素有哪些?

二、练习题

(一)单项选择题

1. 保本点上升意味着( )。

    A. 企业获得收益的区间扩大   B. 企业达到盈亏平衡的难度加大

    C. 边际贡献率降低   D. 固定成本比重增大

2. 在销售量不变的情况下,保本点越高,则( )。

    A. 只引起盈利区的变化

    B. 只引起亏损区的变化

    C. 盈利区的面积越大,亏损区的面积越小

    D. 盈利区的面积越小,亏损区的面积越大

3. 某产品的固定成本总额为 35 000 元,单位变动生产成本为 15 元,变动非生产成本为 3 元,产品单位变动成本率为 30% ,则该产品的保本量应为( )。

    A. 778 台   B. 834 台   C. 1 000 台   D. 50 000 台

4. 边际贡献率与变动成本率二者之间的关系是( )。

    A. 变动成本率越高,边际贡献率越高

    B. 变动成本率越高,边际贡献率越低

    C. 变动成本率与边际贡献率二者之间没有关系

    D. 变动成本率是边际贡献率的倒数

5. 在其他因素不变的条件下,其变动不能影响保本点的因素是( )。

    A. 单位变动成本   B. 固定成本   C. 单价   D. 销售量

6. 下列说法正确的是( )。

A. 安全边际率与变动成本率之积大于1

B. 边际贡献率与变动成本率之和大于1

C. 安全边际率与保本作业率之间互为倒数

D. 销售利润率等于安全边际率与边际贡献率之积

7. 某企业计划年销售A产品40 000件,每件单位售价60元,单位产品变动成本为40元,全年固定成本总额为600 000元,则该企业在计划期间预计可实现利润为(   )。

A. 100 000元   B. 200 000元   C. 300 000元   D. 400 000元

8. 安全边际率等于安全边际额除以(   )。

A. 保本点销售量   B. 当前的销售额

C. 价格调查   D. 保本点销售额

9. 当单位变动成本单独变动而其他因素不变时,会引起(   )。

A. 保本点和保利点升高,安全边际下降,利润减少

B. 保本点和保利点降低,安全边际上升,利润减少

C. 保本点和保利点升高,安全边际上升,利润增加

D. 保本点和保利点降低,安全边际下降,利润减少

10. 本量利分析所建立和使用的有关数学模型和图形,要求(   )。

A. 成本线是直线,收入线可以是曲线

B. 成本线和收入线都是曲线

C. 成本线和收入线都是直线

D. 收入线是直线,成本线可以是曲线

(二)多项选择题

1. 保本点的表现形式包括(   )。

A. 保本额   B. 保本量   C. 保本作业率

D. 变动成本率   E. 边际贡献率

2. 在本量利分析中,保本点的位置取决于(   )等因素。

A. 固定成本   B. 单位变动成本   C. 销售量   D. 销售单价

E. 目标利润

3. 保本量可以通过下列公式计算(   )。

A. 保本额/单价   B. 固定成本/单位边际贡献

C. 固定成本/边际贡献率   D. (固定成本＋变动成本)/生产量

E. 固定成本/(单价－单位变动成本)

4. 以下公式正确的有(   )。

A. 边际贡献 = $\dfrac{固定成本}{边际贡献率}$

B. 边际贡献 = 营业利润 + 固定成本

C. 安全边际率 = $\dfrac{销售利润率}{边际贡献率}$

D. 目标利润 = 单位边际贡献 × 销售量 − 固定成本

E. 保本点销售量 = $\dfrac{固定成本}{单位边际贡献}$

5. 下列各项中,当其他因素不变时,导致安全边际提高的因素有(   )。

A. 单位价格上涨　　　　　　B. 单位变动成本降低

C. 固定成本增加　　　　　　D. 预计销售量增加

E. 单位价格下降

6. 安全边际指标的表现形式有(   )。

A. 安全边际量　　B. 安全边际额　　C. 安全边际率

D. 保本作业率　　E. 保利量

7. 下列两个概念之和为1,即(   )。

A. 安全边际率与保本作业率　　　B. 安全边际率与边际贡献率

C. 变动成本率与保本作业率　　　D. 变动成本率与边际贡献率

E. 销售利润率与变动成本率

8. 某企业只销售一种产品,2013 年销售量是 8 000 件,单价为 240 元,单位成本为 180 元,其中单位变动成本为 150 元,该企业计划 2014 年利润比 2013 年增加 10% ,则企业可采取的措施是(   )。

A. 增加销售量 534 件　　　　B. 降低单位变动成本 6 元

C. 降低固定成本 48 000 元　　D. 提高价格 6 元

E. 提高单价 3 元,同时降低单位变动成本 3 元

9. 下列各项中,能够同时影响保本点、保利点的因素为(   )。

A. 单位边际贡献　B. 边际贡献率　C. 固定成本总额

D. 目标利润　　　E. 所得税率

10. 下列可断定企业处于保本状态的有(   )。

A. 安全边际或安全边际率等于 0　B. 保本作业率为 100%

C. 边际贡献等于固定成本　　　　D. 企业盈利为 0

E. 变动成本率为 100%

（三）判断题

1. 在其他条件不变情况下,固定成本越高,保本量越大。 （　　）

2. 保本点、保利点和保本作业率都是反指标。 （　　）

3. 企业各种产品提供的边际贡献即企业的营业毛利。 （　　）

4. 因为安全边际是正常销售额超过保本点销售额的差额,并表明销售额下降多少企业仍不至于亏损,所以安全边际部分的销售额也就是企业的利润。

（　　）

5. 在销售量不变的情况下,保本点越低,盈利区的三角面积就越缩小,亏损区的三角面积就有所扩大。 （　　）

6. 当销售量上升时,单位边际贡献上升,安全边际也上升。 （　　）

7. 实现目标利润的销售量的计算公式是: $\dfrac{\text{固定成本} + \text{目标利润}}{\text{单位贡献边际}}$。 （　　）

8. 企业生产多种产品时,无法使用本量利分析法。 （　　）

9. 安全边际量是保本量以上的销售量。 （　　）

10. 某产品的变动成本率为 70%,安全边际率为 30%,则销售利润率为 21%。 （　　）

（四）计算分析题

1. 某企业今年甲产品的销售量为 5 000 件,每件单价 25 元,生产甲产品的变动成本总额为 75 000 元,固定成本总额为 25 000 元。

要求:①计算该企业的甲产品保本点。

②计算甲产品的安全边际指标。

③如果企业明年影响利润的每项因素都可能单独向减少利润的方向发生变动,变动率均为 10%,请问哪一个因素变动对利润的影响最大,该因素变动后的保本点与保本点作业率为多少?

2. 某企业经营 A,B 两种产品,全年固定成本 72 000 元,其他有关资料如下:

产品名称	A 产品	B 产品
单位产品售价/元	5	2.5
产品预计产销量/件	30 000	40 000
产品边际贡献率/%	40	30

要求:①计算企业的综合保本销售额。

②分别计算 A,B 两种产品的保本销售量。

③计算企业的安全边际和预期利润。

3. 某公司只销售一种产品,2013 年单位变动成本为 15 元/件,变动成本总额为 63 000 元,共获税前利润 18 000 元,若该公司计划于 2014 年维持销售单价不变,变动成本率仍维持 2013 年的 30%。

要求:①计算该产品的销售单价;

②计算该公司 2013 年的销售量和固定成本;

③预测 2014 年的保本额;

④若目标利润为 98 500 元,预测实现目标利润时的销售量;

⑤若 2014 年的计划销售量比 2013 年提高 8%,预测安全边际额。

4. 某公司在计划年度产销甲产品 20 000 件,若该产品的变动成本率为 60%,安全边际率为 20%,单位边际贡献为 8 元。

要求:①预测该公司甲产品的保本销售额。

②若该公司计划年度产销甲产品 20 000 件,预计可获多少税前利润?

5. 甲、乙、丙、丁 4 种产品在 2012 年销售的有关资料如下。

单位:元

产品	销售量	销售收入	变动成本总额	固定成本总额	单位边际贡献	利润
甲		20 000		5 000	10	5 000
乙	2 000	20 000	12 000			2 000
丙	2 000		30 000		15	20 000
丁	3 000	120 000		50 000		10 000

要求:①根据本量利分析的模型,计算填列表中的空白栏。

②计算甲、乙两产品的单位变动成本、边际贡献率、变动成本率。

6. 某公司生产甲产品,销售单价 10 元,销售产量 20 000 件,产品利润为 60 000 元,变动成本率为 50%。

要求:①计算固定成本总额、变动成本总额。

②计算保本点业务量。

③计算安全边际率和保本点作业率。

④预计下年度目标利润要比本年度利润增加 10%,可采取哪些措施来实现?保利量是多少?

项目 4 预测分析

【项目概述】

通过本项目学习,了解预测分析的概念、预测分析的内容、预测分析的种类和预测分析的程序。在理解预测分析方法的基础上,掌握资金预测分析、销售预测分析、成本预测分析和利润预测分析的具体方法。

本项目包括5个任务:任务1,认知预测分析;任务2,销售预测分析;任务3,成本预测分析;任务4,利润预测分析;任务5,资金预测分析。

【学习引导】

光明灯具公司的主营业务是生产销售日光灯,日光灯生产设备的最大生产能力为300万件。该公司2013年的日光灯销售量为135万件,销售单价为10元/件,实现的利润为500万元。

2013年底在公司的经营发展大会上,经过全体管理人员以及全体员工的充分论证,对日光灯的生产提出了几项改革措施:改变玻璃采购厂家,每件日光灯可节约0.5元的原材料费用;改变镇流器功能,估计每件日光灯增加0.4元的成本;减少厂部办公人员125人,全年可减少开支90万元;采取技术革新,在现有设备条件下减少一线工人25人,全年可减少开支24万元。该公司近5年来的销售资料见表4.1所示。

表 4.1　近 5 年来的销售资料　　　　　单位:万件

年度	2009	2010	2011	2012	2013
销售量	85	95	115	138	135

该公司2013年的有关财务数据见表4.2。

表4.2 2013年财务数据 　　　　　　单位:万元

项　目	金　额	占销售额的百分比
流动资产	472.5	35%
长期资产	527.5	无稳定关系
资产合计	1 000	无稳定关系
流动负债	270	20%
长期负债	330	无稳定关系
实收资本	250	无稳定关系
留存收益	150	无稳定关系
权益合计	1 000	无稳定关系
销售额	1 350	100%
利润总额	500	37%
净利润	335	24.8%
现金股利	134	9.9%

思考:如何根据2009—2013年的销售量预测2014年的销售量?

【项目分解】

任务1　认知预测分析

【任务描述】通过本部分的学习,了解预测分析的概念、内容、种类、程序和方法。

【任务实施】

4.1.1　认知预测分析

预测是指以过去的历史资料和现在所取得的信息为基础,运用科学方法来预计和推测事物发展的必然性或可能性的行为,即根据过去和现在预计未知,由已知推断未知。由此可见,预测是对不确定的或不知道的事件做出推测。

预测的范围很广,例如自然现象的预测,经济发展的预测(包括宏观经济预测与微观经济预测)等。在西方国家中,无论在宏观经济或微观经济方面都相当重视预测,并且把它作为经济科学、管理科学中的重要方法。其中,微观经济预测是从现代企业的立场出发,以企业经营活动为对象展开的预测。

管理会计中的预测分析是指根据过去和现在预计未来,以及根据已知推测未知所采用的专门分析方法。

4.1.2　预测分析的内容

预测分析的内容包括销售预测、成本预测、利润预测和资金预测。

1)销售预测

销售预测是其他各种预测的前提。销售预测是指企业在一定的市场环境和一定的营销组合规划下,对某种产品在一定的地理区域和期间内的销售量或销售额期望值的预计和测算。其中,市场环境是指人口、经济、自然、技术、政治和法律、社会和文化等的发展状况,营销组合是指企业对销售价格、产品改良、促销活动和分销途径等方面的计划安排。搞好销售预测不仅有利于企业提高经营决策的科学性,而且使企业的经营目标同社会生产的发展和消费者的消费需求相适应,使产品的生产、销售、调拨和库存之间密切衔接,有助于提高企业的经济效益。

2)成本预测

成本预测是指根据企业未来发展目标和有关资料,结合科学技术的发展对本企业产生的影响,对未来生产的产品或提供劳务的成本所做的预计和测算。其主要内容包括:全部成本预测、单项成本预测、设计成本预测、生产成本预测、目标成本预测、成本变动趋势预测、决策成本预测。本章主要介绍目标成本预测与成本变动趋势预测两个部分内容。

3)利润预测

利润预测是指在销售预测的基础上,按照企业经营目标的要求,通过综合分析企业的内外部条件,预算企业未来一定时期的利润水平和变动趋势,以及为达到目标利润所需要达到的销售成本水平的一系列专门方法。做好利润的预测工作,对于加强企业管理,扩大经营成果,提高经济效益有着极为重要的作用。

4）资金预测

资金预测是指在销售预测、成本预测和利润预测的基础上，根据企业未来经营发展目标并考虑影响资金的各项因素，运用一定方法预计和推测企业未来一定时期内或一定项目所需要的资金数额、来源渠道、运用方向及其效果的过程。

广义资金预测包括：全部资金需用量及其来源预测、资金流量预测、资金分布预测、资金运用预测。狭义的资金预测是指资金需用量预测。本章主要介绍资金需用量预测。

4.1.3 预测分析的种类

预测分析按其期限、性质和内容等，可分别划分为如下几种：

1）按预测的期限分，可以划分为长期预测、中期预测和短期预测

长期预测是指对 5 年或更长时间的预测。当企业考虑远景规划或进行固定资产投资的时候，要对投入的资金、费用和投资后新增的利润进行预测，为编制长期计划和进行长期决策提供依据。中期预测是指对 1 ~ 5 年内的预测，主要目的是检查中期计划的执行情况和中期决策的经济效果，以便及时发现问题，纠正偏差，保证长期计划的实现。短期预测是指对年度或年度以内的预测，其目的是为编制年度计划、季度计划、月份计划以及为掌握短期计划的执行情况提供信息。

2）按预测的性质分，可以划分为定性预测和定量预测

有人说，预测就是估计。估，就是靠预测者丰富的知识和经验对事物进行推断，即所谓预测的软方法；计，则是运用各种数学方法进行计算，即所谓预测的硬方法。凭经验进行全面的推断往往能正确地判断事物的性质和发展方向，但在量上不易准确。要达到量的准确，就必须运用算术方法、线形规划、概率论和微积分等其他各种数学方法。一门学科的定量化，实质上也意味着一门学科的精密化、成熟化、完善化，这是许多学科发展的趋势。在实际工作中，一般都是将定性预测与定量预测结合起来使用，用定性分析对定量预测的结果进行评价，提高预测结果的可信程度。

3）按预测的内容分，可以划分为销售预测、成本预测、利润预测与资金预测

详细内容参见4.1.2"预测分析的内容"。

4.1.4 预测分析的程序

预测分析一般都可按以下7个步骤进行。

1）确定预测对象

预测对象是指预测什么，即确定预测分析的内容、范围、解决的问题和要求，并规定时间期限及数量单位等。

2）搜集分析信息

确定预测对象后，应搜集尽可能多的相关信息，并且要认真审查所搜集的资料是否可靠、真实、全面，同时要把这些资料进行分组、归类，以确保这些资料的系统性、可比性、连续性。

3）选择预测方法

要根据预测对象选择有针对性的预测分析方法。对于定量预测，应该选择预测分析的专门方法，建立数学模型，对资料进行处理、计算和分析；对于定性预测，也要选定方法，拟定预测的调查提纲。如果选择的预测方法不适当，就难以达到预测的目的。

4）实际进行预测

按选择的预测方法对所预测的对象进行实际预测，并做出实事求是的预测结论。

5）验证评价

将实际数与预测数进行比较，计算并分析差异，找出差异的原因，以便及时加以修正。

6）修正预测结论

因预测的假定性，其结果难免会有一定的误差存在，因此，还应根据有实际

经验的有关人员所估计的数据,进行修正,使其更符合现实。

7)输出预测结论

经过修正补充,把最后的预测结论呈报给有关领导,以便其做出正确的决策。

4.1.5 预测分析的方法

预测的方法有许多种,一般可归纳为以下两大类:即定性预测分析法和定量预测分析法。

1)定性预测分析法

定性预测分析法又称非数量分析法,主要是根据对市场情况的了解和对市场未来发展变化的估计,依靠专家的经验和能力,进行分析判断,然后加以整理综合,提出预测意见。这种方法特别适用于缺少历史资料而难以定量分析的情况,主要有专家意见法、主观概率法、综合意见法、市场调查法等。

2)定量预测分析法

定量预测分析法又称数量分析法,是根据过去较完备的统计资料,运用现代数学方法对有关数据资料进行科学的加工处理,借以充分揭示有关变量间的规律性的内在联系,作为对未来发展趋势进行预测的依据。该类方法主要有:

①趋势预测分析法。趋势预测分析法是以某项指标过去的时间序列数据作为预测的依据,它是"过去历史的延伸"。此类方法主要有算术平均法、加权平均法、趋势平均法、指数平均法、直线趋势法、非直线趋势法等。

②因果预测分析法。因果预测分析法是利用事物发展的因果关系来推测事物发展趋势,即根据过去掌握的历史资料,找出预测对象的变量与其相关事物的变量之间的依存关系,来建立相应的因果预测的数学模型。此类方法主要有回归分析法、相关分析法等。

任务 2　销售预测分析

【任务描述】通过本部分的学习,掌握销售预测分析中的算术平均法、移动加权平均法、指数平滑法。

【任务实施】

在市场经济条件下,企业实行的是"以销定产"的经营策略,各项经营活动与产品的销售密切相关。所以销售预测不仅处于企业预测体系中的先导地位,同时为企业进行生产经营决策和安排产品生产等起着重要的作用。销售预测的方法包括用于市场调查的方法和用于销售量预测的方法。本节主要介绍销售量的预测方法,该类方法主要有算术平均法、移动加权平均法、指数平滑法等。

4.2.1 算术平均法

算术平均法又称简单平均法,是根据过去若干期的销售量的算术平均数作为未来的销售预测数,其计算公式为:

$$计划销售预测值(\bar{x}_{n+1}) = \frac{各期销售量之和}{期数} = \frac{\sum x_n}{n} \tag{4.1}$$

例1 潘森公司 ×× 年上半年有关产品的实际销售额的资料如表 4.3 所示。

表4.3 产品销售资料 单位:元

月　份	1	2	3	4	5	6
销售额(x)	500 000	520 000	510 000	520 000	540 000	560 000

要求:用算术平均法预测 ×× 年 7 月份的预测值是多少?

解:潘森公司 ×× 年 7 月份的预测值计算如下:

$$7 月份销售预测数 = \frac{500\,000 + 520\,000 + 510\,000 + 520\,000 + 540\,000 + 560\,000}{6} 元$$

$$= 525\,000 元$$

这种方法的优点是计算公式较简单,易于掌握,但其最大的缺点是将不同时期的差异平均化,没有考虑近期(如4,5,6月份)的发展趋势,可能会造成预计数量与实际数量发生较大的误差。所以,此种方法通常只适用于销售量基本稳定的产品预测。

4.2.2 移动加权平均法

移动加权平均法是在加权平均法的基础上,采取不断向后推移观察期(一

般为 3 ~ 5 期)的方式计算预测值的一种方法。其计算公式如下:

$$某期销售量预测值(\bar{x}_{t+1}) = \frac{\sum(某观察期销量 \times 该观察期权数)}{\sum 观察期}$$

$$= \frac{\sum x_t \cdot w_t}{\sum w_t} \qquad (4.2)$$

例2 晨辰公司 ×× 年 1 ~ 9 月份产品的销售量资料如表4.4所示。

表4.4 产品销售资料 单位:kg

月 份	1	2	3	4	5	6	7	8	9
销售量(x)	560	550	570	540	580	600	620	630	610

要求:用移动加权平均法预测 ×× 年 10 月份的销售量(观察期为 5 期)为多少?

解:令 $w_1 = 1, w_2 = 2, w_3 = 3, w_4 = 4, w_5 = 5$

则:10 月份的销售预测值 $= \dfrac{580 \times 1 + 600 \times 2 + 620 \times 3 + 630 \times 4 + 610 \times 5}{1 + 2 + 3 + 4 + 5}$kg

$= 614$ kg

可见,移动加权平均法既考虑近期发展趋势,又根据时期的远近分别加权,故其预测结果比较接近近期的实际情况,比简单平均法较为客观。

4.2.3 指数平滑法

指数平滑法是一种特殊的加权平均法,加权的特点是对离预测期较近的历史数据给予较大的权数,对离预测期较远的历史数据给予较小的权数,权数由近到远指数规律递减,所以,这种预测方法被称为指数平滑法。其计算公式如下:

计划期预测值 = 平滑系数 × 上期实际值 + (1 − 平滑系数) × 上期预测值

$$= \alpha x_{n-1} + (1 - \alpha)\bar{x}_{n-1} \qquad (4.3)$$

式中,α 表示平滑系数,其取值范围一般为 0.3 ~ 0.7。平滑系数越大,近期实际数对预测结果的影响越大;平滑系数越小,则近期实际数对预测结果的影响越小。因此,平滑系数取值多少较好,应充分估计实际值对预测值的影响。

例3 仍用例2所给资料,已知 9 月份实际销售量为 610 千克,其预测值为 620 千克,设平滑系数 $\alpha = 0.4$。

要求:用指数平滑法预测 10 月份的销量。

解:根据式(4.3),可知:

10 月份销量预测值 = [0.4 ×610 + (1 − 0.4) ×620]千克 = 616 千克

任务3　成本预测分析

【任务描述】通过本部分的学习,了解成本预测分析中的加权平均法和公式法。

【任务实施】

成本预测就是预测未来成本的一种科学方法。通过成本预测,掌握未来的成本水平和变动趋势,将有利于提高经营管理工作中的预见性,有利于控制成本,促进成本降低,提高企业的经济效益。成本预测具体方法主要包括加权平均法、公式法($y = a + bx$)等方法。

4.3.1　加权平均法

加权平均法是根据过去若干期固定成本和单位变动成本的实际数值,按其距离预测期的远近分别规定不同的权数(可用 f 表示)进行加权,以计算加权平均的成本水平的方法。其计算公式如下:

$$计划期预测值 = \frac{各期实际值分别乘以权数之和}{各期权数之和} = \frac{\sum xf}{\sum f} \qquad (4.4)$$

例4　某公司生产 A 产品,最近 3 年的成本资料如表4.5所示:

表4.5　A 产品成本资料　　　　单位:元

年度	固定成本总额(a)	单位变动成本(b)
×1 年	240 000	180
×2 年	260 000	160
×3 年	280 000	140

要求:用加权平均法预测 ×4 年生产 A 产品 450 台的成本总额与单位产品成本。

解:根据距计划期(×4 年)远近,分别设 $f_{×1} = 1$, $f_{×2} = 2$, $f_{×3} = 3$,则有

$$×4\ 年预计固定成本总额 = \frac{240\ 000 × 1 + 260\ 000 × 2 + 280\ 000 × 3}{1 + 2 + 3}\ 元$$

$$= 266\ 667\ 元$$

$$×4\ 年预计单位变动成本 = \frac{180 × 1 + 160 × 2 + 140 × 3}{1 + 2 + 3}\ 元/件 = 153\ 元/件$$

$$预计×4\ 年\ A\ 产品总成本 = (266\ 667 + 153 × 450)\ 元 = 335\ 517\ 元$$

$$预计\ A\ 产品单位成本 = \frac{335\ 517\ 元}{450\ 件} = 746\ 元/件$$

此方法适用于对那些具有详细成本历史资料的产品进行预算,其预测结果比较接近近期的实际情况,比简单平均法客观。

4.3.2 公式法

产品成本按其习性可划分为变动成本与固定成本两大类。

所谓变动成本是指其总额在相关范围内随着产量而变动的成本,固定成本是指其总额在相关范围内保持不变的成本。产品成本与产量的这种客观存在的依存关系,可用公式法表示如下:

$$y = a + bx$$

式中,y 代表产品成本,a 代表固定成本总额,b 代表单位变动成本,x 代表产品产量。该公式反映了产品成本的发展趋势,只要求出 a,b 的数额,即可利用该公式预测任何产销条件下的总成本。

确定 a,b 值的方法主要有高低点法及最小平方法。

1)高低点法

高低点法即是以一定期间内的最高产量(高点)的成本与最低产量(低点)的成本之差,除以最高与最低产量之差,求出单位变动成本的值 b,其次再求得固定成本总额 a,最后根据(计划期)的预测产量来预测计划期的产品总成本。其具体计算公式如下:

$$b = \frac{高低点产品成本之差}{高低点产量之差} = \frac{\Delta y}{\Delta x} \tag{4.5}$$

$$a = 最高(低)点成本总额 - 单位变动成本 × 最高(低)\ 点的产量 = y - bx$$

$$\tag{4.6}$$

求得 b 与 a 的值后,再代入计划期的总成本方程式即可预测计划期的产量总成本和单位成本。

例5 某公司×3年7—12月份产量成本与有关产量的资料如表4.6所示:

表4.6 产量与产量成本资料

月　份	产量/件	产量成本/元
7	500	3 500
8	550	4 100
9	600	4 100
10	750	5 000
11	750	5 100
12	850	5 300

要求:若×4年1月份的产量为780件,其总成本与单位成本分别为多少?

解:首先,计算单位变动成本(b):

$$b = \frac{5\ 300\ 元 - 3\ 500\ 元}{850\ 件 - 500\ 件} = \frac{1\ 800\ 元}{350\ 件} = 5.14\ 元/件$$

其次,计算固定成本(a):

$$a = (5\ 300 - 850 \times 5.14)\ 元 = 930\ 元$$

或

$$a = (3\ 500 - 500 \times 5.14)\ 元 = 930\ 元$$

最后,计算计划期产量的总成本与单位成本:

$$产品总成本 = (930\ 元 + 780\ 件 \times 5.14\ 元/件) = 4\ 939\ 元$$

$$单位产量成本 = 4\ 939\ 元/780\ 件 = 6.33\ 元/件$$

高低点法的优点在于简便易行,易于理解与掌握。其缺点是由于它只选择了诸多历史资料数据中的两组数据作为计算依据,其预测值可能不具有代表性,容易产生较大的计算误差。因此,此种方法只适用于成本变动趋势比较稳定的企业。

2)最小平方法

最小平方法或称回归直线法。它是根据若干期产量和成本的资料,运用最小二乘法,算出最能代表产量与成本关系的回归直线,据以确定成本的固定部分和变动部分,进而预测出成本的方法。这是一种比较精确的方法。

①前提条件:x与y之间呈线性关系与否的计算公式为

$$r = \frac{n\sum xy - \sum x \sum y}{\sqrt{n\sum x^2 - (\sum x)^2}\sqrt{n\sum y^2 - (\sum y)^2}} \tag{4.7}$$

当$r = -1$时,说明x,y之间完全负相关;当$r = 0$时,说明x,y之间不相关;

当 $r = +1$ 时,说明 x,y 之间完全正相关,即 $y = a + bx$;当 r 的值渐近于 $+1$ 时,说明 x,y 之间基本正相关,可近似地写成 $y = a + bx$ 形式。

② 计算公式为: $y = a + bx$,其中: a 与 b 之值可按下列公式计算:

$$a = \frac{\sum y - b \sum x}{n} \tag{4.8}$$

$$= \frac{\sum x^2 \sum y - \sum x \sum xy}{n \sum x^2 - (\sum x)^2} \tag{4.9}$$

$$b = \frac{n \sum xy - \sum x \sum y}{n \sum x^2 - (\sum x)^2} \tag{4.10}$$

求得 a、b 之值后,代入 $y = a + bx$ 公式,即可计算未来时期的成本。

例6 现仍用例5的有关资料,列表计算如表4.7所示:

表4.7 产量与成本资料   单位:元

月份	产量 x	总成本 y	xy	x^2	y^2
7	500	3 500	1 750 000	250 000	12 250 000
8	550	4 100	2 255 000	302 500	16 810 000
9	600	4 100	2 460 000	360 000	16 810 000
10	750	5 000	3 750 000	562 500	25 000 000
11	750	5 100	3 825 000	562 500	26 010 000
12	850	5 300	4 505 000	722 500	28 090 000
$n = 6$	4 000	27 100	18 545 000	2 760 000	124 970 000

根据式(4.8)与式(4.10)可得

$$b = \frac{n \sum xy - \sum x \sum y}{n \sum x^2 - (\sum x)^2} = \frac{6 \times 18\,545\,000 - 4\,000 \times 27\,100}{6 \times 2\,760\,000 - (4\,000)^2} \text{元／件}$$

$$= 5.125 \text{ 元／件}$$

$$a = \frac{\sum y - b \sum x}{n} = \frac{27\,100 - 5.125 \times 4\,000}{6} \text{元} = 1\,100 \text{ 元}$$

由此,测算 A 产品计划期预计总成本:

$y = a + bx = 1\,100 + 5.125x = 1\,100 \text{元} + 5.125 \times 780 \text{元} = 4\,997.5 \text{元}$

计划期预计单位成本 $= \dfrac{4\,997.5 \text{元}}{780 \text{件}} = 6.41 \text{ 元／件}$

任务 4 利润预测分析

【任务描述】通过本部分的学习,了解利润预测分析中的本量利分析法和销售利润率法。

【任务实施】

利润预测的方法主要有本量利分析法、倒求法、比率法、因素综合分析法、利润增长比例法等,本节主要研究本量利分析法、销售利润率法。

4.4.1 本量利分析法

本量利分析法就是利用商品销售量(额)、固定成本及变动成本与利润的变动规律对目标利润进行预测的方法。目标利润是指在一定时期内争取达到的利润额,反映企业在一定时期内财务状况、经营状况和经济效益的预期目标。本量利之间的关系,用公式表示如下:

$$\text{利润} = \text{销售收入} - \text{总成本}$$

$$= \text{单价} \times \text{销量} - (\text{单位变动成本} \times \text{销量} + \text{固定成本总额}) \tag{4.11}$$

$$= \text{销量}(\text{单价} - \text{单位变动成本}) - \text{固定成本总额} \tag{4.12}$$

$$= \text{销量} \times \text{单位边际贡献} - \text{固定成本总额} \tag{4.13}$$

$$= \text{边际贡献总额} - \text{固定成本总额} \tag{4.14}$$

上述有关公式中有 5 个变量:单价、销量、单位变动成本、固定成本、利润。只要已知其中的 4 个变量,就可求出另 1 个未知量。

例 7 某企业计划年销售 A 产品 4 000 台,每台售价 600 元,单位产品变动成本 400 元。全年固定成本总额 500 000 元。

要求:①预测该企业计划期的目标利润为多少?

②若要保证目标利润 300 000 元,则其目标销售量应为多少?

③其保本销售量与保本销售额分别为多少?

解:

①该企业计划期的目标利润 = 销量 × (单价 - 单位变动成本) - 固定成本总额

$$= [4\ 000 \times (600 - 400) - 500\ 000] \text{元}$$

$$= 300\ 000\ \text{元}$$

②预计的目标销售量 $= \dfrac{500\,000\ \text{元} + 300\,000\ \text{元}}{600\ \text{元}/\text{件} - 400\ \text{元}/\text{件}} = 4\,000\ \text{台}$

③保本销售量 $= \dfrac{\text{固定成本总额}}{\text{单价} - \text{单位变动成本}} = \dfrac{500\,000\ \text{元}}{600\ \text{元}/\text{件} - 400\ \text{元}/\text{件}}$

$= 2\,500\ \text{台}$

保本销售额 $= \dfrac{\text{固定成本总额}}{1 - \text{变动成本率}} = \dfrac{500\,000}{1 - \dfrac{400}{600}}\ \text{元} = 1\,500\,000\ \text{元}$

4.4.2 销售利润率法

根据销售收入利润率,预计的销售收入可确定目标利润。其计算公式为:

$$\text{目标销售利润} = \text{预计销售收入} \times \text{销售收入利润率} \qquad (4.15)$$

例8 某企业的销售收入利润率大约为20%,经预测计划的销售收入为3 000万元,则其计划期的目标销售利润为

$$\text{目标销售利润} = 3\,000\ \text{万元} \times 20\% = 600\ \text{万元}$$

销售利润率法使用的前提条件有两个:一是销售预测已完成,并且准确;二是销售收入利润率较为稳定,能够反映企业未来经营趋势。

任务5 资金预测分析

【任务描述】通过本部分的学习,了解预测分析的移动平均法和销售百分比法。

【任务实施】

资金需要量预测分析的方法,主要有移动平均法、销售百分比法等,现分别介绍如下。

4.5.1 移动平均法

移动平均法亦称时间序列法,它是根据资金指标的历史资料,按时间先后顺序,由过去、现在引申到未来,根据计算出的次序移动平均数来确定资金预测值的一种方法。其中平均数一般采用简单算术平均数。

例9 根据某企业上年度各月流动资金实际占用额(如表4.8),用移动平

均法预测该企业本年度各月的流动资金占用额。

表4.8 流动资金实际占用额情况表

月份	流动资金实际占用额/万元	资金需要量预测值/万元
1	340	
2	300	
3	310	
4	320	$\dfrac{340+300+310}{3}=317$
5	360	$\dfrac{300+310+320}{3}=310$
6	350	$\dfrac{310+320+360}{3}=330$
7	370	$\dfrac{320+360+350}{3}=343$
8	330	$\dfrac{360+350+370}{3}=360$
9	380	$\dfrac{350+370+330}{3}=350$
10	400	$\dfrac{370+330+380}{3}=360$
11	430	$\dfrac{330+380+400}{3}=370$
12	420	$\dfrac{380+400+430}{3}=403$

在计算移动平均数时,期数的选择可以根据具体情况而定。一般说来,期数越多,平均数反映的各个时期资金实际占用额波动的敏感性越小;反之,期数越少,平均数的敏感程度就越大。因此,应观察组成序列的历史数据,如各期的波动不大,可用较多的时期计算平均数;如各期的波动不大,则宜用较少的时期计算平均数。

4.5.2 销售百分比法

销售百分比法是根据资产负债表中各个项目与销售收入总额之间的依存关系,以未来销售收入变动的百分比为主要参数来预测企业从外部追加资金需要量的一种方法。

该方法需要两个基本的假设:一是部分资产和负债随销售的变化而成正比例变化,其他资产和负债固定不变;所有者权益中除留存收益变动外,其他项目不变。二是假设未来销售额已知。

企业需要追加资金量的计算公式是:

$$\Delta F = \frac{\Delta S}{S_1}(A - B) - S_2 P_2 E_2 \qquad (4.16)$$

式中,ΔF 表示企业在预测年度需从企业外部筹集资金的数量;S_1 表示基期的销售额;S_2 表示预测期的销售额。ΔS 表示销售变动额;$\frac{\Delta S}{S_1}$ 表示预测年度销售收入对于基期年度增长的百分比;A 表示随销售收入变动而成正比例变动的资产项目的基期金额,包括货币资金、应收账款、存货等流动资产项目,即经营性资产项目,对于固定资产,若基期固定资产的利用已经饱和,那么预测期增加销售就必然要追加固定资产投资,且一般可以认为与销售增长也成正比,而也将其列入 A 的计量范围内;B 表示随销售收入变动而成正比例变动的负债项目基期金额,包括应付账款、应付票据、应交税费等流动负债项目,即经营性负债项目;P_2 表示预测期的销售净利率;E_2 表示预测期的留存收益的比率。

$S_2 P_2 E_2$ 表示在预测年度增加的可用留存收益,是企业内部形成的可用资金,也可以抵减外界筹集的资金量。

例10 某企业 2013 年实现的销售收入 500 万元,销售净利率为 10%,并按净利润的 40% 发放股利,假定企业固定资产利用能力已经饱和,2013 年年末的资产负债表如表 4.9 所示。

表 4.9 资产负债表

2013 年 12 月 31 日 单位:万元

资产项目	金额	负债及所有者权益	金额
货币资金	200	应付账款	550
应收账款	300	应交税费	100
存货	500	长期负债	150
固定资产	1 000	实收资本	1 000
无形资产	100	留存收益	300
资产合计	2 100	负债及所有者权益合计	2 100

若企业计划在 2014 年将销售收入提高到 600 万元,销售净利率、股利发放率仍保持 2013 年水平。

要求:用销售百分比法预测该企业 2014 年需要向外界筹措的资金量。

解:$\dfrac{\Delta S}{S_1} = (600 - 500) \div 500 = 20\%$

$A = (200 + 300 + 500 + 1\,000)$ 万元 $= 2\,000$ 万元

$B = (550 + 100)$ 万元 $= 650$ 万元

$S_2 P_2 E_2 = 600 \times 10\% \times (1 - 40\%)$ 万元 $= 36$ 万元

$\Delta F = 20\% \times (2\,000 - 650)$ 万元 $- 36$ 万元 $= 234$ 万元

计算表明,该企业 2014 年需向外界筹资 234 万元。

【项目小结】

预测是指以过去的历史资料和现在所取得的信息为基础,运用科学方法来预计和推测事物发展的必然性或可能性的行为,即根据过去和现在预计未知,由已知推断未知。

管理会计中的预测分析是指根据过去和现在预计未来,以及根据已知推测未知所采用的专门分析方法。

预测分析的内容包括销售预测、成本预测、利润预测和资金预测。

销售预测是指企业在一定的市场环境和一定的营销组合规划下,对某种产品在一定的地理区域和期间内的销售量或销售额期望值的预计和测算。成本预测是指根据企业未来发展目标和有关资料,结合科学技术的发展对本企业产生的影响,对未来生产的产品或提供劳务的成本所作进行的预计和测算。利润预测是指在销售预测的基础上,按照企业经营目标的要求,通过综合分析企业的内外部条件,预算企业未来一定时期的利润水平和变动趋势,以及为达到目标利润所需要达到的销售成本水平的一系列专门方法。资金预测是指在销售预测、成本预测和利润预测的基础上,根据企业未来经营发展目标并考虑影响资金的各项因素,运用一定方法预计和推测企业未来一定时期内或一定项目所需要的资金数额、来源渠道、运用方向及其效果的过程。

广义资金预测包括:全部资金需用量及其来源预测、资金流量预测、资金分布预测、资金运用预测。狭义的资金预测是指资金需用量预测。本章主要介绍资金需用量预测。

按预测的期限分,可以划分为长期预测、中期预测和短期预测;按预测的性质分,可以划分为定性预测和定量预测;按预测的内容分,可以划分为销售预测、

成本预测、利润预测与资金预测。

预测分析一般有7个步骤:确定预测对象;搜集分析信息;选择预测方法;实际进行预测;验证评价;修正预测结论和输出预测结论。

预测的方法一般可归纳为以下两大类:即定性预测分析法和定量预测分析法。

定性预测分析法又称非数量分析法,主要是根据对市场情况的了解和对市场未来发展变化的估计,依靠专家的经验和能力,进行分析判断,然后加以整理综合,提出预测意见。定量预测分析法又称数量分析法,是根据过去较完备的统计资料,运用现代数学方法对有关数据资料进行科学的加工处理,借以充分揭示有关变量间的规律性的内在联系,作为对未来发展趋势进行预测的依据。该类方法主要有:趋势　　　　　　　　　展预测分析法。

销售量的预测　书刊检验　　平均法、移动加权平均法、指数平滑法等。

成本预测具体　合格证　　权平均法、公式法等方法。

利润预测的方　01　　分析法、倒求法、比率法、因素综合分析法、利润增长比例法等。

资金需要量预测分析的方法,主要有移动平均法、销售百分比法等。

【项目训练】

一、思考题

1. 预测分析的内容有哪些? 试分别加以简要说明。

2. 预测分析的种类有几种? 其内容有哪些?

3. 预测分析常用的方法有哪几种?

4. 销售预测分析的方法有哪几种? 结合实例说明如何应用各种方法?

5. 成本预测分析最常用的方法是什么? 该怎样应用的?

6. 本量利分析法的主要内容是什么? 如何应用?

7. 资金预测最常用的方法是什么? 该如何应用?

二、练习题

(一)单项选择题

1. 预测分析方法按其性质可分为定量分析法和(　　　)。

　　A.算术平均法　　　B.移动平均法　　　C.定性分析法　　　D.指数平滑法

2. 预测分析的内容不包括(　　　)。

A. 利润预测　　　　B. 成本预测　　　　C. 销售预测　　　　D. 所得税预测

3. 下列各项中,属于因果预测分析法的是( )。

　A. 趋势分析法　　B. 移动平均法　　C. 回归分析法　　D. 平滑指数法

4. 某企业利用 0.4 的平滑指数进行销售预测,已知 2013 年的实际销量为 100 吨,预计销量比实际多 10 吨,则该企业 2014 年预测销量应为( )。

　A. 106 吨　　　　B. 103 吨　　　　C. 94 吨　　　　　D. 66 吨

5. 在采用平滑指数法进行近期销售预测时,应选择( )。

　A. 固定的平滑指数　　　　　　　B. 较小的平滑指数

　C. 较大的平滑指数　　　　　　　D. 任意数值的平滑指数

6. 下列各法中,可用于预测追加资金需要量的方法是( )。

　A. 平均法　　　　B. 销售百分比法　　C. 指数平滑法　　D. 回归分析法

7. 一般来说,资产项目中不随销售收入变化而变化的项目有( )。

　A. 货币资金　　　B. 应收账款　　　C. 存货　　　　　D. 无形资产

8. 下列方法中属于专家们在互不通气情况下反复几次预测的方法是 ( )。

　A. 专家个人意见集合法　　　　　B. 专家小组法

　C. 德尔菲法　　　　　　　　　　D. 综合判断法

9. 运用销售百分比法预测资金需要量时,下列说法中不正确的是( )。

　A. 货币资金、应收账款、存货等项目会随销售额的变动而变动,其变动额 作为增加的资金需求量

　B. 应付账款、其他应付款等项目会随销售额的变动而变动,其变动额作 为增加的资金供给量

　C. 预期的折旧额扣除用于更新改造的资金后可作为增加的资金供给量

　D. 预期的净利润都作为增加的资金供给量

10. ( )一般适用于不具备完整可靠的历史资料、无法进行定量分析的 企业。

　A. 判断分析法　　　　　　　　　B. 趋势预测分析法

　C. 因果预测分析法　　　　　　　D. 产品寿命周期法

(二)多项选择题

1. 下列属于定性分析法的有( )。

　A. 专家意见法　　B. 综合意见法　　C. 回归分析法　　D. 市场调查法

2. 下列属于定量分析法的有( )。

　A. 算术平均法　　B. 平滑指数法　　C. 回归分析法　　D. 市场调查法

3. 一般来说,负债项目中随销售收入变化而变化的项目有( )。

    A. 应付账款   B. 应付票据   C. 应付税费   D. 长期借款

4. 预测分析的方法一般分为两大类,这两大类是( )。

    A. 定量分析法   B. 因果预测分析法   C. 判断分析法   D. 定性分析法

5. 下面关于定量分析法与定性分析法的论述,正确的有( )。

    A. 定性分析法适用于缺乏完备的历史资料或有关变量间缺乏明显的数量关系等条件下的预测

    B. 定性分析法与定量分析法在实际应用中是相互排斥的

    C. 定性分析法与定量分析法在实际应用中是相互补充、相辅相成的

    D. 定性分析法与定量分析法是平行的两种预测分析方法,它们没有任何关系

6. 如果利用专家判断法进行销售预测时,应包括的专家有( )。

    A. 本企业经理或其他高级领导人   B. 同行业其他企业的高级领导人

    C. 销售部经理   D. 企业聘请的长期顾问

    E. 推销员和顾客

7. 预测分析的内容包括( )。

    A. 销售预测   B. 资金预测   C. 利润预测   D. 成本预测

8. 利润预测分析的方法有( )。

    A. 本量利分析法   B. 平滑指数法   C. 销售利润率法   D. 市场调查法

9. 成本预测分析的方法有( )。

    A. 算术平均法   B. 加权平均法   C. 高低点法   D. 市场调查法

10. 下列指数平滑法的计算公式,不正确的是( )。

    A. 计划期预测值 = 平滑系数 × 上期实际值 + (1 - 平滑系数) × 本期预测值

    B. 计划期预测值 = 平滑系数 × 本期实际值 + (1 - 平滑系数) × 上期预测值

    C. 计划期预测值 = 平滑系数 × 上期实际值 + (1 - 平滑系数) × 上期预测值

    D. 计划期预测值 = 平滑系数 × 本期实际值 + (1 - 平滑系数) × 本期预测值

(三)判断题

1. 预测分析的起点是利润预测。   ( )

2. 成本预测是其他各项预测的前提。   ( )

3. 平滑指数越大,则近期实际值对预测结果的影响越小。　　　　(　　)

4. 在采用销售百分比法预测资金需要量时,一定随销售变动的资产项有货币资金、应收账款、存货和固定资产。　　　　　　　　　　　　(　　)

5. 定性分析法受主观因素的影响,定量分析法不受主观因素的影响。
　　　　　　　　　　　　　　　　　　　　　　　　　　　　(　　)

6. 负债类项目与资金需要量成反比关系。　　　　　　　　　　(　　)

7. 资金需要量的预测方法只有销售百分比法。　　　　　　　　(　　)

8. 定量分析法和定性分析法是互斥的,在实际运用中只能选择其中一种方法进行预测。　　　　　　　　　　　　　　　　　　　　　　(　　)

9. 指数平滑法是一种特殊的加权平均法。　　　　　　　　　　(　　)

10. 主观概率法属于定性分析法。　　　　　　　　　　　　　　(　　)

(四)计算分析题

1. 某企业在最近 3 年中,甲产品的年平均成本资料如下表所示。

年度	固定成本总额/元	单位变动成本/元
×1	28 000	8
×2	15 600	7.2
×3	16 800	6

要求:用加权平均法预测 ×4 年生产 80 000 个甲产品的成本总额及单位产品成本。设各年的权数分别为 1,2,3。

2. 某企业 ×3 年 1—12 月份的实际销售额分别为:20,24,26,32,38,46,50,60,56,58,60,64(单位:万元)。

要求:采用指数平滑法预测 ×4 年 1 月份的销售额。(设 $\alpha = 0.7$, ×3 年 12 月份的预测销售额为 18 万元)

3. 某企业生产 A 产品,其单位售价为 400 元,单位变动成本为 240 元,每年固定成本为 300 000 元, ×3 年销售量为 6 000 件,预计 ×4 年度销售量将增长 30%。

要求:①预测该企业 A 产品的保本点。

②×4 年度的目标利润。

4. 宏利继电器厂每年生产保护开关 40 000 个,单价 20 元,单价变动成本 12 元,固定成本为 120 000 元。

要求:①则每年可实现利润多少?

②假定本年度目标利润定为 300 000 元,各因素怎样变动才能保证目标利润的实现?

5. 某企业 2013 年度生产能力已达到饱和程度,当年实际销售收入为 100 万元,税后利润为 4 万元,普通股股利支付率为 40%。该企业 2014 年度预计销售收入为 160 万元,并仍按 2013 年度的股利发放率支付股利。该企业 2013 年度末的简略资产负债表如下表所示:

资产负债表

2013 年 12 月 31 日   单位:元

资产	金额	负债及所有者权益	金额
货币资金	40 000	应付账款	200 000
应收账款	340 000	应付票据	20 000
存货	320 000	长期负债	460 000
固定资产(净值)	600 000	股本	800 000
无形资产	220 000	未分配利润	40 000
合计	1 520 000	合计	1 520 000

要求:运用销售百分比法预测 2014 年度需追加的资金量。

项目 5   短期经营决策的分析与评价

【项目概述】

通过本项目学习,掌握决策的概念、分类、程序和决策分析中的成本概念,能用短期经营决策分析的基本方法进行企业生产决策分析、定价决策分析和存货决策分析和评价。

本项目包括5个任务:任务1,认知短期经营决策;任务2,短期经营决策分析理论;任务3,生产决策的分析与评价;任务4,存货决策的分析与评价;任务5,定价决策的分析与评价。

【学习引导】

甲机床厂生产3类产品:刨床、铣床和专用机床。2013年年底该厂销售部门根据市场需求进行预测,计划部门初步平衡了生产能力,编制了2014年的生产计划,财会部门准备据此进行产品生产的决策。

该厂多年生产的老产品刨床,由于造价高,定价低,长期亏损,尽管是亏损产品,但在市场上仍有一定的需求量,为满足市场需要,该厂决定继续生产。财会部门根据产品生产计划预测了2014年的销售、成本和利润,如表5.1所示。

表5.1 甲机床厂2014年经营状况预测表   单位:万元

产 品	刨床	铣床	专用机床	合 计
销售收入	655	630	138	1 423
变动成本	458	378	76	912
边际贡献	197	252	62	511
固定成本	224	187	31	442
销售利润	-27	65	31	69

厂长阅读上述资料后,提出以下问题:

1.2014 年本厂目标利润如何才能达到 100 万元?

2.刨床产品亏损 27 万元,影响企业利润,可否考虑停产?

带着上述问题,财会部门与销售、生产等部门,共同研究,寻找对策。几天后,他们提出以下 3 个方案,希望有关专家经过对比分析,确定其中的最优方案。

A.停止生产刨床,按原计划生产铣床和专用机床。

B.停止生产刨床后,根据生产能力的平衡条件,铣床最多增产 40%,专用机床最多增产 10%。

C.进一步平衡生产能力,调整产品生产计划。该厂铣床系列产品是最近几年开发的新产品,由于技术性能好,质量高,颇受用户欢迎,目前在市场上供不应求。根据市场预测,调整产品生产结构,压缩刨床产品生产计划 30%,铣床在原方案基础上可增产 36%。

思考:A、B、C 3 个方案,究竟哪个方案才能圆满解决厂长提出的问题?

【项目分解】

任务 1　认知短期经营决策

【任务描述】通过本部分的学习,了解短期经营决策的概念及分类,掌握经营决策分析的一般程序。

【任务实施】

5.1.1　短期经营决策概念及意义

管理的关键在于经营,经营的关键在于决策。为了达到特定的目标,或者对某些特殊专门问题决定是否采取某种行动而在两个或两个以上的备选方案中,选择一个最优方案的过程就是决策。

按照决策时间长短,可将其划为短期决策和长期决策两大类。短期决策也称短期经营决策或经营决策。一般是指在一个经营年度或一个经营周期内就能实现其经营目标的决策,如产品生产决策、存货决策、产品定价决策等。该决策侧重探讨如何充分配置和利用现有的人力、物力和财力,获取最大的经济效益。长期决策又称长期投资决策或投资决策,一般是指决策产生效益的时间超过 1 年的决策,如对固定资产的新建、改建、扩建等进行的决策。其目的是为了改变或扩大企业的生产经营能力。它一般需要投入大量资金,并对企业生产经营产生较长的影响。

对一个企业来说,生产经营过程中需要决策的事情很多,譬如生产何种产品、产品是否进一步加工、亏损产品是否停产或转产等。如何对这些问题进行正确的决策,关系到企业的生存和发展。因此,经营决策是企业整个经营管理工作的重心,相关人员必须在未来经营战略和经营方针的指引下,结合企业的内部条件和外部环境,制定各种具体方案的经营措施和经营方法,并对各种方案可能导致的结果进行综合测算和对比分析,权衡利弊,从中选择出最佳方案。

5.1.2 短期经营决策的分类

1)按照决策内容不同进行分类

(1)生产决策

生产决策是指在短期内(通常为一个经营年度或一个经营周期内),在生产领域中,决策者围绕是否生产、生产什么、怎样生产和生产多少等问题所进行的决策。如零件的取得方式决策、亏损产品的停产决策等。

(2)存货决策

存货决策是企业在生产经营过程中为销售或耗用而储备的物资,包括材料、燃料、低值易耗品、在产品、半成品、产成品等。为了保证企业不间断的生产对原材料的需要,企业应有一定的存货的存储量。没有一定的存储量,可能会引起生产的中断,从而给企业带来损失。但是,储存存货必然会发生储存成本。因此,存货决策的目的在于既要满足生产需要,又能在不同情况下,通过合理的进货批量和进货时间,使存货的总成本降到最低。

(3)定价决策

定价决策是指在短期内,在销售领域中,决策者围绕如何确定销售产品的价格问题所进行的决策。

2)按决策者掌握信息的程度进行分类

(1)确定型决策

确定型决策是指决策者对未来情况所掌握的信息都是肯定的数据,只要比较不同方案的计算结果就能作出结论的决策。这种情况下,与决策相关的客观条件和自然状态是肯定的、明确的,并且可将其进行量化。

（2）不确定型决策

不确定型决策是指决策者对未来情况所掌握的信息不仅数据不肯定，而且这些数据出现的概率也难以估计的决策。这种决策只能依靠决策者的实践经验和判断能力或采用模糊数学的方法来解决。

（3）风险型决策

风险型决策是指决策者对未来情况所掌握的信息不是完全肯定的数据，而是存在着几种可能的结果，无论选择何种方案都带有一定风险的决策。这种决策一般以概率表示其可能性的大小，尽可能做到近似地符合实际情况。

3）按决策本身的不同性质进行分类

（1）独立方案决策

独立方案决策是指对各自独立存在，不受其他任何方案影响的不同方案的决策。在决策过程中，如果由于条件的限制，所有备选方案不能同时进行时，就要对这些备选方案按照优劣进行排序。独立方案决策只需判断方案本身的可行性就可以，而不必择优。例如，亏损产品是否停产的决策、是否接受加工订货的决策等。

（2）互斥选择决策

互斥选择决策是指在一定的决策条件下，存在着几个相互排斥的备选方案，通过对比分析，最终选择最优方案而排斥其他方案的决策。例如，零部件是自制还是外购的决策、联产品是否进一步加工的决策等。

（3）最优组合决策

最优组合决策是指几个备选方案可以并举，在其资源总量受到一定限制的情况下，如何将这些方案进行优化组合，使其综合经济效益达到最优的决策。例如，在几种约束条件下生产不同产品的最优组合决策、在资本总量一定的情况下不同投资项目的最优组合决策等。

4）按决策的层次进行分类

（1）高层决策

高层决策是指企业的最高层领导所作的决策，即涉及企业全局性、长远性等大问题的决策。这类决策属于战略性的决策。

（2）中层决策

中层决策是指由企业中层管理人员所作的决策，即从较低的层次、较短的时间和较小的范围对高层决策进行具体化，并制订最优利用资源、保证最高决策得以顺利实现的实施方案。这类决策属于战术性的决策。

(3) 基层决策

基层决策是指由企业基层管理人员所作的决策,即对上一层次所作的决策付诸具体实施。这类决策属于执行性的决策。

5.1.3　经营决策分析的一般程序

在任何企业中,为了科学地进行决策分析,一般应按以下步骤进行:

1) 确定决策分析的目标

确定决策分析的目标就是明确这项决策要解决的问题。例如,在产品生产方面,有新产品的研制和开发问题、生产力提高的问题、生产设备充分利用的问题以及生产工艺技术更新的问题等。决策目标应具体、明确,并力求目标的数量化。

2) 收集有关资料

针对决策分析的目标,广泛收集尽可能多的、对决策目标有影响的各种可计量因素和不可计量因素的有关资料,特别是要收集有关预期收入和预期成本的数据,以作为决策分析的根据。对于收集的各种资料,要善于鉴别,必要时还要进行加工。

3) 提出各种备选方案

在明确决策分析目标的前提下,应充分考虑现实与可能,提出若干可行性的备选方案。所谓可行性,必须是技术上适当、生产上可行、经济上合理。提出可行性的备选方案是决策分析的重要环节,是作出科学决策的基础和保证。

4) 通过定量分析对各种备选方案作出初步评价

该步骤就是根据各种备选方案的可计量资料,选择适当的专门方法,建立数学模型,对各方案的预期收入和预期成本进行计算、比较和分析,再根据经济效益的大小对备选方案作出初步的判断和评价,确定较优方案。这是整个决策分析过程的关键阶段。

5）考虑其他因素的影响，确定最优方案

根据上一步骤定量分析的初步评价，进一步考虑计划期间各种非计量因素的影响。例如，针对国际、国内政治经济形势的变动以及人们心理、习惯、风俗等因素的改变，进行定性分析。把定量分析与定性分析结合起来，通盘研究，权衡利害得失，并根据各方案提供的经济效益和社会效益的高低进行综合判断，最后确定最优方案。

6）评估决策的执行情况和信息反馈

由于决策的执行是决策的目的，也是检验过去所作出的决策是否正确的客观依据。因此，当上一阶段确定的最优方案付诸实施以后，每隔一定期间还需对决策的执行情况进行评估，据以发现决策中存在的问题，然后再通过信息反馈，纠正偏差，以保证决策目标的实现。

决策分析的一般程序如图5.1所示。

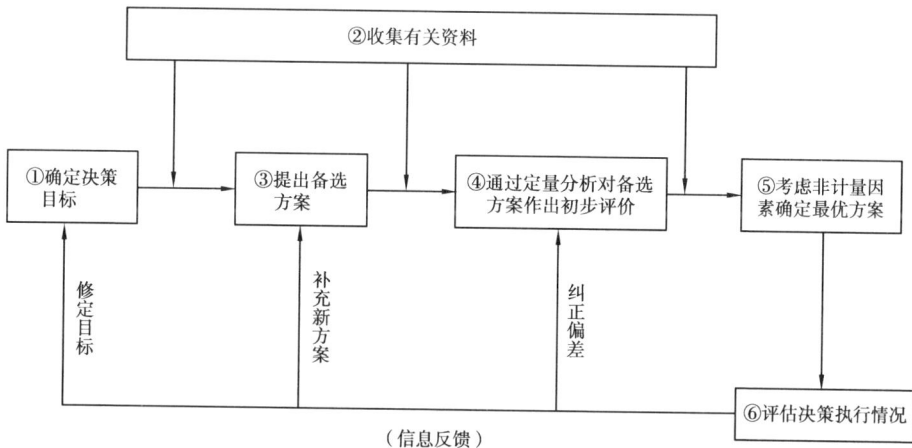

图5.1 决策分析的一般程序图

任务 2 短期经营决策分析理论

【任务描述】通过本部分的学习，了解短期经营决策分析中的成本概念及分类，掌握短期经营决策分析中常用的方法。

【任务实施】

5.2.1 短期经营决策分析中常用的成本概念

在经营决策分析中,成本是一个需要考虑的重要因素,除了经常使用的变动成本和固定成本等成本概念外,还可以将成本按决策的需要进行各种分类,从而形成成本分析中特殊的成本概念。

1)相关成本

相关成本指在决策分析中必须要加以考虑的并且与方案选择有关的未来成本。主要包括以下内容:

(1)差量成本

差量成本是指两个备选方案的预期成本之差。不同方案经济效益的高低一般可通过差量成本的计算明显地反映出来。例如,某工厂的甲零件若自制,预期的单位成本(包括直接材料、直接人工和制造费用)为28元;若向市场采购,预期的单位购价为30元,则自制方案较外购方案优越,因为每个零件的差量成本为2元。

(2)边际成本

边际成本是指在企业生产能力的相关范围内,每增加或减少一个单位产量而引起的成本变动。从这个意义上来讲,管理会计中的单位变动成本和差量成本,都是边际成本这个理论概念的具体表现形式。

(3)机会成本

机会成本是指在使用资源的决策分析过程中,为选取某个方案而放弃其他方案所丧失的潜在收益。由于每项资源往往有多种用途(或机会),但用于某一方面就不能同时用于另一方面。这就是说,在某方面的所得,正是由于放弃另一方面的机会而产生的。例如,某企业从银行活期存款账户中取出5万元购买国库券作为短期投资,其机会成本就是该企业放弃的这部分银行存款所能获得的利息收入。在决策分析中,必须把已放弃方案可能获得的潜在收益,作为被选用方案的机会成本,才能对该方案的经济效益作出全面、合理的评价,最后正确判断被选用的方案是否真正最优。如果某项资源只有一个用途,而没有其他选择机会,如煤气公司的输气管道、自来水公司的地下水管等,那么其机会成本就等于零。

(4)重置成本

重置成本是指目前从市场上购置同一项原有资产所需支付的成本,又称为现时成本或现行成本。在商品定价决策中,一般需将重置成本作为重点考虑的对象。

（5）付现成本

付现成本是指需要在将来用现金支付的成本。企业在短期经营决策中,如遇到货币资金比较少,近期内又无应收账款可以收回,并且向市场上筹措资金又比较困难或借款利率较高的情况时,对付现成本的考虑往往会比对总成本的考虑更为重要。企业往往会选择付现成本最小的方案来代替总成本最低的方案。

（6）专属成本

专属成本是指明确归属于某种、某批或某个部门的固定成本。例如,专门为生产某种零件或某批产品而使用的机床的折旧费、保险费等,都属于专属成本。

（7）可避免成本

可避免成本是指通过决策行为可改变其数额的成本。例如酌量性固定成本中的广告费、职工培训费等就属于此类成本。凡与某一备选方案有直接联系的变动成本,例如自制某种零件需要支付的直接材料、直接人工和制造费用等也属于此类成本。

（8）可递延成本

可递延成本是指在企业财力负担有限的情况下,对已决定选用的某一方案即使推迟执行,也不致影响企业的大局,那么与该方案有关的成本,就称为可递延成本或可延缓成本。例如,某公司原来的办公楼比较简陋,原定在计划年度新盖一幢办公楼,需花费200万元,现在考虑到计划期资金比较紧张,决定推迟3年再盖大楼,那么与建新楼有关的建筑材料、人工等,都属于可递延成本。

2）无关成本

无关成本是指在决策分析中无需考虑、对未来没有影响的成本,或是指在各个备选方案中,项目相同、金额相等的未来成本。主要包括以下内容:

（1）沉没成本

沉没成本是指由过去的决策引起,并已支付过款项的成本。例如,某公司去年年初购买了一台机床,原价84 000元,可用10年,期满残值4 000元,则该机床的原价84 000元及第一年按直线法计提的折旧费8 000元,均属于沉没成本。

（2）不可避免成本

不可避免成本是指通过决策行为不能改变其数额的成本。例如,原有固定资产的折旧费、管理人员工资、固定资产租金以及原来制造产品的各项变动成本等,都属于不可避免成本。

（3）不可递延成本

不可递延成本是指已选定的某一方案，即使在企业财力负担有限的情况下，也不能推迟执行，否则就会影响企业的大局，那么与该方案有关的成本，就称为不可递延成本或不可延缓成本。例如，某公司过去一直采用烧柴油的锅炉，能源浪费很大，而且污染周围环境。现决定在计划年度内改用烧煤的锅炉，并装上防止污染的装置，需花费 20 万元。这个方案即使企业在计划期间财力紧张时也必须执行，否则将被市政机关和环保部门勒令停业，那么与该方案有关的成本都属于不可递延成本。

（4）共同成本

共同成本是指由几种、几批或几个有关部门共同分担的固定成本。例如，企业管理人员的工资、车间的照明费等。

（5）联合成本

联合成本是指联产品或半成品在进一步加工前所发生的变动成本和固定成本。在对联产品或半成品是否需要进一步加工的决策分析中，联合成本属于无关成本，不必加以考虑。

5.2.2　短期经营决策分析中常用的方法

1）差量分析法

在管理会计中，不同备选方案之间的差别称为差量，分为差量收入和差量成本两种。差量收入是两个备选方案预期收入之差；差量成本是两个备选方案预期成本之差。

差量分析法是根据两个备选方案的差量收入与差量成本所确定的差量损益进行决策分析的方法。若差量损益为正值，则前一个方案较优；若差量损益为负值，则后一个方案较优。应该注意，计算差量收入和差量成本的方案排列顺序必须保持一致。该方法一般可通过编制差量分析表来进行。

采用差量分析法的关键在于：进行决策分析时，只考虑对备选方案的预期收入和预期成本产生影响的项目；对不相关的因素一概予以剔除。

例 1　阳光公司用一台设备既可生产 A 产品，也可生产 B 产品，其预计销售单价、销售量和单位变动成本资料如表 5.2 所示。

表5.2　资料表

项　目	A产品	B产品
销售量/件	60	80
销售单价/元	20	10
单位变动成本/元	15	8

要求:作出该公司究竟生产哪种产品较为有利的决策分析。

解:根据相关资料,计算分析如表5.3所示。

表5.3　差量分析表　　　　　　　　　　　　　　　单位:元

项　目	A产品	B产品	差　量
相关收入	20×60=1 200	10×80＝800	400
相关成本	15×60=900	8×80＝640	260
差量损益	400−260=140		

计算结果表明,A产品与B产品的差量损益为140元,为正值,因此应选择生产A产品。

2)边际贡献分析法

边际贡献分析法是通过对比备选方案所提供的边际贡献来选择最优方案的方法。尽管单位边际贡献是反映产品盈利能力的重要指标,但由于企业税前利润的大小取决于边际贡献总额补偿固定成本总额后的余额,而边际贡献总额＝单位边际贡献×销售量。因此,在进行决策分析时,必须以备选方案提供的边际贡献总额的大小或单位工时(或机器小时)所创造的边际贡献的大小作为选优标准,而绝不能以产品提供的单位边际贡献的大小来判断方案的优劣。

例2　依据例1的资料,采用边际贡献分析法进行决策分析。

解:用同一台设备生产A产品或B产品,不论选择哪一个方案,固定成本总是相同的,属于决策分析中的无关成本,因此,可以采用边际贡献分析法进行决策分析。

A产品边际贡献　＝(20−15)×60元=300元

B产品边际贡献　＝(10−8)×80元=160元

计算表明,生产A产品的边际贡献300元大于生产B产品的边际贡献160

元,所以应选择生产 A 产品。

3)成本平衡点法

成本平衡点法的关键在于确定成本平衡点(或成本分界点)。成本平衡点是两个备选方案的预期成本在相等情况下的业务量。根据成本平衡点,就可以确定在什么业务范围内哪个方案较优。

例 3 胜利公司需用的 A 配件既可以自制,也可以从市场上购买,购买单价为 20 元,每年自制 A 配件需增加专属成本 30 000 元,单位变动成本为 14 元。

要求:采用成本平衡点法作出需求量在什么范围内 A 配件自制或外购的决策分析。

解:设:A 配件的需要量为 x,则:外购的相关成本 $y_1 = 20x$

自制的相关成本 $y_2 = 30\ 000 + 14x$

令 $y_1 = y_2$,则 $20x = 30\ 000 + 14x$

成本平衡点 $x = 5\ 000$ 件

计算结果表明,若需要量为 5 000 件时,两方案成本相同,均属于可行方案;若需要量小于 5 000 件时,外购方案的相关成本小于自制方案的相关成本,外购方案较优;若需要量大于 5 000 件时,自制方案的相关成本小于外购方案的相关成本,自制方案较优。

总之,经营决策对企业来说就是在现有的生产经营能力的条件下,为争取实现尽可能理想的经营成果而作出选择。从管理会计角度而言,经营决策分析的评价原则是:取得最大经济效益。

任务 3 生产决策的分析与评价

【任务描述】通过本部分的学习,掌握各种生产决策分析的方法。
【任务实施】

5.3.1 生产对象的决策分析

1)生产何种产品的决策分析

例 4 晋华机械厂使用同一台机器可生产甲产品和乙产品。若该机器的最大生产能力为 15 000 机器小时,生产两种产品所需定额工时及各项成本数据如表 5.4 所示。

表 5.4　资料表

项　目	甲产品	乙产品
定额工时/(机器小时·件$^{-1}$)	50	75
销售单价/元	100	140
单位变动成本/元	80	60
固定成本总额/元	14 000	14 000

要求:分析该厂生产哪种产品较为有利的决策分析(假定只允许生产一种产品)。

分析:该项决策可用差量分析法分析。由于生产甲、乙两种产品都需用机器设备,固定成本总额是一样的,因此,固定成本 14 000 元属无关成本,在决策中不需考虑。

解:①根据机器的最大生产能力计算出两种产品的最大产量:

甲产品的最大产量 = 15 000/50 件 = 300 件

乙产品的最大产量 = 15 000/75 件 = 200 件

②根据相关资料,计算分析如表 5.5 所示。

表 5.5　差量分析表　　　　　　　　　　　　　　　单位:元

项　目	甲产品	乙产品	差量
相关收入	100 × 300 = 30 000	140 × 200 = 28 000	2 000
相关成本	80 × 300 = 24 000	60 × 200 = 12 000	12 000
差量损益	2 000 − 12 000 = − 10 000		

计算结果表明,甲产品与乙产品的差量损益为 − 10 000 元,为负值,因此选择生产乙产品。

2)开发新产品的决策分析

(1)不追加专属成本时的决策分析

当各备选方案只是利用现有剩余生产能力,而不涉及追加专属成本时,各备选方案的原有固定成本都是相同的,属于无关成本。在进行决策分析时,只需计算各方案的边际贡献就可以作出决策,因此,这种情况一般采用边际贡献分析法。

例5 光大公司原设计生产能力为 100 000 机器小时,但实际开工率只有原生产能力的 70%,现准备将剩余生产能力用来开发新产品 A 或 B,相关资料如表 5.6 所示。

表5.6 资料表

项 目	新产品 A	新产品 B
定额工时/(h·件⁻¹)	60	40
销售单价/元	60	58
单位变动成本/元	50	51
固定成本总额/元	25 000	25 000

要求:作出该公司开发何种新产品较为有利的决策分析。

分析:此类决策可采用边际贡献分析法。

解:根据相关资料,编制边际贡献分析表,如表 5.7 所示。

表5.7 边际贡献分析表

项 目	新产品 A	新产品 B
剩余生产能力/h	100 000 × (1 − 70%) = 30 000	
单位产品定额工时/(h·件⁻¹)	60	40
最大产量/件	30 000/60 = 500	30 000/40 = 750
销售单价/(元·件⁻¹)	60	58
单位变动成本/(元·件⁻¹)	50	51
单位边际贡献/(元·件⁻¹)	10	7
边际贡献总额/元	5 000	5 250

计算结果表明,开发新产品 B 比开发新产品 A 多获边际贡献 250 元(5 250 元 − 5 000 元),因此开发新产品 B 较为有利。

(2)追加专属成本时的决策分析

当产品开发的品种决策方案中涉及追加专属成本时,就无法直接利用边际贡献指标来评价各方案的优劣,这时可以采用剩余边际贡献指标,即通过边际贡献扣除专属成本后的余额进行评价,或者用差量分析法进行评价。

例6 依据例5的资料,假设光大公司制造新产品 A 需支付专属固定成本1 200元,制造新产品 B 需支付专属固定成本1 560元。则决策分析的结论又将如何?

分析:由于专属固定成本是相关成本,故在决策分析过程中必须加以考虑。

解:边际贡献分析表如表5.8所示。

表5.8 边际贡献分析表

项　　目	产品 A	产品 B
剩余生产能力/h	100 000 ×（1 - 70%）= 30 000	
单位产品定额工时/(h·件⁻¹)	60	40
最大产量/件	30 000/60 = 500	30 000/40 = 750
销售单价/(元·件⁻¹)	60	58
单位变动成本/(元·件⁻¹)	50	51
单位边际贡献/(元·件⁻¹)	10	7
边际贡献总额/元	5 000	5 250
新增专属固定成本/元	1 200	1 560
剩余边际贡献总额/元	3 800	3 690

计算结果表明,考虑了专属固定成本以后,新产品 A 的剩余边际贡献总额较新产品 B 多110元(3 800元 - 3 690元),因此开发新产品 A 较为有利。

5.3.2 生产工艺的决策分析

企业对同一种产品或零件采用不同的工艺方案进行加工,其成本往往相差悬殊。采用先进的工艺方案,产量、质量肯定会大大提高,但需要使用高精度的专用设备,其单位变动成本可能会较低,而固定成本则较高。采用较为落后的工艺方案,往往只需使用普通的设备,其单位变动成本可能较高,而固定成本则较低。

在进行决策分析时,要以生产产品的数量是否确定为依据。如果生产产品的数量是确定的,可采用差量分析法;如果生产产品的数量是不确定的,则应采用成本平衡点法。

另外,在分析时还应注意,只需考虑各个备选方案不同的单位变动成本和不同的固定成本,至于各个备选方案相同的变动成本和固定成本则无需考虑。

例7 通达公司明年将生产 A 产品,现有甲乙两种工艺方案可供选择,两种工艺方案下生产出的产品的质量相同。这两种工艺所需的不同成本资料如表5.9 所示。

单位:元

表5.9 成本资料表

工艺类型	固定成本	单位变动成本
甲工艺	50 000	6
乙工艺	80 000	4.5

要求:作出企业应采用哪种工艺方案才能使工艺成本总额较低的决策分析。

解: 采用成本平衡点法,设:两个工艺方案的成本平衡点为 x 件,则:

甲工艺的相关成本 $y_1 = 50\ 000 + 6x$

乙工艺的相关成本 $y_2 = 80\ 000 + 4.5x$

令 $y_1 = y_2$,则 $50\ 000 + 6x = 80\ 000 + 4.5x$

成本平衡点 $x = 20\ 000$ 件

即当产量为 20 000 件时,甲乙两种工艺方案下的工艺总成本正好相等。

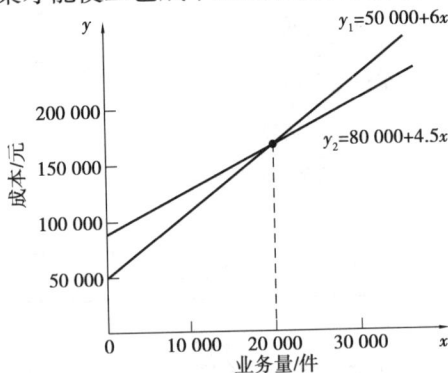

图5.2 甲、乙工艺的业务量与成本相关图

根据计算结果和图5.2 所示,可以看出:当产量小于 20 000 件(即 $x < 20\ 000$ 件)时,$y_1 < y_2$,应选择甲工艺方案;当产量大于 20 000 件(即 $x > 20\ 000$ 件)时,$y_1 > y_2$,应选择乙工艺方案;当产量等于 20 000 件时,$y_1 = y_2$,两种工艺方案任取一种均可。

5.3.3 特殊价格追加订货的决策分析

特殊价格是指低于正常价格甚至低于单位产品成本的价格。在企业尚有一定的剩余生产能力可以利用的情况下,如果其他企业要求以较低的价格追加订货,企业是否考虑接受这种追加订货呢? 这种决策应视情况而定。

1)当追加订货量小于或等于剩余生产能力时

当追加订货量小于或等于剩余生产能力时,企业利用剩余生产能力完成追加订货的生产,不妨碍正常订货的完成,而且在接受追加订货不追加专属成本,剩余生产能力又无法转移时,只要特殊订货的单价大于该产品的单位变动成本,就可以接受该追加订货。

2)当追加订货量大于剩余生产能力时

当追加订货量大于剩余生产能力时,此时接受追加订货必然会妨碍正常订货的完成。在决策分析时,应将追加订货而减少的正常收入作为追加订货的机会成本;若当企业利用剩余生产能力能够转移时,转产所能产生的收益也应作为追加订货方案的机会成本;若追加订货需要增加专门的固定成本,则应将其作为追加订货方案的专属成本。

例8 中南公司原来生产甲产品,年生产能力10 000件,每年有35%的剩余生产能力,正常销售单价为65元,有关成本数据见表5.10所示。

表5.10 甲产品单位成本资料 单位:元

项 目	金 额
直接材料	18
直接人工	12
制造费用 其中:变动制造费用 固定制造费用	8 12
单位产品成本	50

①现有一客户提出订货3 000件,每件定价39元,剩余生产能力无法转移,增加订货不需要增加专属成本。

②现有一客户提出订货3 500件,每件定价40元,但该订货还有些特殊要求,需购置一台专用设备,年增加固定成本3 000元。

③现有一客户提出订货4 000件,每件定价41元,剩余生产能力无法转移,增加订货无需增加专属成本。

要求:就上述各不相关情况作出是否接受特殊价格追加订货的决策分析。

解:①该公司有 35% 的剩余生产能力,即每年有 3 500 件的剩余生产能力,客户提出的订货量只有 3 000 件,小于该公司的剩余生产能力,剩余生产能力无法转移,也不需要增加专属成本。在这种情况下,只要定价大于该产品的单位变动成本就可以接受订货。因为特殊定价 39 元大于该产品的单位变动成本 38 元(18 元 + 12 元 + 8 元),所以可以接受此追加订货。

②在第 2 种情况下,可对接受订货和拒绝追加订货两个方案采用差量分析法,具体计算分析见表 5.11 所示。

表 5.11　差量分析表　　　　　　　　　　单位:元

项　　目	接受追加订货	拒绝追加订货	差量
相关收入	3 500 × 40 = 140 000	0	140 000
相关成本 其中:增量成本 专属成本	136 000 3 500 × 38 = 133 000 3 000	0 0 0	136 000
差量损益	140 000 − 136 000 = 4 000		

计算结果表明,接受订货比拒绝订货可多获利 4 000 元,因此应接受订货。

③订货 4 000 件,已经超过了该公司的剩余生产能力(3 500 件),如果接受订货,将减少正常销售量 500 件,此 500 件的正常销售收入应作为接受订货方案的机会成本。具体计算分析见表 5.12 所示。

表 5.12　差量分析表　　　　　　　　　　单位:元

项　　目	接受追加订货	拒绝追加订货	差量
相关收入	4 000 × 41 = 164 000	0	164 000
相关成本 其中:增量成本 机会成本	165 500 3 500 × 38 = 133 000 500 × 65 = 32 500	0 0 0	165 000
差量损益	164 000 − 165 000 = − 1 500		

计算结果表明,接受订货比拒绝订货少获利 1 500 元,因此应拒绝订货。

5.3.4 生产是否深加工的决策分析

1)半成品是否深加工的决策

在某些企业,如纺织、钢铁制造企业,其产品经过一定的加工后,可以作为半成品对外销售,也可以进一步深加工后再出售。通常,经过继续加工后产品的售价,要比半成品售价高,但要相应追加一部分变动成本,还可能追加一定量的专属固定成本。为此,企业要对半成品直接对外销售还是进一步深加工后再出售作出选择。在决策过程中,关键是区分相关成本和无关成本。生产半成品发生的成本是历史成本,与决策没有关系,属于无关成本,无论其资料多么详细,都不需要考虑。而半成品进一步深加工所发生的追加成本是可避免成本,属于相关成本。因此,如果半成品深加工后再出售的收入的增加额大于深加工追加的成本,应选择半成品深加工后再出售的方案;反之,则应选择半成品直接出售的方案。

例9 长城公司每年生产 A 半成品 5 000 件,单位变动成本 4 元,固定成本 11 000 元,销售单价 9 元。如果把 A 产品进一步加工为 B 产品,销售单价可提高到 14 元,但需要追加单位变动成本 2 元,另需要租入一台设备,其租金为 16 000 元。要求:作出 A 半成品直接出售或深加工的决策分析。

解:根据有关资料,对 A 半成品是否深加工的决策,可以采用差量分析法,具体计算分析见表 5.13 所示。

表 5.13　差量分析表　　　　　单位:元

项 目	直接出售 A 半成品	深加工为 B 产品	差量
相关收入	9 × 5 000 = 45 000	14 × 5 000 = 70 000	− 25 000
相关成本 其中:变动成本 专属成本	0 0 0	26 000 2 × 5 000 = 10 000 16 000	− 26 000
差量损益	− 25 000 − (− 26 000) = 1 000		1 000

计算结果表明,企业如果直接出售 A 产品,将比出售 B 产品多得利润 1 000 元,因此企业应直接出售 A 半成品。

2)联产品是否深加工的决策

联产品是指用同一种原材料在同一生产过程中同时生产出来的若干种经济价值较大的产品。如石油化工厂对原油裂化加工分馏出来的汽油、柴油、重油等产品都属于联产品。有些联产品除了直接出售外,还可以进一步加工,如汽油就可以进一步加工成各种标号的油品。有关联产品是否深加工的决策,首先要区分联合成本和可分成本。联产品在分离以前发生的费用,称为联合成本;分离后分别继续加工的费用,称为可分成本。对于联产品是否深加工的决策而言,联合成本是无关成本,可分成本是相关成本。

例10 燕山石化公司在同一生产过程中可同时生产出甲、乙、丙、丁4种联产品,其中甲、乙两种联产品可在分离后立即出售,也可继续加工后再出售。其有关产量、销售单价及成本资料如表5.14所示。

表5.14 资料表

联产品名称		甲产品	乙产品
产量/kg		10 000	4 000
销售单价/(元·千克$^{-1}$)	分离后	2	6
	加工后	5	10
加工前的联合成本		14 000	20 000
加工过程中增加的成本	单位变动成本/(元·件$^{-1}$)	2	5
	专属固定成本/元	5 000	1 000

要求:作出该公司是否需要进一步加工甲、乙两种联产品的决策分析。

解:根据有关资料,分别对甲、乙两种联产品编制差量分析表,如表5.15和表5.16所示。

表5.15 差量分析表——甲联产品   单位:元

项 目	加工(1)	不加工(2)	差量(1)-(2)
相关收入	5×10 000=50 000	2×10 000=20 000	30 000
相关成本	5 000+2×10 000=25 000	0	25 000
差量损益	30 000-25 000=5 000		

表 5.16 差量分析表——乙联产品   单位:元

项 目	加工(1)	不加工(2)	差量(1)-(2)
相关收入	10×4 000＝40 000	6×4 000＝24 000	16 000
相关成本	1 000＋5×4 000＝21 000	0	21 000
差量损益	16 000－21 000＝－5 000		

计算结果表明,联产品甲以分离后继续加工后再出售的方案为优,可获利5 000元;而联产品乙则以分离后立即出售的方案为优,若继续加工再出售反而要损失5 000元。

5.3.5 亏损产品停产或转产的决策分析

1)当生产能力无法转移时,亏损产品是否停产的决策分析

工业企业在日常经营过程中,往往会由于某些产品不能适销对路或质量较差、款式陈旧等原因,造成市场滞销,仓库积压,发生亏损,并且此时若不生产亏损产品,闲置下来的生产能力无法用于其他方面,这就面临着亏损产品是否要停产的决策分析问题。在这种情况下,只要亏损产品的边际贡献大于零就不应该停产。因为亏损产品停产后只能减少变动成本,并不能减少固定成本,如果继续生产亏损产品,亏损产品提供的边际贡献可以弥补部分固定成本,而停产亏损产品不仅不会减少亏损,反而会扩大亏损。所以此时可采用边际贡献分析法进行决策。

例 11 晋安公司本年产销甲、乙、丙 3 种产品。相关资料如表 5.17 所示。

表 5.17 甲、乙、丙产品资料表

项 目	甲产品	乙产品	丙产品
销售量/件	1 000	500	400
销售单价/(元·件⁻¹)	20	60	25
单位变动成本/(元·件⁻¹)	9	46	15
固定成本总额/元	18 000(按各产品销售收入比重分配)		

要求:作出该公司乙产品是否停产的决策分析。

解:根据相关资料,采用边际贡献分析法,编制边际贡献及净利润计算表,如表5.18所示。

表5.18　边际贡献与净利润计算表　　　　单位:元

项　目	甲产品	乙产品	丙产品	合　计
销售收入总额	20 000	30 000	10 000	60 000
变动成本总额	9 000	23 000	6 000	38 000
边际贡献总额	11 000	7 000	4 000	22 000
固定成本总额	6 000	9 000	3 000	18 000
净利润	5 000	− 2 000	1 000	4 000

表5.19　乙产品停产后的边际贡献与净利润计算表　　　　单位:元

项　目	甲产品	丙产品	合　计
销售收入总额	20 000	10 000	30 000
变动成本总额	9 000	6 000	15 000
边际贡献总额	11 000	4 000	15 000
固定成本总额	12 000	6 000	18 000
净利润	− 1 000	− 2 000	− 3 000

计算结果表明:从表5.18看出,乙产品能提供7 000元的边际贡献总额;从表5.19看出,若将乙产品停产,则全公司的边际贡献总额减少了7 000元,而乙产品所分配的固定成本总额则要转嫁给甲、丙两种产品去承担,其结果反而造成整个公司全面亏损3 000元。因此乙产品不能停产。

2)当生产能力可以转移时,亏损产品是否转产的决策分析

如果亏损产品可以停产,闲置下来的生产能力可以转移,或转产其他产品,或将设备对外出租,就必须考虑亏损产品的机会成本因素,对可供备选的方案进行对比分析后再决策。

例12　依据例11的资料,若将乙产品停产后闲置的生产能力转产丁产品,每年可产销700件,销售单价40元/件,单位变动成本25元/件。

要求:作出该公司乙产品是否转产的决策分析。

解:丁产品的边际贡献总额 $= (40 - 25) \times 700$ 元 $= 10\ 500$(元)

计算结果表明,丁产品的边际贡献总额 10 500 元比乙产品的边际贡献总额 7 000 元多 3 500 元,因此转产丁产品的方案是可行的。

5.3.6 零、部、配件取得方式的决策分析

1)在零、部、配件全年需要量已知情况下的决策

在零、部、配件全年需要量已知情况下的决策分析,一般有自制或外购两种方式,采用差量分析法进行决策。但由于自制或外购的预期收入总是相同的,故只需要比较差量成本,从中选择成本较低的方案作为较优方案。

注意:

①不论是自制还是外购,共同性的固定成本总要发生,并不因方案而异。因此,在一般情况下,特别是生产能力充足的情况下,自制方案根本不需要考虑固定成本,除非自制时需要增加专用设备,则其新增的专属固定成本属于相关成本。

②是否有机会成本存在(例如,车间中的生产设备如不自制可移作他用,并能提供边际贡献或获得租金收入等),如果有的话,也应考虑进去。

③外购方案的预期相关成本,一般应包括买价以及订货、运输、装卸等费用在内。

例 13 国美公司每年制造卡车需要甲零件 3 600 个。若向市场购买,进货价格(包括运杂费)为每个 28 元;若金工车间不制造该零件,生产设备也没有其他用途;若该公司金工车间目前有剩余生产能力可制造这种零件,经预算每个零件的成本资料如表 5.20 所示。

要求:作出该公司甲零件是自制还是外购的决策分析。

表 5.20 甲零件单位成本资料 单位:元

项 目	金 额
直接材料	14
直接人工	6
制造费用 其中:变动制造费用 固定制造费用	 4 6
单位产品成本	30

解: 由于该公司金工车间有剩余生产能力可以利用,原有的固定成本不会因自制而增加,也不会因外购而减少。故甲零件的自制成本中的固定制造费用属于无关成本,不应包括在内。差量分析如表5.21所示。

表5.21　差量分析表　　　　　　　　单位:元

项　目	自　制	外　购	差　量
相关成本	86 400	100 800	− 14 400
其中:变动成本	$(14 + 6 + 4) \times 3\ 600 = 86\ 400$	$28 \times 3\ 600 = 100\ 800$	
差量成本	$86\ 400 − 100\ 800 = − 14\ 400$		

计算结果表明,甲零件应采用自制方案,可比外购方案节约成本14 400元。

例14　依据例13的资料,假定该公司金工车间的生产设备如不自制甲零件,可出租给外厂使用,每月可收取租金1 300元。

要求: 作出该公司甲零件是自制还是外购的决策分析。

解: 若该公司决定自制,则舍弃外购方案可获得的潜在利益(全年租金收入),应作为被选中的自制方案的机会成本。差量分析如表5.22所示。

表5.22　差量分析表　　　　　　　　单位:元

项　目	自　制	外　购	差　量
相关成本	102 000	100 800	1 200
其中:变动成本 机会成本	$(14 + 6 + 4) \times 3\ 600 = 86\ 400$ $1\ 300 \times 12 = 15\ 600$	$28 \times 3\ 600 = 100\ 800$ 0	
差量成本	$102\ 000 − 100\ 800 = 1\ 200$		

计算结果表明,自制方案若考虑机会成本,则外购方案要比自制方案节约成本1 200元,因此采用外购方案为宜。

例15　依据例13的资料,该公司金工车间自制甲零件时,每年需增加专属固定成本14 000元。

要求: 作出甲零件是自制还是外购的决策分析。

解　由于专属固定成本属于决策的相关成本,故在自制方案中应作为预期成本的一部分。差量分析如表5.23所示。

表5.23　差量分析表　　　　　　　　　单位:元

项　目	自　制	外　购	差　量
相关成本	100 400	100 800	−400
其中:变动成本	$(14+6+4)\times3\ 600=86\ 400$	$28\times3\ 600=100\ 800$	
专属成本	14 000	0	
差量成本	\multicolumn{3}{c}{100 400 − 100 800 = −400}	

计算结果表明,自制方案考虑专属固定成本后,其预期成本仍比外购方案低400元,因此采用自制方案较优。

2)在零、部、配件全年需要量未知情况下的决策

在零、部、配件全年需要量未知情况下决策分析,可以采用成本平衡点法。

例16　通用汽车制造厂过去制造卡车所需的活塞一直依靠外购,购入单价为500元。现该厂有不能移作他用的剩余生产能力可以自制活塞,经估算自制活塞的成本资料如表5.24所示。

表5.24　成本资料　　　　　　　　　单位:元

项　目	金　额
自制单位成本	550
其中:直接材料	180
直接人工	120
变动制造费用	120
固定制造费用	130
自制专属固定成本	16 000

要求:作出该厂所需的活塞是自制还是外购的决策分析。

解:采用成本平衡点法,设活塞的需要量为x,则:

外购的相关成本 $y_1 = 500x$

自制的相关成本 $y_2 = 16\ 000 + (180 + 120 + 120)x$

令 $y_1 = y_2$　则 $500x = 16\ 000 + (180 + 120 + 120)x$

成本平衡点 $x = 200$

计算结果表明,若活塞需要量为200个,则两方案的预期成本相同,均属可行方案;若活塞需要量大于200个,则自制方案较优;若活塞需要量小于200个,则外购方案较优。

5.3.7 多种产品最佳生产数量的决策

生产多种产品的企业,如果其限制因素不止一个,在这种情况下,既要充分利用有限的生产能力,又要使创造的利润额为最大,这就有多种产品如何合理安排才能获得利润最大的生产决策。当然,企业必须对各种产品的市场情况、企业生产能力和技术能力等事先加以确定,看是否有同时生产多种产品的可能。

例17 假设某企业生产 A、B 两种 I、II 两个车间内加工。两种产品的单价、订货量、单位定额工时、单位变动成本和贡献毛利,以及车间生产能力等有关资料,如表 5.25 所示。

表 5.25 A、B 两种产品的有关资料

项　　目		A 产品	B 产品
单价/元		40	30
直接材料费/元		20	10
直接人工费/元		10	10
变动制造费/元		5	7
单位贡献毛利/元		5	3
单位产品所需工时/小时	I 车间	4	1
	II 车间	2	3
订货量/件		1 000	2 500
生产能力/小时	I 车间	4 500	
	II 车间	7 500	

完成 A、B 产品订货量所需 I 车间工时:

$$= (4 \times 1\,000 + 1 \times 2\,5000)小时 = 6\,500\,小时$$

完成 A、B 产品订货量所需 II 车间工时:

$$= (2 \times 1\,000 + 3 \times 2\,500)小时 = 9\,500\,小时$$

显然,完成当期 A、B 产品的订货产量已远远超过各车间的生产能力。在分清轻重缓急,且现有生产能力不可能增大的前提下,如何安排两种产品生产,才能使企业的利润最大? 在分析时,无论安排 A 产品生产,还是安排 B 产品生产,两种产品生产发生的变动成本,以及各车间的固定制造费用均为非相关成本,不

必考虑。

对产品结构的最优组合分析,用线性规划法最为简便。对于此例,设 x_1 为 A 产品产量,x_2 为 B 产品产量,由已知条件得出约束条件方程组为:

$$\begin{cases} 4x_1 + x_2 \leqslant 4\ 500 \\ 2x_1 + 3x_2 \leqslant 7\ 500 \\ 0 \leqslant x_1 \leqslant 1\ 000 \\ 0 \leqslant x_2 \leqslant 2\ 500 \end{cases}$$

要求在满足上述约束条件下,总的贡献毛利为最大,即目标函数为

$$\max TCM = 5x_1 + 3x_2$$

解上述不等式方程组得:

$$x_1 = 600\ 件,x_2 = 2\ 100\ 件$$

这时 A、B 两种产品的贡献毛利总额为

$$TCM = (5 \times 600 + 3 \times 2\ 100)元 = 9\ 300\ 元$$

如果将不等式方程中的约束条件在直角坐标图中作图,则如图 5.3 所示。

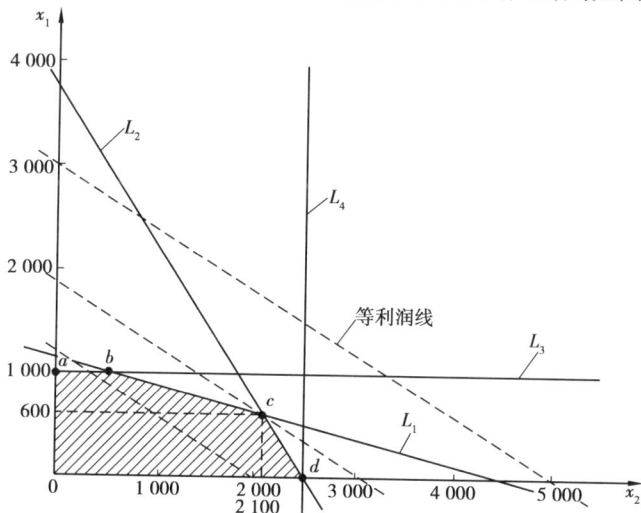

图 5.3　在约束条件下 TCMDE 的线图

由图 5.3 可看出,同时满足上述约束条件的可行点应在多边形 oabcd(即有阴影线部分)内。经取若干点代入目标函数 TCM = $5x_1 + 3x_2$ 中试算,得知 c 点(600,2 100)的目标函数值最大。故 c 点坐标代表的 A、B 产品的数量结构是最优组合,此时 TCM 的值也最大。在 c 点上,I、Ⅱ车间的生产能力也得到了最充分的利用。

任务 4 存货决策的分析与评价

【任务描述】通过本部分的学习,了解存货决策的意义和与之有关的几个概念,掌握经济订货量的确定方法。

【任务实施】

5.4.1 存货决策的意义

工业企业在生产经营过程中,离不开原材料、在产品、产成品等各种物资。为了确保供应、生产和销售活动的顺利进行,各种物资必须有合理的存货。存货是企业生产的一项潜在因素,是一种暂时"冻结"的资金,只有把库存材料和停留在各个加工环节的在产品加工成产成品,并把它们销售出去,企业方可获得一定的收益。存货又是保证企业生产正常进行的一项不可缺少的储备物资。如果没有必要的存货,就可能出现缺货或停工待料的情况,影响生产的正常进行,从而造成经济损失。

因此,存货水平的高低对企业的获利能力有着至关重要的影响。如果存货水平过高,必然增加许多储存费用和资金占用的利息支出;存货水平过低又会影响生产,导致停工损失而减少利润。进行存货决策的目的就是通过采用科学的方法,使存货既能保证销售和生产的需要,又能使企业的资金占用得到最经济合理的安排。即选择成本最低、效率最高的存货持有量水平方案,既不会由于库存太多而积压太多资金,也不会因存货太少而导致缺货、脱销或者停工待料。

5.4.2 与存货决策有关的几个基本概念

1)平均存货量

平均存货量是一个企业存货量的平均数,是存货决策中的重要概念。假如,某企业甲材料全年的需用量为 1 200 千克,全年平均耗用,每季订货一次,每次订货 300 千克,其平均库存量可用图 5.4 表示。平均存货量用公式表示为:

$$平均存货量 = \frac{订货量}{2}$$

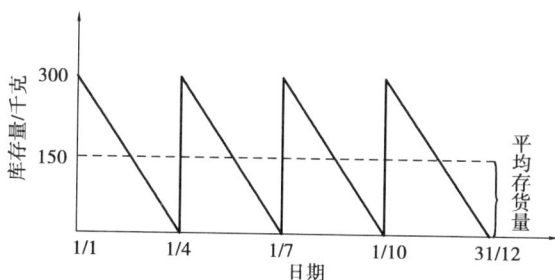

图5.4 甲材料平均库存量图

2）采购成本

采购成本又称购置成本，是指货物本身的价值。采购成本的总额取决于采购数量和单位采购成本。在一定时期采购总量是既定的，无论企业采购次数如何变动，存货的采购成本通常是保持相对稳定的。因此，存货的采购成本在采购批量的决策中，一般属于无关成本，但当供应厂商给予数量折扣的优惠条件，鼓励大批量采购时，采购成本就成了与决策相关的成本。

3）订货成本

订货成本是指企业为了组织进货而发生的费用，即取得订单的成本，如与存货采购有关的办公费、差旅费、邮资、电话费、运输费、检验费、入库搬运费等。订货成本一般与订货次数有关，如差旅费、邮资、电话费等费用一般与订货次数成正比例变动关系，等于每次进货费用与订货次数的乘积，这类变动性订货成本属于决策相关成本。另外，有一些订货成本是与订货次数无关的，如专设采购机构的基本开支，这类固定性订货成本属于决策无关成本。

4）储存成本

储存成本是指企业因持有存货而发生的费用，包括存货的资金占用费（以贷款购买存货的利息成本）或机会成本（以现金购买存货而损失的其他投资收益）、仓储费用、保险费用、存货残损与霉变损失等。储存成本可以根据是否随储存数额的变化而变化分为变动性储存成本和固定性储存成本。

（1）变动性储存成本

变动性储存成本与存货储存数额成正比例变动关系，如存货占用资金的应计利息或机会成本、存货残损和变质损失、存货的保险费用等等，其在数量上等于单位存货年变动储存成本与平均存货量的乘积，这类成本属于决策相关成本。

（2）固定性储存成本

固定性储存成本与存货储存数额的多少没有直接关系，如仓库折旧费、仓库管理员固定的月工资等，这类成本属于决策无关成本。

5）缺货成本

缺货成本是指因存货不足而给企业造成的损失，包括由于材料供应中断造成的停工损失、产成品供应中断导致延误发货的信誉损失以及丧失销售机会的经济损失等。如果生产企业能够以替代材料解决库存材料供应中断之急的话，缺货成本便表现为替代材料紧急采购的额外开支，通常其金额大于正常采购的开支。缺货成本是否为决策相关成本，视企业是否允许出现存货短缺而定。若企业允许发生缺货情况，则缺货成本便与存货数量反向相关，属于决策相关成本。若企业不允许发生缺货情况，此时缺货成本为零，无需加以考虑，属于决策无关成本。

5.4.3 存货规划的决策分析

存货规划决策的主要任务：一是计算使存货成本到达最低时的经济订货量，即以最小的订货成本与储存成本避免缺货损失，寻找最经济批量；二是确定经济订货点。

1）确定经济批量

由于商品（或材料）的每次订购数量直接影响存货总成本，因此，为使存货耗费的总成本能在满足销售（或生产）正常需要的前提下达到最低水平，关键就在于如何确定存货的每次订购数量。

使存货总成本最低的每次订货数量称为经济订货量。影响经济订货量的基本因素是订货成本和储存成本。在一般情况下，采购的批量越小，采购次数越多，订货成本就越高，而储存成本就会相应降低；反之，采购的批量越大，采购次数越少，订货成本就越低，而储存成本也会相应升高。确定使订货成本和储存成本之和达到最低的经济批量的计算方法有列表法、图解法和数学模型法。

（1）列表法

列表法是根据提供的数据对订货次数、平均存货量、总成本等指标进行对比分析以确定经济订货批量的方法。

假设：D 为全年度材料需用量；Q 为每次订货量；K 为每次订货成本；

K_C 为单位存货的全年平均储存成本;T_C 为存货的全年总成本。

相关指标的计算公式可以表示为:

①订购次数 = 全年度材料需用量/每次订货量 = D/Q

　　全年订货总成本 = 每次订货成本 × 订购次数

　　　　　　　　　 = $K × D/Q$

②平均存货量 = 每次订货量/2 = $Q/2$

　　全年平均储存总成本 = 单位存货的全年平均储存成本 × 平均存货量

　　　　　　　　　　　 = $K_C × Q/2$

③全年存货总成本 T_C = 全年订货总成本 + 全年平均储存总成本

　　　　　　　　　　 = $K × D/Q + K_C × Q/2$

例18 长城公司全年耗用甲材料 1 800 千克,该材料外购单位成本为 15 元,除年固定的订货成本和储存成本为 500 元外,每次订货成本为 400 元,储存成本平均每千克每年 4 元。

要求:计算每次订货的最佳数量为多少时,才能使全年存货成本达到最低?

解:根据给定资料,分别采用不同的订货量代入上述各有关公式,逐次进行测试,列表 5.26 所示。

表 5.26 经济订货量的逐次测试计算表

摘　要	各种订货量					
每次订货量(Q)/千克	1 800	900	600	450	360	300
订货次数(D/Q)/次	1	2	3	4	5	6
平均存货量($Q/2$)/千克	900	450	300	225	180	150
储存成本($K_C × Q/2$)/元	3 600	1 800	1 200	900	720	600
订货成本($K × D/Q$)/元	400	800	1 200	1 600	2 000	2 400
总成本($K × D/Q + K_C × Q/2$)/元	4 000	2 600	2 400	2 500	2 720	3 000

计算结果表明,甲材料订货量为 600 千克时,全年的总成本最低,为 2 400 元,对应的全年的订货次数为 3 次。列表法需要多次计算,才能求出最佳订货量,工作量比较大,但在供应商对购货量有限制要求时,类似的计算又是必不可少的。

(2)图解法

图解法是根据提供的数据在直角坐标系中描绘出储存成本线、订货成本线。前者随着订货量的增加而上升,后者随着订货量的增加(订货次数的减少)而减少,经济订货量位于这两条成本线的交点处,这一点正是订货与储存总成本曲线的最低点。

根据例 17 的数据,确定经济订货量的示意图,如图 5.5 所示。图中纵轴表示成本,横轴表示订货量。

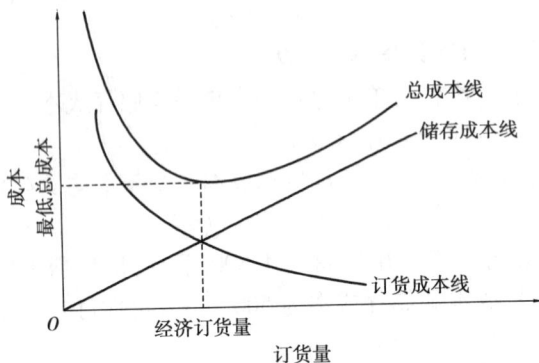

图 5.5　经济订货量图

(3)数学模型法

所谓数学模型法,就是用微分法或者基本不等式法求全年总成本取得最小值时的订货量,即经济订货量或者经济批量。一般来讲,采购成本、固定性订货成本和固定性储存成本不随每次订货数量和订货次数的变化而变化,在经济订货量决策中属于无关成本,因而,我们在此只考虑变动性订货成本和变动性储存成本。

同列表法一样,假设:D 为全年度材料需用量;Q 为每次订货量;K 为每次订货成本;K_C 为单位存货的全年平均储存成本;T_C 为存货的全年总成本;Q^* 为经济订货量。

则全年存货总成本为:

$$T_C = K \times D/Q + K_C \times Q/2 \tag{5.1}$$

对式(1)进行求导,并令其导数为零,有

$$Q^* = \sqrt{\frac{2DK}{K_C}} \tag{5.2}$$

把例 17 中的数据代入式(2),得

$$Q^* = \sqrt{\frac{2DK}{K_C}} = \sqrt{\frac{2 \times 1\ 800 \times 400}{4}} \text{千克／次} = 600 \text{千克／次}$$

将(2)式代入(1)式得:

经济批量下的存货总成本 $T_C = \sqrt{2DKK_C}$ $\tag{5.3}$

把例 17 中的数据代入式（3），得

$$T_C = \sqrt{2DKK_C} = \sqrt{2 \times 1800 \times 400 \times 4} \text{ 千克} = 2\,400 \text{ 千克}$$

可见，计算结果与列表法相同。

2）确定经济订货点

为保证企业生产经营连续不断地顺利进行，企业需要不断地补充存货，当存货下降到某一点时，补充活动必须着手进行，否则就会脱货，严重影响企业的正常运营，该点称为订货点。影响订货点的主要因素除了上述的经济订货量之外，还有"正常消耗量""提前期""安全储备量"等。"正常消耗量"是指产品在正常生产过程中预计的每天或每周材料的正常消耗量；"提前期"是指从提出订货到收到订货的时间间隔；"安全储备量"是指对预期需求的附加库存，可以根据对库存物资的需求量超过规定数量的概率来确定。

（1）提前期和正常消耗量确定条件下的订货点

例 19　承例 17 资料，若甲材料每日需用量为 5 千克，订货提前期为 3 天。

要求：确定订货点。

解：订货点 = 提前期 × 平均每日需用量 = 3 × 5 千克 = 15 千克

即当甲材料的存货量下降到 15 千克时，应当立即提出订货。

（2）提前期和正常消耗量不确定条件下的订货点

①提前期不确定

例 20　承例 18 资料，若甲材料的提前期在正常情况下为 3 天，但由于某些不确定因素的影响，可能长达 6 天。

要求：确定订货点。

解：先计算正常提前期的正常消耗量 = 3 × 5 千克 = 15 千克

再计算超过正常提前期的安全储备量 = （6 − 3）× 5 千克 = 15 千克

$$订货点 = （15 + 15）千克 = 30 千克$$

可见，为了能在特殊情况下仍能保持正常生产，甲材料的订货点从 15 千克增加到 30 千克，即当存货量下降到 30 千克时，应当提出订货。

②提前期和正常消耗量都不确定

例 21　承例 19 资料，若甲材料的提前期最长可达 6 天，每日的消耗量最多可能达 10 千克。

要求：确定订货点。

解：正常提前期的正常消耗量 = （3 × 5）千克 = 15 千克

超过正常提前期的消耗量　= （6 − 3）× 5 千克 = 15 千克

整个提前期增加的消耗量 $= 6 \times (10 - 5)$ 千克 $= 30$ 千克

$$订货点 = (15 + 15 + 30) 千克 = 60 千克$$

可见,甲材料的提前期可能从 3 天提前到 6 天,每天的消耗量可能从 5 千克上升到 10 千克,订货点从 15 千克上升到 60 千克,即当甲材料的存货量下降到 60 千克时,应当提出订货。

5.4.4 存货控制的决策分析

1)ABC 库存分类管理法

ABC 库存分类管理法又称 ABC 控制法,是 19 世纪意大利经济学家巴雷特首创并引入经济管理领域的。所谓 ABC 库存分类管理,就是按一定的标准将企业的存货划分为 A,B,C 3 类,分别实行按品种重点管理,按类别进行控制和按总额一般管理的存货管理方法。存货分类的标准有两个:一是金额标准;二是品种数量标准。其中金额标准是最基本的,品种数量标准仅作为参考。A 类是重点存货,其特点是金额巨大,但品种数量较少;B 类是一般存货,其存货金额一般,品种数量相对较多;C 类是不重要存货,其品种数量繁多,但价值金额却很小。一般企业,3 类存货的金额比重大致为 A∶B∶C $= 0.7∶0.2∶0.1$,而品种数量比重大致为 $0.1∶0.2∶0.7$。企业划分类别时,应根据实际情况,灵活掌握。

ABC 库存分类管理法的具体步骤是:

第一,将各类存货按照平均库存量和单位成本计算占用资金额;

第二,按资金占用额的高低对各类存货自高向低排列;

第三,以金额标准为主、品种数量为辅进行分类;

第四,编制存货 ABC 分类表,进行 ABC 分类控制。

例 22 胜利公司有 20 种材料,总共金额 100 000 元,按 ABC 法将原材料分类,具体见表 5.27 所示。

表 5.27 原材料 ABC 分类表

材料品种（编号）	占用资金数额/元	类别	各类存货的品种数及比重		各类存货占用资金及比重	
			种数/种	比例/%	数量/元	比例/%
1	50 000	A	2	10	75 000	75
2	25 000					

续表

材料品种（编号）	占用资金数额/元	类别	各类存货的品种数及比重		各类存货占用资金及比重	
			种数/种	比例/%	数量/元	比例/%
3	10 000	B	5	25	20 000	20
4	5 000					
5	2 500					
6	1 500					
7	1 000					
8	900	C	13	65	5 000	5
9	800					
10	700					
11	600					
12	500					
13	400					
14	300					
15	200					
16	190					
17	180					
18	170					
19	50					
20	10					
合计	100 000		20	100	100 000	100

在此基础上,进一步编制原材料 ABC 分析表,见表5.28 所示。

表5.28 原材料 ABC 分析表

类别	品种数/种	品种百分比/%	金额/元	金额百分比/%
A	2	10	75 000	75
B	5	25	20 000	20
C	13	65	5 000	5
合计	20	100	100 000	100

ABC 库存分类管理法的管理策略是:A 类存货分品种重点管理;B 类存货按类别进行控制;C 类存货按总额一般管理。由于 A 类存货占用企业存货的大部分资金,只要能控制好 A 类存货,基本上就不会出现大的问题。同时,由于 A 类

存货品种数量少,企业完全有能力按照每一个品种进行重点管理。B类存货金额相对较小,品种数量远多于A类存货,企业通常没有能力对每一品种加以控制,因此可以通过划分类别的方式对每一类存货进行控制。C类存货尽管品种数量繁多,但其所占金额却很小,对企业的生产经营没有太大的影响。因此这类存货可以按总额一般管理。

2)看板管理法

看板管理是一种适时生产系统,是一种使存货成本最低的管理方法。它将生产过程中传统的前道工序向后道工序的流水线送货制,改为后道工序向前道工序的取货制。该方法通过看板(即一张传递的卡片,或称传票卡,是联系各生产环节之间的一种信号情报和指令性情报的传递工具)说明上一道工序应生产的数量、时间、方法以及运送的数量、时间、运往地点、堆放场所和运送容器等。将前后两道工序联系起来,保证后道工序只在需要时才向前一道工序领取所需数量的零部件。这样,生产过程中的任何一个环节发生问题,都会通过看板及时反馈到前一道工序和整个流水线系统。

一个基本的看板管理系统要利用3种卡片:领取卡片、生产卡片和供应商卡片。前两种看板控制加工品在生产工序之间移动,而第三种看板则控制零部件在制造过程中与外部供应商之间移动。领取看板注明后道工序需要从前道工序领取的加工品的数量;生产看板注明前道工序应当生产的产品数量;供应商看板用来通知供应商运送零部件,并注明这些零部件何时被使用。

看板管理追求的目标是无废品、零存货、产品多样化、不断降低成本及以最少的投入获取最大的经济效益。

任务5 定价决策的分析与评价

【任务描述】通过本部分的学习,了解定价决策分析中的意义和影响因素,掌握定价决策分析的步骤和方法。
【任务实施】

5.5.1 定价决策分析的意义

定价决策分析是指在不违背国家物价政策的前提下,通过对影响产品价格的因素进行分析,然后运用一定的方法制定出能够使企业获得最大经济效益的产品价格的决策分析过程。为生产的产品或提供的劳务制定合理的价格,是企业生产经营业务的一项重要决策。定价是否合理,直接影响着销售量的多少,而销售量的多少又决定着生产量的高低,并影响产品成本的水平和盈利的多少。产品销售量一定,销售单价越高,销售总收入就越多;但销售单价定得太高,就会影响产品的销路,使销售量减少。这样,单位产品的成本又会随销售量的下降而提高;相反,销售单价定得太低,又难以补偿成本的开支,当然也就无法保证企业目标利润的实现。因此,企业管理部门必须作出合理的定价决策,以保证企业的最佳经济效益和长远利益的实现。总之,定价决策的适当与否,直接关系着企业的生存和发展。

5.5.2 定价决策分析的影响因素

产品定价是一个极其复杂而又十分敏感的问题,涉及许多影响因素并且这些因素之间存在错综复杂的关系。这些因素包括:企业生产经营方面的成本费用、销售数量、资金周转等;市场需求竞争方面的需求价格弹性、需求收入弹性、需求交叉弹性、产品生命周期等。

1)企业生产经营方面

(1)成本费用

企业定价首先必须使成本费用得到补偿,这就要求价格不能低于单位平均成本费用。但这仅仅是获利的前提条件。由于平均成本费用包括平均固定成本费用和平均变动成本费用两部分,而固定成本费用并不随产量的变化而变化。因此,企业取得盈利的初始点只能是在价格补偿平均变动成本费用之后的累积余额等于全部固定成本费用之时。

(2)销售数量

就单个商品而言,如果成本费用不变,则价格越高,盈利越大。但是,单位商品盈利水平高并不意味着企业总盈利水平必然就高。企业盈利是单位商品实现的盈利与销售数量两者的乘积,在其他条件既定的情况下,企业盈利状况最终取决于价格与销售数量之间的不同组合。按照西方经济学的观点,当边际收益等于边际成本时,销售数量与价格之间的组合达到最佳,可以实现最高盈利。

合理定价与加速资金周转是增加利润的两个密切相关的方面。合理定价的积极意义既表现为现时静态利益的获取,又体现在商品价值的迅速实现、资金周转的加速以及新价值的不断创造上。在其他销售条件不变的情况下,定价带来的眼前利益与加速资金周转实现的长远利益往往不相一致,维持高价会带来高盈利水平,但却因此延缓了资金周转速度;降价促销是加速资金周转的有效手段,但由此又会丧失一部分盈利。在这种情况下,可以通过机会成本来确定定价方案。机会成本低意味着放弃的收入低于获取的收入。当企业面临高价取厚利还是低价促周转的两种选择时,通过比较机会成本来定价会给企业带来更多的盈利。例如,假设降价出售可能造成一定损失,但由此使资金周转速度加快,以至于下一生产经营周期可望增加的盈利大于这个损失,则表明降价的机会成本低于维持原价的机会成本。显然,企业此时应制定较低水平的价格。以此类推,凡出现与定价有关的多因素权衡抉择,都可通过比较机会成本来确定恰当的价格水平。

2) 市场需求竞争方面

(1) 需求价格弹性

需求价格弹性,简称价格弹性,是指因价格变动而引起需求量的相应变动率,即需求量变动的百分比与价格变动的百分比的比值,反映需求量变动对价格变动的敏感程度,用 E 表示。定价时考虑需求价格弹性的意义在于,不同产品具有不同的的需求价格弹性,通过其弹性的大小决定企业的价格决策。需求价格弹性主要分为以下 3 种类型:

① $E=1$,反映需求量的相应变化等于价格自身变化。对于这类商品,价格的上升(下降)会引起需求量等比例的减少(增加),因此价格变化对销售收入没有影响。定价时可选择能实现预期盈利率的价格或通行的市场价格。

② $E>1$,反映需求量的相应变化大于价格自身变化。对于这类商品,价格的上升(下降)会引起需求量较大幅度的减少(增加),一般应采用低价策略。定价时,应通过降低价格、薄利多销达到增加盈利的目的。反之,提价时务必谨慎以防需求量发生锐减,影响企业收入。

③ $E<1$,反映需求量的相应变化小于价格自身变化。对于这类商品,价格的上升(下降)仅会引起需求量较小程度的减少(增加),一般应采用高价策略。定价时,较高水平的价格往往会增加盈利,低价对需求量刺激效果不大,薄利并不能多销,反而会降低收入水平。

(2) 需求收入弹性

需求收入弹性,简称收入弹性,是指因居民收入水平变动而引起需求量的相应变动率,反映需求量的变动对收入水平变动的敏感程度,即需求量变动百分比与收入水平变动百分比的比值。定价时考虑商品的需求收入弹性有着重要的意义。一方面,企业应选择不同水平的价格,力图使价格变化与居民收入水平变化对需求量的影响相适应,达到销售数量随收入增加而扩大的目的。另一方面,企业利用价格对实际收入的反向影响,适时调整价格,刺激高收入弹性商品的需求,实现更多的盈利。在收入水平既定的条件下,降低高收入弹性商品的价格,意味着消费者用于这类商品的实际收入增加,按其高弹性变化比例,需求量将呈现大幅度增长,企业可获薄利多销之利。而当收入水平增长较快时,用于高收入弹性商品的支出必定会大大增加,此时适当提高这类商品的价格对需求量并无影响,企业可获厚利多销之利。例如,几年前我国高档相机刚刚上市,当时居民收入水平普遍较低,销售不畅,后经价格下调,需求量陡然上升。而目前,居民购买力水平增长较快,尽管高档相机的价格不断上调,但畅销势头仍然不减,需求依然旺盛。从这一实例我们可清楚地认识定价与收入弹性的相互关系。

（3）需求交叉弹性

需求交叉弹性,简称交叉弹性,是指因一种商品的价格变动而引起其他相关商品需求量的相应变动率。许多商品在使用价值上彼此相互关联,一种情况是互替相关,称为互替商品;另一种情况是互补相关,称为互补商品。

互替商品是消费中使用价值可以相互替代的商品,如苹果与梨。当苹果的价格上升时,导致其需求量下降,从而梨的需求量上升,使互替商品的交叉弹性为正值。

互补商品是消费中使用价值必须相互补充的商品,如照相机与胶卷。当照相机价格下降时,其需求量上升,从而胶卷需求量上升,使得互补商品的交叉弹性为负值。不同商品的交叉弹性各异,企业定价时不仅要考虑价格对其产品自身需求量的影响,也要考虑市场上相关商品的价格对其产品需求量的影响。

（4）产品生命周期

在产品生命周期的不同阶段,市场需求和竞争状况不同,企业各基本策略的组合也不一样。因此,对处于不同阶段的产品,企业要依据其阶段特征,在定价时作出相应的决策。

5.5.3 定价决策分析的步骤

企业的定价程序可分为6个主要步骤:①根据企业发展方向、经济实力及所处的市场环境,制定符合某一发展阶段特征的定价目标。②根据企业产销能力,计算成本费用水平和产量界限。③收集市场信息,考察各种产品的需求弹性、竞争产品的市场份额和价格水平等定价相关因素。④估算不同价格水平所对应的销售量,预测实际可销售量,确定盈亏分界点。⑤根据本企业产品特征及其他营销策略的要求,运用恰当可行的定价方法及定价技巧。⑥确定产品最终价格,并根据市场变化及时调整。

5.5.4 定价决策分析的方法

1)成本导向定价法

成本导向定价法是以产品成本为定价的基本依据,主要包括以下几种具体方法:

(1)完全成本加成定价法

完全成本加成定价法是在单位完全成本的基础上加上一定加成率的利润来制定产品价格的一种方法。其计算公式如下:

产品销售单价 = 产品预计单位完全成本 × (1 + 利润加成率)

例23 晋安公司计划制定甲产品的销售价格,经估算,生产甲产品1 000件的估计成本资料见表5.29。该公司要求在甲产品单位生产成本的基础上加成50%。

要求:采用完全成本加成定价法确定甲产品销售价格。

表5.29 甲产品成本构成表

单位:元

项　目	金额(产量1 000件)
直接材料	600 000
直接人工	200 000
变动制造费用 固定制造费用	120 000 340 000
变动销售及管理费用	130 000
固定销售及管理费用	130 000
合　计	1 520 000

解: 甲产品单位生产成本 = (600 000 + 200 000 + 120 000

　　　　　　　　　　　 + 340 000)元/1 000件

　　　　　　　　　 = 1 260 元/件

甲产品销售单价 = 1 260 × (1 + 50%)元/件 = 1 890 元/件

计算结果表明,应把甲产品销售单价确定为 1 890 元。

完全成本加成定价法的优点是计算简单、简便易行。在正常情况下,按此方法定价可使企业获取预期盈利。其缺点是容易忽视市场竞争和供求状况的影响,缺乏灵活性,难以适应市场竞争的变化形势,特别是加成率的确定仅从企业角度考虑,因而难以确保所定价格水平的市场销售量,使固定成本费用的分摊丧失其合理性。

(2)变动成本加成定价法

变动成本加成定价法又称目标边际贡献定价法,它是以单位变动成本加上一定加成率的利润,来制定产品单价的一种方法。这里的加成率一般为边际贡献与变动成本的比率。

例24 根据例22 资料,若甲产品在单位变动成本的基础上加成80%。

要求:采用变动成本加成定价法确定甲产品销售价格。

解: 甲产品单位变动成本 = (600 000 + 200 000 + 120 000

+ 130 000)元/1 000件

= 1 050 元/件

甲产品销售单价 = 1 050 × (1 + 80%)元/件 = 1 890 元/件

计算结果表明,应把甲产品销售单价确定为 1 890 元。

变动成本定价法的优点:①易于在各种产品之间合理地分摊固定成本。②有利于企业选择和接受市场价格。在竞争作用下,市场价格可能接近甚至低于企业的平均成本,但只要这一价格高于平均变动成本,企业就可接受,从而大大提高企业的竞争能力。③根据各种产品贡献的多少安排企业的产品线,易于实现最佳产品组合。

(3)保本分析定价法

保本分析定价法又称收支平衡定价法或损益平衡定价法。它是根据固定成本与变动成本的不同运动形态,采用保本分析来确定产品价格的一种方法。该方法有利于经营者从保本点入手,确定最佳的品种结构、经营规模与价格组合。经营者进行价格调整时,也可运用该方法在价格与销量之间寻找决策点。

(4)边际成本定价法

边际成本定价法是以新增单位变动成本为依据,来制定商品价格的一种方法。它主要适用于:①主要经营商品已分摊了固定成本的新增产品定价。②达到保本点后的商品,尤其是季节性消费品的定价或经营着开拓新市场时的商品定价。该方法由于注重按新增成本定价,不受过去成本及固定成本的约束,有助于经营者在兼顾市场需求的同时,增强竞争能力和应变能力。但它不适合于非完全竞争的市场环境,且边际成本难以测算,实际运用较为困难。

2)竞争导向定价法

竞争导向定价法是以市场上同类产品的价格为依据,结合本企业实际,根据市场竞争状况的变化来确定和调整价格水平的一种方法。其特点是:经营者并不坚持自己所经营商品的价格与其成本及需求间的固定联系,即使自己所经营商品的成本及其需求有所改变,只要竞争者仍坚持其价格,则其商品的价格就不变;相反,当竞争者价格改变时,尽管自己所经营商品的成本及需求没有改变,也要适应竞争对手的调价来改变自身商品的价格。具体包括随行就市定价法、竞争价格定价法、密封投标定价法等方法。

(1)随行就市定价法

随行就市定价法是竞争导向定价法中广为流行的一种。定价原则是使本企业产品的价格与竞争产品的平均价格保持一致。其目的是:①平均价格在人们的观念中常被认为是"合理价格",易被消费者接受;②试图与竞争者和平相处,避免激烈竞争所产生的风险;③一般能为企业带来合理、适度的盈利。

(2)竞争价格定价法

与随行就市定价法相反,竞争价格定价法是一种主动竞争的定价方法,一般为实力雄厚或产品独具特色的企业所采用。定价时,首先将市场上竞争产品价格与企业估算价格进行比较,分为高、中、低 3 个价格层次;其次,将本企业产品的性能、质量、成本、式样、产量等与竞争企业进行比较,分析造成价格差异的原因;再次,根据以上综合指标确定本企业产品的特色、优势及市场定位,并在此基础上,按定价所要达到的目标,确定产品价格;最后,跟踪竞争产品的价格变化,及时分析原因,相应地调整本企业产品价格。

(3)密封投标定价法

密封投标定价法主要用于投标交易方式。企业参加投标是希望中标,而能否中标在很大程度上取决于企业与竞争者投标报价水平的比较。因此,投标报价时要尽可能准确地预测竞争者的价格意向,然后,在正确估算完成招标任务所耗成本的基础上,定出最佳报价。一般来说,报价高,利润大,但中标机会小,如果因价高而招致败标,则利润为零;反之,报价低,虽中标机会大,但利润低,其机会成本可能大于其他投资方向。因此,报价时,既要考虑实现企业目标利润,也要结合竞争状况考虑中标概率。最佳报价应是使预期利润达到最高水平的价格。此处,预期利润是指企业目标利润与中标概率的乘积。显然,最佳报价即为目标利润与中标概率两者之间的最佳组合。

3）需求导向定价法

需求导向定价法是以消费者对商品需求或商品价值的认识程度为基本依据的定价方法,主要有以下两种:

（1）需求价值定价法

需求价值定价法是将消费者对商品价值的理解程度作为定价的基本依据。它以顾客为中心,在把握消费者对商品价值的认识程度、明确消费者可接受价格的基础上,反向推导出零售商及各级中间商的销售价格和厂家的出厂价格,故又称为反定价法或价格倒推法。其优点是有利于经营者灵活地适应市场需求及其变化,迅速扩大销售,增强竞争能力,能促使经营者向内挖掘潜力,而且在宏观上也符合国家稳定物价的要求。其缺点是对于市场上无可类比的全新产品来说,难以确定合适的销价水平。

（2）需求差异定价法

需求差异定价法以销售对象、销售地点、销售时间等条件变化所产生的需求差异作为定价的基本依据,针对每种差异决定在基础价格上是加价还是减价,最后确定实际价格的定价方法。

【项目小结】

短期决策也称短期经营决策或经营决策。一般是指在一个经营年度或一个经营周期内就能实现其经营目标的决策,如产品生产决策、存货决策、产品定价决策等。经营决策是企业整个经营管理工作的重心,如何充分配置和利用现有的人力、物力和财力,获取最大的经济效益,制定各种具体方案的经营措施和经营方法成为决策的关键。

在经营决策分析中,成本是一个需要考虑的重要因素,除了经常使用的变动成本和固定成本等成本概念外,还可以将成本按决策的需要分为相关成本和无关成本。相关成本指在决策分析中必须要加以考虑的并且与方案选择有关的未来成本。主要包括差量成本、边际成本、机会成本、重置成本、付现成本、专属成本、可避免成本和可递延成本。无关成本是指在决策分析中无需考虑、对未来没有影响的成本,或是指在各个备选方案中,项目相同、金额相等的未来成本。主要包括沉没成本、不可避免成本、不可递延成本、共同成本和联合成本。

短期经营决策分析中的差量分析法、边际贡献分析法和成本平衡点法3种常用方法，对各种方案可能导致的结果进行综合测算和对比、权衡利弊，从中选择出最佳方案起了不可估量的作用。

生产决策分析与评价主要围绕生产对象、生产工艺、特殊价格追加订货、生产是否深加工、亏损产品停产或转产和零、部、配件取得方式等展开。

平均存货量、采购成本、订货成本、储存成本和缺货成本，是存货决策中重要的基本概念，这些指标水平的高低对企业的获利能力有着至关重要的影响。在存货决策分析与评价中，包含了对存货规划决策分析和存货控制决策分析两部分内容。

定价是否合理，直接影响着销售量的多少，而销售量的多少又决定着生产量的高低，并影响产品成本的水平和盈利的多少。由于产品定价会涉及企业生产经营方面和市场需求竞争方面等因素影响，因此选择成本导向定价法、竞争导向定价法以及需求导向定价法等合适的方法，都会直接关系着企业的生存和发展。

【项目训练】

一、思考题

1. 什么是经营决策？如何分类？

2. 经营决策分析最常用的专门方法有哪几种？

3. 什么是相关成本、无关成本？各有哪几类？

4. 生产决策包括哪些内容？

5. 存货成本包括哪些内容？

6. 如何确认经济订货量和经济订货点？

7. 如何进行 ABC 库存分类管理？如何理解看板管理？

8. 什么是定价决策分析？其方法有哪些？

二、练习题

(一)单项选择题

1. 一般不涉及新的固定资产投资，只涉及一年以内的一次性专门业务，并仅对该时期内的收支盈亏产生影响的决策为(　　)。

    A. 短期经营决策　B. 长期投资决策　C. 风险决策　D. 控制决策

2. 在短期决策分析中，属于无关成本的是(　　)。

    A. 差量成本   B. 沉没成本   C. 重置成本   D. 机会成本

   3. 某企业接受一批特定订货,需购买一台专用设备,价值 1 000 元,在此特定订货决策中,专用设备价值属于(　　　)。

    A. 重置成本   B. 沉没成本   C. 专属成本   D. 不可避免成本

   4. 某厂加工的半成品直接出售可获利 4 000 元,进一步加工为成品出售可获利 4 750 元,则加工为成品的机会成本是(　　　)元。

    A. 4 750   B. 750   C. 8 750   D. 4 000

   5. 下列成本概念中,不属于相关成本的是(　　　)。

    A. 重置成本   B. 共同成本   C. 专属成本   D. 边际成本

   6. 当新产品开发的品种决策方案中涉及追加专用成本时,可考虑使用(　　　)法进行决策。

    A. 单位资源边际贡献分析   B. 边际贡献总额分析

    C. 差别损益分析   D. 相关成本分析

   7. 当企业的生产能力有剩余时,增加生产量会使得企业利润增加或亏损减少的条件是   (　　　)

    A. 增量的销量单价高于单位变动成本

    B. 增量的销量单价高于单位产品成本

    C. 增量的销量单价高于基础生产量的销售单价

    D. 增量的销量单价高于每单位产品固定成本分摊数

   8. 某厂有剩余生产能力 1 000 机器小时,有 4 种产品甲、乙、丙、丁,它们的单位边际贡献分别为 4,6,8,10 元,生产 1 件产品所需的机器小时各为 6,7,8,9 小时,则该厂应增产的产品是(　　　)。

    A. 甲产品   B. 乙产品   C. 丙产品   D. 丁产品

   9. 与生产数量没有直接联系,而与批次成正比的成本有(　　　)。

    A. 缺货成本   B. 储存成本

    C. 调整准备成本   D. 单位储存成本

   10. 一般情况下,库存决策中需要考虑的两个此消彼长的因素是(　　　)。

    A. 总成本与总收入   B. 采购成本与存储成本

    C. 采购批量与采购次数   D. 订货成本与存储成本

(二)多项选择题

   1. 下列各项中,属于生产经营决策相关成本的有(　　　)。

    A. 增量成本   B. 机会成本   C. 专属成本

    D. 沉没成本   E. 联合成本中的变动成本

2. 下列属于短期经营决策内容的有( )。

  A. 新产品开发决策   B. 亏损产品转、停产决策

  C. 设备更新改造决策   D. 零部件取得方式决策

  E. 半成品是否进一步加工的决策

3. 下列说法中,属于机会成本的正确说法是( )。

  A. 如果接受订货,由于加工能力不足而挪用正常订货所放弃的有关收入,是接受订货方案的机会成本

  B. 如果不接受订货,由于加工能力不足所放弃的有关收入,是不接受订货方案的机会成本

  C. 不接受订货可将设备出租,接受订货则就不能出租,则此租金是接受订货方案的机会成本

  D. 接受订货需要租入设备的租金为接受订货方案的机会成本

  E. 亏损产品如果停产,可以转产其他产品,转产的边际贡献是继续生产亏损产品方案的机会成本

4. 在相对剩余生产能力无法转移的条件下,亏损产品继续生产的前提条件是( )。

  A. 单价大于单位变动成本   B. 边际贡献率大于零

  C. 边际贡献率大于变动成本率   D. 边际贡献大于固定成本

  E. 边际贡献大于零

5. 在是否接受低价追加订货的决策中,如果发生了追加订货冲击正常任务的现象,就意味着( )。

  A. 不可能完全利用其绝对剩余生产能力来组织追加订货的生产

  B. 追加订货量大于绝对剩余生产能力

  C. 会因此而带来机会成本

  D. 追加订货量大于正常订货量

  E. 因追加订货必须追加专属成本

6. 下列各种价格中,符合最优售价条件的有( )。

  A. 边际收入等于边际成本时的价格 B. 边际利润等于零时的价格

  C. 收入最多时的价格   D. 利润最大时的价格

  E. 成本最低时的价格

7. 采用边际贡献法进行决策分析时,选优的标准为( )。

  A. 边际贡献率   B. 单位边际贡献

C. 单位产品每小时提供的边际贡献　　D. 单位资源提供的边际贡献

E. 边际贡献总额

8. 某企业生产甲半成品。其正常的单位成本包括直接材料、直接人工、变动制造费用、固定制造费用。企业目前有生产能力将甲半成品进一步加工为成品乙,在决策分析中,应考虑的项目是(　　)。

A. 进一步加工增加的收入　　　　　　B. 进一步加工增加的成本

C. 机会成本　　　　　　　　　　　　D. 半成品本身的成本

E. 联合成本

9. 存货的 ABC 分类管理法的标准主要有(　　)。

A. 体积　　B. 重量　　C. 金额　　D. 品种和数量　　E. 长度

10. 下列对 ABC 分类管理法描述中,正确的是(　　)。

A. A 类存货金额巨大,但品种数量较少

B. C 类存货金额巨大,但品种数量较少

C. 对 A 类存货应重点控制

D. 对 C 类存货应重点控制

E. C 类存货金额较小,但品种数量繁多

(三)判断题

1. 在企业出现亏损产品的时候,企业就应当作出停止生产该产品的决策。

(　　)

2. 利用成本无差别点法作生产经营决策分析时,如果业务量大于成本无差别点的业务量时,则应选择固定成本较高的方案。　　　　　　(　　)

3. 所有的固定成本都属于沉没成本。　　　　　　　　　　　　(　　)

4. 沉没成本是无法由现在或将来的任何决策所改变的成本。　　(　　)

5. 凡是亏损产品都应该停产。　　　　　　　　　　　　　　　(　　)

6. 确定最优生产批量时,考虑的相关成本有调整准备成本、储存成本和生产中的变动成本。　　　　　　　　　　　　　　　　　　　　　(　　)

7. 当边际收入等于边际成本,边际利润为零时,意味着产品售价最优,利润最大。　　　　　　　　　　　　　　　　　　　　　　　　　(　　)

8. 进行短期价格决策不需要区分相关成本与无关成本。　　　　(　　)

9. 联产品追加订货中发生的所有成本都是追加订货的直接成本。(　　)

10. 允许缺货的情况下,存货的缺货成本是一种相关成本。　　　(　　)

(四)计算题

1. 某企业拟利用剩余生产能力开发新产品 A 或 B。经预测分析,若生产产

品 A,年销量可达到 4 000 件,单位销售价 10 元,单位变动成本 4 元,另外,需要增加专用设备一台,价值为 1 000 元;若生产产品 B,年产量可达到 3 000 件,每件售价 15 元,单位变动成本 7 元,需要增加专属成本 1 200 元。

要求:为公司做出开发那种产品较为有利的决策分析。

2. 某工厂生产一定规格的轴套,可以用普通车床和自动化车床加工,资料如表 5.29 所示:

表 5.29　资料表　　　　　　　　　　　　　　　　　单位:元

工艺类型	一次调整准备费	一件轴套加工费
普通车床	20	0.2
自动化车床	50	0.05

要求:对产量在什么范围内选用不同的车床加工进行决策分析。

3. 某企业只生产一种产品,全年最大生产能力 1 500 件。年初已按 100 元/件的价格接受正常任务 1 200 件,该产品单位变动生产成本为 55 元/件,现有一客户要求以 70 元/件的价格追加订货 300 件,并对企业有特殊要求,企业要因此追加 1 000 元专属成本。企业剩余生产能力也可用于出租,可获租金 1 000 元。

要求:为企业做出是否接受低价追加订货的决策。

4. 某企业原来生产甲产品,年设计生产能力 10 000 件,市场销售单价 68 元,单位产品成本总额 56 元,具体资料如下:直接材料 20 元,直接人工 16 元,变动制造费用 8 元,固定制造费用 12 元。该企业现在每年有 35% 的生产能力未被利用,且无法转移。

要求:就以下各不相关情况作出应否接受特殊价格追加订货的决策。假设当追加特殊订货超过企业剩余生产能力时,企业以减少正常销售量满足客户特殊订货要求,而不购置设备增加生产能力。

①现有一客户提出以 45 元/件的价格订货 3 000 件,企业剩余生产能力无法转移,且追加订货不需要追加专属成本;

②现有一客户提出以 46 元/件的价格订货 3 500 件,但该订货还有些特殊要求,需购置一台专用设备,增加固定成本 2 000 元;

③现有一客户提出以 45 元/件的价格订货 4 000 件,企业剩余生产能力无法转移。

5. 某企业生产甲乙两种产品。两种产品共用设备工时总数为 9 000 小时,共用人工工时总数为 15 000 小时。甲产品单位产品所需设备工时为 8 小时,人工工时为 4 小时,单位产品边际贡献为 10 元;乙产品单位产品所需的设备工时为 2 小时,人工工时为 6 小时,单位边际贡献为 6 元。根据市场预测,甲产品最大市场销量为 2 000 件,乙产品最大市场销量为 2 500 件。

要求:请你代为做出决策,甲乙产品各应生产多少件,既能使企业的资源得到充分利用,又能获取最大的边际贡献总额。

6. 某企业目前同时生产甲、乙、丙 3 种产品,有关资料如下表 5.30 所示:

表 5.30 产品资料表 单位:元

项 目	甲产品	乙产品	丙产品
销售收入	51 000	30 000	70 000
变动成本	25 000	12 000	63 000
固定成本	10 000	6 000	25 000
利 润	16 000	12 000	− 18 000

要求:作出丙产品该不该停产的决策。

7. 某厂生产甲、乙两种产品,由原料在第 1 车间加工,分离出甲半成品和乙半成品。甲半成品送第 2 车间进一步加工制成甲产成品,乙半成品送第 3 车间进一步加工制成乙产成品。其产量、成本资料如下表 5.31 所示:

表 5.31 产品资料表 单位:元

项 目	第 1 车间	第 2 车间	第 3 车间
完工并出厂数量/kg			
甲产品	25 000	25 000	
乙产品	75 000		75 000
成本:			
直接材料/元	150 000		
直接人工/元	80 000	30 000	40 000
变动制造费用/元	20 000	10 000	20 000
固定制造费用/元	90 000	25 000	35 000

甲产品售价为 10 元,乙产品售价为 5 元;甲半成品售价为 8 元,乙半成品售价为 3 元。

要求:分析是继续加工好,还是在分离后立即出售好。

8. 某厂生产 A、B 两种产品,有关资料如下表 5.32 所示:

表 5.32　产品资料表　　　　　　　　　单位:元

项　目	A 产品	B 产品
单价/元	10	8
边际贡献率/%	50	25
单位产品工时/工时	10	2

该厂现有生产能力为 20 万工时。根据市场预测,B 产品最多只能销售 8 万件,A 产品则无限制。固定成本总额为 6 万元。

要求:根据上述资料,确定如何安排 A,B 两种产品的生产,才能使企业获得最大限度的利润?

9.某企业生产使用的某种材料的全年需用量为 16 000 吨,单价为 400 元,每次订货成本为 1 200 元,每件材料年均储存成本为 60 元。

要求:计算确定基本经济批量和存货最低变动订货和储存成本。

10.胜利公司计划制定甲产品的销售价格,经估算,生产甲产品 10 000 件的估计成本资料见表 5.33。该公司要求在甲产品单位生产成本的基础上加成 60%。

表 5.33　甲产品成本构成表　　　　　　　　单位:元

项　目	单位成本
直接材料	50
直接人工	44
变动制造费用	36
固定制造费用	70
变动销售及管理费用	20
固定销售及管理费用	10

要求:采用完全成本加成定价法确定甲产品销售价格。

项目 *6* 长期投资决策的分析与评价

【项目概述】

通过本项目学习,了解长期投资决策的概念、分类和资金时间价值的概念及资金时间价值的计算种类。熟悉现金流量的内容和计算,掌握非折现的长期投资的决策分析方法和折现的长期投资决策分析方法。

本项目包括 4 个任务:任务 1,认知长期投资决策;任务 2,分析与计算资金的时间价值;任务 3,估算项目投资的现金流量;任务 4,实施长期投资决策。

【学习引导】

在全球资源高速消耗的情况下,我国能源形势也日趋紧张,加之与日俱增的化石燃料的燃烧所造成的环境污染,使人们对新能源的需求越来越迫切。分析家认为,传统的电力工业发展模式,由于资源、资金、环境等因素的限制,已很难满足我国国民经济对电力工业日益增长的需求,必须尽快寻找和推广一种新的、清洁、安全、可靠的可持续发展能源。大力发展太阳能光伏发电,正是一条有效缓解能源短缺的新路。可在国内,利用太阳能发电几乎是一片空白。

2001 年 1 月,施正荣博士带着他在澳大利亚积累的光伏领域的丰富知识和经验回到祖国,以世界一流的速度和水准创建了尚德太阳能电力有限公司,公司主要从事晶体硅太阳电池、组件以及光伏发电系统的研究、制造和销售。在政府及政策的支持以及市场巨大的需求,尚德公司发展日趋蓬勃。

事实证明:在不到 3 年的时间内,尚德将产能增加了 12 倍。通过不断的技术创新,尚德太阳电池产品的性能和质量持续提高,"Suntech"成为国际光伏行业的知名品牌。2005 年 12 月 14 日,江苏无锡尚德太阳能电力有限公司成功在美国纽约证券交易上市。

尚德公司的超常规发展改变了人们对光伏技术和产品的消极态度,培育和带动了一大批光伏产业链企业,给投资者投资光伏产业以很强的信心。

思考:1. 尚德公司何以能在如此短的时间里迅速发展上市?

2.分析尚德公司投资太阳能光伏产业的理由?

【项目分解】

任务1 认知长期投资决策

【任务描述】通过本部分的学习,了解长期股权投资的概念、分类和意义。

【任务实施】

6.1.1 长期投资决策的概念

长期投资决策是指为了改变或扩大企业生产经营能力,而将大量资金投放于涉及企业未来较长时期(一般1年以上)的经营活动,包括用于固定资产的新建、扩建、更新,资源的开发、利用,以及新产品研制和老产品改造等。这种投资的支出,一般不能全部用当年产品的销售收入补偿,而要由以后各年的销售收入逐渐补偿。因为其投资数额大,回收期长,故而称其为长期投资决策。

一般来讲,由于长期投资耗资大,回收期较长,因此产生效益的时间也长,且这种投资一旦完成,再想改变往往无法实现,或者是改变的代价太大。这也就决定了长期投资决策承担的风险也大。正确的投资决策将会对企业的经营产生长期、持续的积极影响,决策失误,则会给企业造成巨大的无法挽回的损失。因此长期投资决策工作特别重要,要求我们对长期投资决策必须审慎。要在认真调查研究的基础上,充分利用会计核算资料和其他有关信息资料,利用各种专门方法,对各种备选方案进行科学预算和综合分析比较。同时做好投资决策的前期工作,重点是做好可行性研究和项目的经济评价,这也是提高投资效益的重要途径。一个工程项目可行不可行,不仅要看技术上是否先进,而且还要看经济上是否合理,搞好项目的经济效益的评价工作,有助于对项目进行正确决策。

6.1.2 长期投资的分类

长期投资决策有两种分类标准:

1)按投资项目之间有无相关联系分类

按投资项目之间有无相关联系,可将长期投资决策分为独立性投资决策和相关性投资决策。

凡是只满足于 1 个项目或满足于几个毫不相关项目的投资,属于独立性投资决策,如买 1 辆汽车,盖 1 栋宿舍等均属此类。凡是各项目之间相互联系、相互配合、缺一不可的配套投资,属于相关性投资决策,如购买汽车与修建车库,修建码头与修建货物仓库、筑路等均属此类。对于各项独立性的投资,应逐个项目分别审查其备选方案,方可进行决策。对于相关性投资,应综合考虑配套项目,以总体经济效益好的方案为优,而不能只看中 1 个项目。

2)按决策解决问题的方式不同可分为 3 种

①采纳与否决策。决定是否投资于某一待定项目的决策,叫做采纳与否决策,这是企业最常遇到,因而也是最重要的一类决策问题。

②互斥选择决策。在两个以上互相排斥的待选项目中只能选择其中之一的决策,叫做互斥选择决策。

互斥选择决策并不要求在待选的项目中必须选中其一,如果在所有各个待选项目中没有 1 个能满足企业预定的最低要求而一一被否决,那么就会 1 个也选不上。

③资本定量决策。当可供投资的资本有一定限额,但是要同时投资于两个以上的项目,而待选项目很多,其投资总额又超过资本限额时,究竟应该选择哪几个项目的决策,称为资本定量决策。遇到这种情况,就要在所有投资项目中选择 1 个最好的项目组合方案。因此,我们也可称这种投资为组合择优投资决策。

6.1.3 长期投资决策的意义

长期投资决策的意义可从两个方面分析。

一是从全社会角度看,长期投资决策是否合理,不仅取决于当前社会经济发展状况,更重要的是取决于未来的发展状况。长期投资工程是"百年大计",耗资大,持续时间长。一旦投资实现,要想改变地点和使用要求,非常不易,甚至完全不可能。决策得当,能裨益子孙;决策失误,将使财富付之东流。"一五"时期的 156 项国家重点工程至今仍然发挥着巨大作用,而 20 世纪 60 年代中期搞起来的"大三线""小三线",投资近 2 000 亿元,收益甚微,成了国民经济的包袱。我们要使国民经济形成一个良性循环系统,就需要建立合理的经济结构、产业结构、产品结构、消费结构。而这些归根到底取决于合理的投资结构,而宏观投资决策正确与否,直接影响能否形成合理投资结构。

二是从企业角度看,长期投资决策规划了企业未来发展方向、发展进度和发展规模,确定了企业长期经营目标、方针与策略,规定了企业在今后长时期内主要经济技术指标所要达到的水平。这对企业的重大而长远的作用是不言而喻的。

任务 2　分析与计算资金的时间价值

【任务描述】通过本部分的学习,了解资金时间价值的概念;掌握资金时间价值的计算。

【任务实施】

6.2.1　货币时间价值的概念

1)货币时间价值的概念

货币时间价值是经济活动中的重要概念,是管理会计的重要价值观念,又是我们在使用过程中必须认真考虑的标准。

货币时间价值是指货币随着时间的推移而形成的增值(不包括通货膨胀和风险),即一定量的货币资金在不同的时点上具有不同的价值。其实质是货币资金周转使用后的增值额,一定量的货币,周转使用的时间越长,其增值额越大。

货币闲置不动不会给货币持有者带来任何利益。例如:某人手中有 1 000元,若放置手中不使用,在没有通货膨胀因素影响的情况下,无论经过多长时间其价值也不会改变,仍然是 1 000 元。但若将这 1 000 元用于投资或存入银行,按月利率5‰计算,1 年后可得现金 1 060 元,其中多得的 60 元就是 1 000 元资金在 1 年中的价值。货币的时间价值实际上是指使用货币的时间价值。因为将货币投资于生产经营之中,生产资料同劳动力相结合就会创造出新的价值,带来利润。货币时间价值的表现形式是利息和利率,其实质就是资金利润率。

2)货币时间价值的种类

资金时间价值的大小取决于资金数量的多少、占用时间的长短、收益率高低等因素。按利息部分是否计息,资金时间价值的计算又分单利和复利两种;按确定的可比基准日不同又可分为现值、终值、年金 3 种。

在西方国家及国际贸易惯例中考虑长期投资决策资金时间价值时,必须按复利计算有关指标。

6.2.2 复利终值与现值的计算

复利是将本金所生利息加入本金,以此二者之和(即本利和)作为计算下期利息的基础,逐期滚算的一种计息方法。在这种计算方法下,既要计算本金的利息,又要计算利息的利息。利息可以转化为本金,同本金一起作为下期计算利息的依据,即所谓"利滚利"。因货币时间价值计算的不同需要,复利又可分为复利终值和复利现值。

1)复利终值计算

指一定量的本金按复利计算的若干期的本利和。其计算公式为

$$F_n = P(1+i)^n \tag{6.1}$$

式中,F_n代表复利终值,P代表本金,即第一期期初的价值,i代表利息值,n代表计算期数($n = 1,2,3,\cdots$)。

上述公式中的$(1+i)^n$通常称为"一次性收付款项终值系数",简称"复利终值系数",用符号$(F_n/P,i,n)$表示。例如:$(F_n/P,6\%,3)$表示利率为6%,期数为3期的复利终值系数。复利终值系数可通过查阅"1元复利终值表"附表1直接获得。该表中的横栏为利率,纵栏是期数,纵横交叉所列的数字,便是复利终值系数。

例1 某企业现在将10 000元现金存入银行,年利率为8%,若8年后取出,则按复利计算的本利和为多少?

解:在"1元复利终值表"中查得$i = 8\%$,$n = 8$时的系数为1.850 9,则:

$$F_n = P \times (1+i)^n = 10\,000 \times (1+8\%)^8 = 10\,000 \times 1.850\,9 = 18\,509$$

即该企业8年后可从银行取出现金18 509元。

例2 现在存入银行30 000,若年复利率为8%,要得到60 000元的年数为多少?

解:根据公式得

$$60\,000 = 30\,000 \times (1+8\%)^n$$

移项,得

$$(1+8\%)^n = \frac{60\,000}{30\,000} = 2.000$$

从"1元复利终值表"可以看到,当$n = 9$时,复利终值系数为1.999,接近2.000,因此要将30 000元存入银行9年,在第9年末可得到本利和60 000元。

在使用复利终值系数表时,若查不到所需要的数字,可取近似的值(如例

2）。若需要求出较精确数字,则可将终值系数表的有关数字用列比例式的方法,即插值法(内插法)进行计算,求出所需数字。

例3 存入银行 20 000,希望 3 年后得到 30 000 元,则银行存款年复利率应为多少?

解: 根据公式可得

$$30\ 000 = 20\ 000 \times (1+i)^3$$

移项,得

$$(1+i)^3 = \frac{30\ 000}{20\ 000} = 1.500$$

从复利终值系数表中可查到,当 $n=3$,利率为 14.9% 时,其复利终值表系数为 1.482;当利率为 15% 时,其复利终值系数为 1.521。1.500 介于 1.482 与 1.521 之间,所以,所求利率在 14% ~ 15% 之间。设所求利率为 i,采用插值法,有:

利率 复利终值系数

$$\left. \begin{array}{l} 14\% \\ i \\ 15\% \end{array} \right\} \left. \begin{array}{l} i-14\% \\ \end{array} \right\} 1\% \qquad\qquad \left. \begin{array}{l} 1.482 \\ 1.500 \\ 1.521 \end{array} \right\} \left. \begin{array}{l} 0.018 \\ \end{array} \right\} 0.039$$

则有

$$\frac{i-14\%}{1\%} = \frac{0.018}{0.039}$$

所得

$$i = 14.46\%$$

所以银行存款年复利率为 14.46% 时,才能达到上述目的。

2）复利现值的计算

复利现值与复利终值之间互为逆运算。复利现值是指若干年后的一次收益或支出按照一定的复利率计算,折合为现在的价值。其计算公式为

$$P = F_n \times (1+i)^{-n} \tag{6.2}$$

$(1+i)^{-n}$ 为复利现值系数,通常称为"一次性收付款项现值系数",简称为"复利现值系数",用符号 $(P/F_n, i, n)$ 表示。其可通过查阅"1 元复利现值系数表"(附表2)直接获得。该表横栏为利率,纵栏是期数,纵横交叉所列的数字,便是复利终值系数。

例4 银行存款年复利率为 8%,要在 4 年末得到本利和 40 000 元,则现在应存入的金额为:40 000 元 × (1+8%)^{-4} = 40 000 元 × 0.735 = 29 400 元

即企业现在应存入银行 29 400 元,4 年后可得本利和 40 000 元。

例5 A 公司一项投资项目需资金 700 万元,在今后 4 年内的净收益分别为

150 万元,200 万元,300 万元,150 万元,若年利率为 10%,其收益总额现值为多少? 能否收回原投资额?

解:根据公式(6.2)得

$$P = [150 \times (1 + 10\%)^{-1} + 200 \times (1 + 10\%)^{-2} + 300 \times (1 + 10\%)^{-3} + 150 \times (1 + 10\%)^{-4}]万元$$

$$= (150 \times 0.909 + 200 \times 0.826 + 300 \times 0.751 + 150 \times 0.683)万元$$

$$= (136.35 + 165.2 + 225.3 + 102.45)万元$$

$$= 629.3 万元$$

若不考虑货币时间价值,4 年的收益总额为 800 万元,足以抵偿原投资额,但按现值计算 4 年的收益总额只有 629.3 万元,尚不能抵偿原投资额。由此可见,复利终值是选择投资方案的一项重要指标。

例 6 某企业准备以出包的方式建造一基建项目,承包企业的要求是:签订合同时先付 800 万元,第 4 年初续付 200 万元,第 6 年末完工验收时再付 600 万元。为确保资金落实,该单位于签订合同之日起就把全部资金准备好,并将未付部分存入银行,银行年复利率为 10%。则建造该基建项目需筹集的资金为:

① 签订合同之日付现金 8 000 000 元;

② 第 4 年初付 2 000 000 元的现值为:

2 000 000 元 $\times (1 + 10\%)^{-3} = 2\ 000\ 000$ 元 $\times 0.751 = 1\ 502\ 000$ 元

③ 第 6 年末完工时应付 6 000 000 元的现值为:

6 000 000 元 $\times (1 + 10\%)^{-6} = 6\ 000\ 000$ 元 $\times 0.564 = 3\ 384\ 000$ 元

3 次付出现金的现值合计为:12 886 000 元

上述计算表明,这个 16 000 000 元的工程,只需筹集资金 12 886 000 元。

6.2.3 年金终值与现值的计算

货币时间价值,除了普通的涉及一次性投资或一次性收入外,还有一种按相同时间和相同金额多次投资或收入的情况,即所谓年金。年金是指一定期间内,在相同间隔期内(1 年、半年、1 季……)支付或领取的数额相等的金额。年金应用广泛,如工资、折旧、租金、保险费、利息等都表现为年金的形式。

年金,一般应同时满足以下 3 个条件:

第一,连续性。即在一定期间内每隔一段时间必须发生 1 次收或支业务,形成系列,不能中断。

第二,等额性。即每期发生的收或支的款项在数额上相等。

第三,同方向性。即该系列款项或者是收款项目,或者是付款项目,不能同时有收有付,即不能收付混淆。

因此,若某系列收付款项 $R_t(t=1,2,\cdots,n)$ 满足以下关系:

$$R_{t+1}=R_t \equiv A(t=1,2,\cdots,n-1,A \text{ 为一常数})$$

则该系列收(付)款项便形成了年金形式,记作 A。

1)年金的分类

年金分为普通年金、先付年金、递延年金和永续年金等形式。凡收或支发生在每期期末的年金,称为普通年金或后付年金;收或支发生在每期期初的年金,称为先付年金或即付年金;收或支在第 1 期以后的某一时间的年金称为递延年金;凡限期继续收或支的年金,称为永续年金。年金是与复利相联系的,年金也要计算终值与现值。本书只着重介绍普通年金的终值与现值的计算。

2)普通年金终值与现值的计算

①普通年金终值的计算。普通年金终值是指在一定时期内,按复利计算的每期期末等额收或支的终值之和。

设 F_n 代表年金终值,A 代表每期等额收或支的货币数额,i 代表利率,n 代表期数。则 F_n 的计算过程如图6.1。

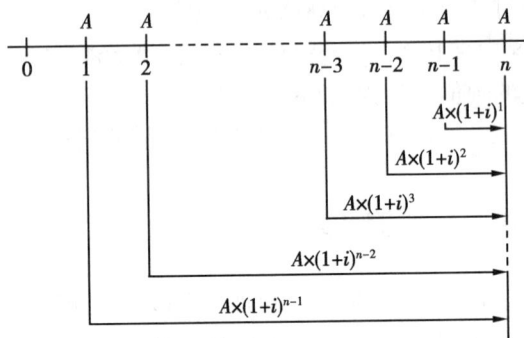

图6.1 普通年金终值计算

由图6.1可知,普通年金终值的计算公式为

$$F_n = A \times (1+i)^0 + A \times (1+i)^1 + A \times (1+i)^2 + \cdots + A \times (1+i)^{n-2} + A \times (1+i)^{n-1}$$

$$= A \left[(1+i)^0 + (1+i)^1 + (1+i)^2 + \cdots + (1+i)^{n-2} + (1+i)^{n-1} \right]$$

很明显,上述公式是以 $(1+i)^1$ 为公比的等比数列之和。则

$$F_n = A \times \frac{(1+i)^n - 1}{i} \tag{6.3}$$

$\dfrac{(1+i)^n - 1}{i}$ 为年金终值系数,通常表示为 $(F_n/A, i, n)$,它可以通过查"1 年年金的终值表"(见附表3)而求得。

例7 设某企业一基建项目在 5 年建设期内每年年末从银行借款 200 万元,借款年利率为 10%,则该项目达到预定可使用状态时应付本息和为:

$$F_n = 200 \text{ 万元} \times \frac{(1+10\%)^5 - 1}{10\%} = 200 \text{ 万元} \times (F_n/A, 10\%, 5) = 200 \text{ 万元} \times$$

$6.105 = 1\ 221$ 万元

实际经济生活中,有时需要在已知年金终值和利息率的情况下计算各年年金数额。其计算公式如下:

$$A = F_n \times \frac{i}{(1+i)^n - 1} \tag{6.4}$$

上式也可写为

$$A = F_n(A/F_n, i, n)$$

或

$$A = F_n[1/(F_n/A), i, n]$$

A/F_n 称作"偿债基金系数",可直接查阅"偿债基金系数表"或通过年金终值系数的倒数推算出来。

例8 某企业计划于18 年后支付 1 000 000 元购买 1 座房屋,银行存款年利率为 10%,问每年末需存入多少款项才能保证在 18 年后得到 1 000 000 元。

根据公式(6.4)可计算求得:

$$A = 1\ 000\ 000 \text{ 元} \times \frac{10\%}{(1+10\%)^{18} - 1} = 1\ 000\ 000 \text{ 元} \times 0.021\ 9 = 21\ 900 \text{ 元}$$

或

$$A = 1\ 000\ 000 \text{ 元} \times [1/(F/A), 10\%, 18]$$

$$= 1\ 000\ 000 \text{ 元} \times \frac{1}{45.580} = 21\ 900 \text{ 元}$$

②普通年金现值计算。普通年金现值是指按复利计算的每期期末等额收或支的现值之和。普通年金现值的计算,如图 6.2 所示:

由上表可知,普通年金现值的计算公式如下:

$$P = A \times \frac{1}{(1+i)^1} + A \times \frac{1}{(1+i)^2} + A \times \frac{1}{(1+i)^3} + \cdots + A \times \frac{1}{(1+i)^{n-1}} + A \times$$

$$\frac{1}{(1+i)^n}$$

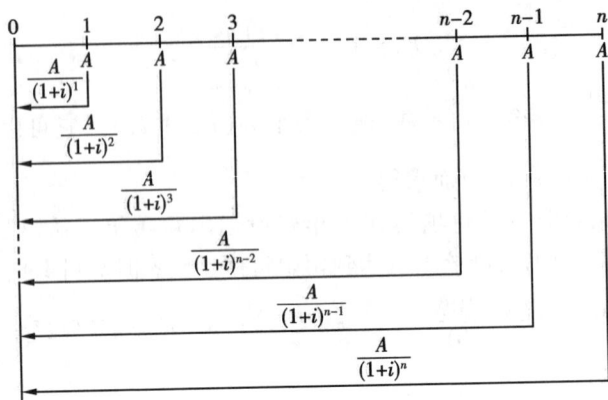

图 6.2　普通年金现值的计算

$$= A \times \left[\frac{1}{(1+i)^1} + \frac{1}{(1+i)^2} + \frac{1}{(1+i)^3} + \cdots + \frac{1}{(1+i)^{n-1}} + \frac{1}{(1+i)^n} \right]$$

显然,上述公式的右边是以 $\dfrac{1}{(1+i)}$ 为公比的等数列之和,则

$$P = A\left[\frac{1 - (1+i)^{-n}}{i} \right] \tag{6.5}$$

式中的公式称为"年金现值系数",记为 $(P/A, i, n)$,可通过直接查阅"1 元年金现值表"求得有关数值,上式也可写作: $P = A(P/A, i, n)$ 。

例 9　某企业一新建项目,需一次性投资 3 000 000 元,该项目使用期为 12 年,期满无残值。估计该项目投产后每年收回净利润为 350 000 元,假设该项目投资是向银行借款,年利率为 10% ,试问:该项目的投资方案是否可行?

解:首先,将 12 年的总收益折成现值,12 年内总收益现值为

$$P = 350\,000\ \text{元} \times \left[\frac{1 - (1+10\%)^{-12}}{10\%} \right] = 350\,000\ \text{元} \times (P/A, 10\%, 12)$$

$$= 350\,000\ \text{元} \times 6.814$$

$$= 2\,384\,900\ \text{元}$$

然后,将 12 年总的收益的现值,与原一次性投资额比较,得出两者的差额为

$$2\,384\,900\ \text{元} - 3\,000\,000\ \text{元} = -615\,100\ \text{元}$$

由此可见,12 年的总收益折成现值,比原一次性投资额 3 000 000 元少 615 100元,故此方案不可行。

在实际生活中,经常遇到在已知利息率和现值情况下求年金的问题。此类问题常将年金看做资本等额回收,将普通年金现值系数的倒数称为资本回收系数。

例10 某企业于年初向银行借款100万元购买1台车床,从第1年末开始等额还债,每年还款1次,分8年还清,当 $i=10\%$,问:每年应还款多少?

解:对于等额还债来说, $P=1\ 000\ 000$, $i=10\%$, $n=8$,据有关公式,每年末还款额为

$$A=1\ 000\ 000\ 元\times\frac{1}{P/A,10\%,8}=1\ 000\ 000\ 元\times\frac{1}{5.335}=187\ 441\ 元$$

任务3 估算项目投资的现金流量

【任务描述】通过本部分的学习,了解现金流量的概念和内容,掌握项目投资的现金流量的计算。

【任务实施】

6.3.1 现金流量的概念

现金流量是指长期投资方案涉及的未来一定期间内现金流入量和现金流出量的总称。其中,在一定期间内收到的现金称为该期间的现金流入量,支出的现金称为该期间的现金流出量。通常用负号(−)表示现金流出量,用正号(+)表示现金流入量。一定期间的现金流入量减去现金流出量的差额,称为现金净流量。现金净流量的方向,需要根据二者的差额来确定。必须注意的是,本书介绍的现金流量不是指财务会计中的库存现金,而是区别于观念货币的现实货币。另外,与财务会计的现金流量表所使用的现金流量相比,不管是其具体构成内容还是计算口径都存在较大差异,不应将它们混为一谈。

在管理会计的长期投资决策中,现金流量信息可以发挥如下作用。

首先,现金流量信息所揭示的未来期间现实货币收支运动,可以序时动态地反映项目投资的流向与回收之间的投入产出关系,使决策者处于投资主体立场上,便于完整、准确、全面地评价具体投资项目的经济效益。

其次,利用现金流量指标代替利润指标作为反映项目效益的信息,可以摆脱在贯彻财务会计的权责发生制时必然面临的困境,即由于不同的投资项目可能采用不同的固定资产折旧方法、存货估价方法和费用摊配方法从而导致不同方案的信息相关性差、透明度不高和可比性差。

再次,利用现金流量信息,还因排除了非现金收付内部周转的资本运动形式

而简化了有关投资决策评价指标的计算过程。

最后,由于现金流量信息与项目计算的各个时点密切结合,有助于在计算投资评价时应用货币时间形式进行动态投资效果的综合评价。

6.3.2　现金流量的内容

项目的整个投资和回收,是一个现金流动的过程。投资项目现金流量的具体内容是由以下 3 个部分组成的。

1）初始投资现金流量

初始投资是指开始投资时发生的现金流量,一般包括:

①固定资产投资。即房屋和建筑物的造价,以及设备的买价、运费、设备调试和安装费等,由于均需付出,故为负值。

②营运资本的垫支。即由于项目完成投入使用而增加的流动资产减去增加的流动负债后的差额,通常为负值。

③投产前费用。如开发资源所发生的现金支出,革新产品等方面所发生的现金支出。

④原有固定资产变价收入。在固定资产更新决策中常有此类现金流入,其值为正。

2）营业现金净流量

营业现金净流量是指项目完成后,在整个寿命周期内,由于正常生产营业所带来的现金流量。此类现金净流量应按年计算,其值等于营业现金收入减去营业现金支出和所得税之后的差额,一般为正值。在销售收入等于营业现金收入,付现成本(不包括折旧)等于营业现金支出的条件下。营业现金净流量等于税后净利与折旧之和。

3）终结现金流量

终结现金流量是指项目经济寿命终结时发生的现金流量,如:

①固定资产报废时的残值收入或中途变卖的变价收入,为现金流入量。

②原垫支的营运资本的回收额,为现金流入量。

6.3.3 现金流量的计算

现金流量分析是投资决策的基础,为了正确评价各个可供选择方案的经济效益的大小,必须在提出投资方案时,对各方案的现金流量进行科学的预测,以保证投资决策的正确性。

例11 华新股份公司批准购置一台设备以扩大生产能力,现有甲、乙两个方案可供选择。

甲方案:需一次性投资100万元,使用寿命5年,采用平均年限法计提折旧,报废时无残值。5年中每年销售收入80万元,每年的付现成本为40万元。

乙方案:需一次性投资140万元。此外,在第1年初需垫支营运资本40万元,采用平均年限法计提折旧,使用寿命也为5年,报废时有残值收入20万元。5年中每年的销售收入为100万元,付现成本第1年为30万元,以后随着设备陈旧,将逐年增加修理费8万元。

假设所得税率为25%,试计算这两个方案的现金流量。

解:首先,分别计算这两个方案的每年折旧额:

$$甲方案每年的折旧额 = \frac{(100-0)万元}{5} = 20\ 万元$$

$$乙方案每年的折旧额 = \frac{(140-20)万元}{5} = 24\ 万元$$

其次,计算和预测甲、乙两方案的营业现金流量,如表6.1所示。

最后,编制投资项目现金流量表,如表6.2所示。

表6.1 营业现金流量计算表 单位:万元

项　　　目	甲方案					乙方案				
	第1年	第2年	第3年	第4年	第5年	第1年	第2年	第3年	第4年	第5年
销售收入(1)	80	80	80	80	80	100	100	100	100	100
付现成本(2)	40	40	40	40	40	30	38	46	54	62
折旧(3)	20	20	20	20	20	24	24	24	24	24
税前利润(4)=(1)-(2)-(3)	20	20	20	20	20	46	38	30	22	14
所得税(5)=(4)×30%	5	5	5	5	5	11.5	9.5	7.5	5.5	3.5
税后净利(6)=(4)-(5)	15	15	15	15	15	34.5	28.5	22.5	16.5	10.5
营业现金净流量=(3)+(6) =(1)-(2)-(5)	35	35	35	35	35	58.5	52.5	46.5	40.5	34.5

表 6.2　投资项目现金流量表　　　　　　单位:万元

项　目 ＼ 时间(t)	第 0 年	第 1 年	第 2 年	第 3 年	第 4 年	第 5 年
甲方案						
固定资产投资	−100					
营业现金净流量		35	35	35	35	35
现金流量合计	−100	35	35	35	35	35
乙方案						
固定资产投资	−140					
营运资本垫支	−40					
营业现金净流量		58.5	52.5	46.5	40.5	34.5
固定资产期末残值						20
营运资本回收						40
现金流量合计	−180	58.5	52.5	46.5	40.5	94.5

在表 6.1 和表 6.2 中,$t=0$ 代表第 1 年年初,$t=1$ 代表第 1 年年末,$t=2$ 代表第 2 年年末……在现金流量的计算中,为了简化计算,一般都假定投资在年初($t=0$)一次性投入,各年营业现金净流量视作为各年年末一次发生,而终结现金流量视作为最后一年(第 5 年)年末发生的。

任务 4　实施长期投资决策

【任务描述】通过本部分的学习,掌握非折现的长期投资的决策分析方法和折现的长期投资决策分析方法。

【任务实施】

6.4.1　非贴现的长期投资决策分析方法

非贴现现金流量的长期投资决策分析方法是指不考虑货币时间价值的分析方法。这类分析方法比较容易理解和掌握,主要指标有:

1)投资回收期

投资回收期,亦称投资偿还期。这是指对投资项目进行经济评价常用的方法之一。它是对一个项目偿还全部投资所需的时间进行粗略估计,一般以年为单位。据西方学者的调查,该方法在投资决策中运用次数最多,主要用于多项目间的筛选和初评。

①若每年的营业现金流量相等,则可按如下公式计算:

$$投资回收期 = \frac{原始投资额}{每年营业现金流量} \qquad (6.6)$$

②若每年的营业现金流量不相等,那么,计算其回收期就要计算每年末累计现金净流量,即将每年的现金净流量逐年汇总,一直加到累计现金净流量等于或大于原始投资额那一年为止。

例12 根据例11华新股份公司分别计算甲、乙两个方案的回收期。甲方案每年营业现金流量相等,则有

$$甲方案回收期 = \frac{100}{35} = 2.86 \ 年$$

乙方案因为每年现金净流量(NCF)不等,所以应先计算各年年末的累计现金净流量,其计算结果如表6.3所示。

表6.3 乙方案每年年末累计现金净流量表 单位:万元

年份	第1年	第2年	第3年	第4年	第5年
累计额	58.5	111	157.5	198	292.5

从表6.3所提供的累计现金净流量可知:

乙方案的投资回收期为3～4年,可按下式计算得:

$$乙方案回收期 = \left(3 + \frac{180 - 157.5}{40.5}\right) 年 = 3.56 \ 年$$

用回收期这个指标来全面衡量投资效果,虽然易于计算和理解,并可促使企业千方百计地加速资金的周转,缩短周转期,尽快收回投资。但该指标也有不足之处,一是未考虑资金的时间价值,二是不计算偿还投资后还能获得的收益,也就是不能完全反映投资的盈利程度。

2)平均报酬率

平均报酬率是项目寿命期内平均的年投资报酬率,也称平均投资报酬率,记

作 ARR。其计算公式为

$$平均报酬率 = \frac{年均营业现金流量}{初始投资额} \times 100\%$$

例13 现仍以例11华新股份有限公司的实例(详见表6.1和表6.2)说明平均报酬率的计算。

$$甲方案: ARR_甲 = \frac{35}{100} \times 100\% = 35\%$$

$$乙方案: ARR_乙 = \frac{(38.5 + 52.5 + 46.5 + 40.5 + 94.5) \div 5}{180} \times 100\% = 32.5\%$$

该指标考虑了项目或方案在整个寿命周期内的现金流量,弥补了投资回收期的某些不足。但是,这些指标同样没有考虑资金的时间价值,仍然把不同时期发生的现金流量等同看待,因而不能准确地反映项目或方案的经济效益优劣。在应用这两个指标时要与净现值、内部报酬率、获利指数等现金流量指标共同应用,否则就不能做出正确的投资评价。

6.4.2 折现的长期投资决策分析方法

折现的长期投资决策分析方法是指考虑资金时间价值的方法。在实际投资决策中,广泛地应用了此类方法指标。这类方法主要有:

1)净现值法(NPV 法)

(1)净现值法的基本原理

投资项目投入使用后的现金净流量,按照资本成本或企业要求达到的报酬率折算为现值,然后再和该项投资的现值(如果期初一次投入,即原投资额;如果分期投入,则需分别折算成现值,再予以加计)进行比较,其差额即为净现值(用 NPV 表示)。若净现值是正数,即说明该方案的投资报酬率大于资金成本,那么该项投资方案是可行的。若净现值是负数,即说明该方案的投资报酬率小于资金成本,那么,该项投资方案就是不可行的。其计算公式为

$$NPV = \sum_{t=1}^{n} \frac{NCF_t}{(1+k)^t} - C$$

式中 NPV——净现值;

  NCF_t——第 t 年的净现金流量;

  k——折现率(资金成本或投资者要求的报酬率);

n——项目预计使用年限；

C——初始投资现值。

（2）净现值的计算步骤

第一步：对每年的现金净流量进行预测，即

每年现金净流量 = 每年现金流入量 – 每年现金流出量

$$= \begin{matrix} 每年使用该项固定资 \\ 产而产生的收入金额 \\ （或降低成本的金额） \end{matrix} - \begin{matrix} 每年使用该项固 \\ 定资产需要增加 \\ 的营运资本金额 \end{matrix}$$

或 $$= \begin{matrix} 每年使用该项固 \\ 定资产所获净利 \end{matrix} + \begin{matrix} 每年使用该项固定 \\ 成本应计提的折旧 \end{matrix}$$

第二步：根据资金成本计算未来报酬的总现值。

首先，将每年的营业现金净流量折成现值。若每年现金净流量相等则按年金复利分别折成现值；若每年现金净流量不等则按普通复利分别折成现值，然后加以合计。

其次，将固定资产的期末残值，或中途变现的价值，以及期末可收回的流动资产折成现值（按普通复利折成现值）。

最后，计算未来报酬总现值。

第三步：根据净现值 = 未来报酬的总现值 – 初始投资现值计算净现值这一公式计算净现值。

例14 现仍以例11的有关资料来说明净现值的计算（$k = 10\%$）。

甲方案：$NPV_{甲} = \left[\sum_{t=1}^{5} \dfrac{35}{(1 + 10\%)^t} - 100 \right]$ 万元 = $(35 \times 3.791 - 100)$ 万元

$= 32.69$ 万元

乙方案：因其年 NCF 不等，故有以下计算：

$NPV_{乙} = [58.5 \times (1 + 10\%)^{-1} + 52.5 \times (1 + 10\%)^{-2} + 46.5 \times (1 + 10\%)^{-3} +$

$40.5 \times (1 + 10\%)^{-4} + 94.5 \times (1 + 10\%)^{-5} - 180]$ 万元

$= (58.5 \times 0.909 + 52.5 \times 0.826 + 46.5 \times 0.751 + 40.5 \times 0.683 +$

$94.5 \times 0.621 - 180)$ 万元

$= (53.45 + 43.37 + 34.92 + 27.66 + 58.68 - 180) = 38.08$ 万元

从上面的计算中我们可以看出，两个方案的净现值均大于0，都是可取的。但甲方案的现值小于乙方案，故华新股份有限公司应选用乙方案。

（3）净现值法的优缺点

净现值法的优点是：此法考虑了货币的时间价值，能够反映各种投资方案的净收益,是一种较好的方法。净现值法的缺点是:净现值法并不能揭示各个投资方案本身可能达到的实际报酬率是多少。

2)现值指数法(PI 法)

(1)现值指数法的基本原理

现值指数亦称获利指数,是指投资项目未来报酬总现值与初始投资额的现值之商。其计算公式为

$$PI = \frac{\sum\limits_{t=1}^{n} \frac{NCF_t}{(1+k)^t}}{C}$$

即 $\qquad$ 现值指数 $= \dfrac{未来报酬的总现值}{初始投资额现值}$

(2)计算步骤

第一步:计算未来报酬的总现值。这与计算净现值所采用的方法相同。

第二步:计算现值指数,即根据未来的报酬总现值和初始投资额现值之比计算现值指数。

例 15 现仍以例 11 有关资料为例,来说明现值指数的计算。

$$PI_甲 = \frac{132.69}{100} = 1.3269$$

$$PI_乙 = \frac{218.08}{180} \approx 1.2116$$

甲、乙两个方案的现值指数都大于 1,故两个方案都可以进行投资。但因甲方案的现值指数更大,故应采用甲方案。

(3)现值指数法的优缺点

其优点是:考虑了资金的时间价值,能够真实地反映投资项目的盈亏程度;由于该指标是用相对数来表示,所以,有利于在初始投资额不同的投资方案之间进行比较。其缺点是:该指标不便于理解。

3)内含报酬率法(IRR 法)

内含报酬率法是指能使投资项目的各期现金净流量折算成的现值总和刚好等于原始投资额,也就是能使投资项目的净现值等于 0 的折现率。用公式表示如下:

$$\sum\limits_{t=1}^{n} \frac{NCF_t}{(1+IRR)^t} - C = 0$$

式中的 IRR 为内含报酬率。一个投资方案未来的现金净流量的现值都可以换算出来。所以,实际工作中,以这个指标作为评价投资方案经济效益的依据,更具有实质性的内容。

内含报酬率法是指根据投资方案的内含报酬率来确定投资方案,并选出最优投资方案的方法。内含报酬率法的评价标准是:若内含报酬率大于最低投资报酬率,方案可取,否则应弃;可取方案中内含报酬率最高的方案为最优方案。

内含报酬率的计算方法,视每期现金净流量是否相等而有所不同,分别说明如下:

(1)若每期的现金净流量相等

①年金现值系数 $= \dfrac{\text{原投资额}}{\text{平均每期的 NCF}}$

②查"1 元年金现值表",在相同期数内,找出与上述年金现值系数相临近的较大和较小的 2 个折现率。

③根据上述两个相邻近的折现率和已求得的年金现值系数,采用插值法计算出该投资方案的内含报酬率。

(2)若每期的现金净流量不等

①先估计 1 个折现率,并按此折现率计算净现值。若计算出的净现值为正数,则表示预计的折现率小于该方案的实际内含报酬率,应稍稍提高估计的折现率,再进行测试。若净现值为负数,则表示估计的折现率大于该方案的实际内含报酬率,应稍稍降低估计的折现率。经过如此反复测算,最终找到净现值由正到负且比较接近于 0 的两个折现率。

②根据上述两个邻近的折现率再采用插值法,计算该方案的实际内含报酬率。

例 16 现仍以例 11 的有关资料为例,来说明内含报酬率的计算方法。

对于甲方案而言,因每年现金净流量相等,故

$$\text{年金现值系数} = \frac{100}{35} = 2.857$$

查年金现值系数表,第 5 期与 2.941 相邻近的年金现值系数在 20% 和 25% 之间,现有插值法计算如下:

$$
\left.\begin{array}{l}
20\% \\
\mathrm{IRR} \\
25\%
\end{array}\right\}\!\!\left.\begin{array}{l}
Y \\
\end{array}\right\}5\%
\qquad
\left.\begin{array}{l}
2.991 \\
2.857 \\
2.689
\end{array}\right\}\!\!\left.\begin{array}{l}
0.134 \\
\end{array}\right\}0.302
$$

则 $\qquad \dfrac{Y}{5\%} = \dfrac{0.134}{0.302} \Rightarrow Y = 0.022\%$

所以甲方案的内含报酬率 = 20% + 0.022% = 20.022%

对于乙方案,由于其每年的现金净流量不等,故列表 6.4 计算。

表 6.4 乙方案净现金流量表 单位:万元

时间(t)	NCF_t	测试 15%		测试 18%	
		$(P/F,15\%,n)$	现值	$(P/F,18\%,n)$	现值
第 0 年	−180	1.000	−180	1.000	−180
第 1 年	58.5	0.870	50.895	0.847	49.549 5
第 2 年	52.5	0.870	39.69	0.718	37.695
第 3 年	46.5	0.756	30.597	0.609	28.318 5
第 4 年	40.5	0.658	23.166	0.516	20.898
第 5 年	94.5	0.572	46.966 5	0.437	41.296 5
NPV		11.314 5		−2.242 5	

现用插值法计算如下:

$$\left.\begin{matrix}15\% \\ IRR \\ 18\%\end{matrix}\right\}\left.\begin{matrix}15\%-IRR \\ \\ \end{matrix}\right\}-3\% \qquad \left.\begin{matrix}11.314\ 5 \\ 0 \\ -2.242\ 5\end{matrix}\right\}+11.314\ 5\left.\begin{matrix}\ \\ \ \\ \ \end{matrix}\right\}13.557$$

$$\frac{15\%-IRR}{-3\%}=\frac{11.314\ 5}{13.557}$$

解得 $\qquad IRR = 15\% + 2.503\% = 17.50\%$

所以乙方案的内含报酬率为 17.50%。

从以上计算 2 个方案的内含报酬率可以看出,甲方案的内含报酬率较高,故甲方案效益比乙方案好。

这里需说明一点,上述所说的内含报酬率尚未包含通货膨胀因素。若考虑这个因素,实际计算的报酬率还要高一些。

【项目小结】

长期投资决策时企业所有决策中最为关键、最为重要的决策。

企业长期投资决策中,首先必须考虑资金时间价值问题。资金时间价值是指资金随着时间的推移而形成的增值(不包括通货膨胀和风险),即一定量的货币资金在不同的时点上具有不同的价值。其实质是货币资金周转使用后的增值额,一定量的资金,周转使用的时间越长,其增值额越大。资金时间价值的主要计算形式有复利终值和复利现值、年金终值和年金现值。计算资金时间价值的目的就在于通过换算,将不同时间上的货币统一在同一个时点上进行比较,排除了由于时间的不同而导致的不可比因素。

其次,必须考虑现金流量问题。现金流量是指长期投资方案涉及的未来一定期间内现金流入量和现金流出量的总称。目的整个投资和回收,是一个现金流动的过程。投资项目现金流量的具体内容是由以下3个部分组成的:初始投资现金流量、营业现金流量、终结现金流量。

长期投资决策中评价投资项目的指标通常分为两类非折现指标和折现指标,主要区别在于是否考虑了资金时间价值。非折现指标,包括投资回收期和平均报酬率,其优点在于计算简便,但是由于没有考虑资金时间价值因素,一般只作为投资项目决策时的辅助指标。折现指标,包括净现值、现值指数和内含报酬率等,虽然计算麻烦,且三种折现指标在理论上和实践中存在一定的差别,应用时往往取决于具体的应用环境。但因其考虑了资金的时间价值,因此折现指标应作为投资决策时的主要指标。

【项目训练】

一、思考题

1. 长期投资决策的类型有哪些? 请简要说明。

2. 什么是资金时间价值? 为什么在长期投资决策中要考虑资金时间价值?

3. 复利终值和现值与年金终值和现值的计算有什么不同?

4. 年金终值系数、年金现值系数、资本回收系数、偿债基金系数的计算公式如何? 它们之间有何关系?

5. 什么是现金流量? 营业现金净流量如何计算?

6. 评价长期投资决策的基本方法有哪些? 其中哪几种考虑了资金时间价值? 哪几种没有考虑资金的时间价值?

7. 在运用内含报酬率法进行长期投资决策分析时,应采取哪些基本步骤?

二、练习题

(一)单项选择题

1. 资金的时间价值相当于没有风险和没有通货膨胀下的( )。

    A. 企业利润率   B. 社会平均资金利润率

    C. 单利下的利息率   D. 复利下的利息率

2. 下列资金时间价值系数中,与资本回收系数互为倒数关系的是( )。

    A. $(P/F,i,n)$ B. $(P/A,i,n)$ C. $(F/P,i,n)$ D. $(F/A,i,n)$

3. 下列各项年金中,只有现值没有终值的年金是( )。

    A. 普通年金   B. 即付年金   C. 永续年金   D. 递延年金

4. 下列关于资金时间价值的叙述,错误的是( )。

    A. 年金终值系数 × 偿债基金系数 = 1

    B. 年金现值系数 × 资本回收系数 = 1

    C. 复利终值系数 × 复利现值系数 = 1

    D. 年金终值系数 × 年金现值系数 = 1

5. 下列指标计算中,没有直接利用现金净流量的是( )。

    A. 内含报酬率   B. 平均报酬率   C. 净现值   D. 现值指数

6. 某企业计划投资 10 万元建设一条生产线,预计投资后每年可获得净利 1.5 万元,年折旧率为 10%,该项目的投资回收期为( )。

    A. 4 年   B. 5 年   C. 6 年   D. 7 年

7. 如果某一投资方案的净现值为正数,则下列结论中成立的是( )。

    A. 投资回收期在一年以上   B. 现值指数大于 1

    C. 年均净现值大于原始投资额   D. 投资报酬率高于 100%

8. 下列各项中,不属于投资项目现金流出量内容的是( )。

    A. 固定资产投资   B. 折旧与摊销

    C. 无形资产投资   D. 新增经营成本

9. 某项目建设期为 1 年,建设投资 200 万元全部于建设起点投入,经营期为 10 年,每年现金净流量为 50 万元,若折现率为 12%,则该项目的现值指数为 ( )。

    A. 1.484 1   B. 1.413 5   C. 1.261 3   D. 1.424 6

10. 一个投资方案年营业收入 350 万元,年销售成本 210 万元,其中折旧额 85 万元,所得税率为 25%,则该方案年现金净流量为( )万元。

    A. 88   B. 190   C. 175   D. 54

（二）多项选择题

1. 下列各项中,( )表示资金时间价值。

A. 纯利率

B. 社会平均资金利润率

C. 通货膨胀率极低情况下的国库券利率

D. 不考虑通货膨胀下的无风险收益率

2. 下列各项中,属于年金形式的有( )。

A. 在租赁期内每期支付的等额租金

B. 在设备折旧期内每期按照直线法计提的折旧额

C. 等额分期付款

D. 零存整取的整取额

3. 现金流出量是指由投资项目所引起的企业现金支出的增加额,包括( )。

A. 建设投资 B. 年折旧额 C. 付现成本 D. 所得税

4. 下列因素中,影响内含报酬率的有( )。

A. 现金净流量 B. 折现率

C. 项目投资使用年限 D. 原始投资总额

5. 评价投资方案的静态投资回收期指标的缺点是( )。

A. 没有考虑资金时间价值

B. 不能衡量企业投资风险

C. 没有考虑回收期后的现金流量

D. 不能衡量投资方案投资报酬率的高低

6. 采用净现值法评价项目可行性时,所采用的折现率通常是( )。

A. 投资的机会成本率 B. 投资项目的资金成本率

C. 行业平均资金成本率 D. 投资项目的内部收益率

7. 下列指标中,属于折现评价指标的有( )。

A. 现值指数 B. 静态投资回收期

C. 内部收益率 D. 平均报酬率

8. 若某投资方案以内含报酬率作为评价指标,保证投资方案可行的要求是内含报酬率( )。

A. 大于零 B. 大于企业的资本成本率

C. 大于1 D. 大于基准的折现率

9. 在计算现金净流量时,可以抵税的项目是( )。

A. 折旧额　　　　　　　　　B. 无形资产摊销额

C. 残值收入　　　　　　　　D. 设备买价

10. 净现值指标的优点有(　　　)。

A. 考虑了资金时间价值

B. 能够利用项目计算期的全部现金净流量

C. 考虑了投资风险

D. 可从动态的角度反映投资项目的实际投资收益率水平

(三)判断题

1. 在通货膨胀率很低的情况下,公司债券的利率可视同为资金时间价值。

(　　　)

2. 在年金终值和计息期一定的条件下,折现率越高,则年金现值越大。

(　　　)

3. 年金是指每隔一年,金额相等的一系列现金流入或流出量。 (　　　)

4. 普通年金是指从第一期起,在一定时期内每期期末等额发生的系列收付款项。

(　　　)

5. 一般情况下,使某投资方案的净现值小于零的折现率一定高于其内含报酬率。

(　　　)

6. 在项目决策中,只要投资方案的投资收益率大于零,该方案就可行。

(　　　)

7. 在计算现金净流量时,无形资产摊销额的处理与折旧额相同。 (　　　)

8. 多个互斥方案比较,一般应选择净现值大的方案。 (　　　)

9. 内含报酬率是指在项目寿命周期内能使投资方案现值指数等于1的折现率。

(　　　)

10. 评价投资项目的财务可行性时,如果静态投资回收期或平均报酬率的评价结论与净现值指标的评价结论发生矛盾,应当以净现值指标的结论为准。

(　　　)

(四)计算题

1. 张先生打算购房,开发商提出两个付款方案:方案一是现在一次性付80万元;方案二是5年后付100万元。若目前银行贷款利率为7%(复利计息)。

要求:计算比较哪个付款方案对张先生较为有利?

2. 某投资项目于2013年初动工,假设当年投产,从投产之日起每年可得收益80 000元。

要求:按年利率6%计算预期10年收益的现值。

3. 某公司的一项投资方案如下:厂房机器设备投资 300 万元,土地购置费 150 万元,流动资产投资 100 万元,使用寿命 10 年。固定资产折旧采用直线法,使用期满残值为 20 万元。投产后预计每年销售收入 300 万元,第 1 年付现成本 140 万元,以后每年递增 10 万元。企业所得税率为 25%。

要求:计算该方案的初始阶段、营业阶段和终止阶段的现金流量。

4. 大成公司甲项目原始投资 210 万元,其中固定资产投资 160 万元,流动资金投资 50 万元,全部资金于建设起点一次投入,建设期为 0,运营期为 5 年,到期净残值收入 10 万,预计投产后年营业收入(不含增值税,下同)180 万元,年总成本费用 100 万元。企业所得税税率为 25%,该企业所在行业的基准折现率为 10%。

要求:①计算确定甲项目各年的现金净流量;

②计算甲项目的静态投资回期;

③计算甲项目的净现值、现值指数;

④对此项目作出财务可行性评价。

5. 某企业有一投资项目,2 年建成。第 1 年年初投资 400 000 元,第 2 年年初投资 300 000 元,第 2 年年末投资 50 000 元。建成投产后,其经营期限为 8 年,无残值,每年可获利润 260 000 元。已知投资成本率为 12%,所得税率为 25%。

要求:计算该项目的净现值为多少元?

6. 某公司购买机器设备价款 20 万元,可为公司每年增加净利 2 万元,该设备可使用 5 年,无残值,采用直线法计提折旧。该公司的折现率为 10%。

要求:①用非折现法计算该投资方案的投资报酬率、投资回收期,并对此投资方案作出评价。

②用折现法计算该投资方案的净现值、现值指数、内含报酬率,并对此投资方案作出评价。

7. 某公司投资 15 500 元购入一台设备,当年投入使用。该设备预计残值 500 元,可使用 3 年,按直线法计提折旧,设备投产后每年增加现金净流量分别为 6 000 元、8 000 元、10 000 元,公司要求最低投资报酬率为 18%。

要求:计算该投资方案的净现值、内含报酬率,并作出评价。

8. 某公司引进一条生产流水线,投资 100 万元,使用期限 5 年,期满残值 5 万元,每年可使公司增加营业收入 80 万元,同时也增加付现成本 35 万元,折旧采用直线法计提,公司要求最低报酬率为 10%,所得税率 25%。

要求:计算该项投资的净现值并判断其可行性。

项目 7 全面预算

【项目概述】

通过本项目学习,掌握全面预算的概念、作用、种类及编制程序;全面预算的内容和编制方法;弹性预算、零基预算和滚动预算的概念、方法、程序。

本项目包括 5 个任务:任务 1,认知全面预算;任务 2,全面预算的编制方法;任务 3,弹性预算;任务 4,零基预算;任务 5,滚动预算。

【学习引导】

山东华乐实业集团公司(以下简称集团公司)是一家拥有纺织、热电、化纤、房地产等多种产业的大型企业。自从组建企业集团以后,推行了"以目标利润为导向的企业预算管理"模式,即对可能发生的问题进行事前防范,并以此为基础建立起激励、约束机制。这一方法以目标利润为出发点,并把它作为企业的经营纲领,将企业一定期限内为实现目标利润所需要的各种资源以货币或数量的预算形式表示出来,形成企业及各部门的综合行动计划。

依靠这一管理模式,在华乐集团,预算一经确定就成为公司的"宪法",从董事长到普通员工都要严格执行。没有预算的费用不能花,没有预算的项目不允许发生。全面预算管理模式的实行充分调动了员工的工作积极性,目标利润及其分解形成的各项预算指标使"人人肩上有指标,项项指标连收入",员工年收入少的只有几千元,多的达 20 多万元,强化了企业的控制力度,通过预算的编制、执行与考评形成了全员、全过程的管理控制;提高了企业领导者的管理效率,使公司领导层摆脱了日常琐碎的管理工作,由直接管理变为间接管理。

实行全面预算管理模式以来,产生了巨大的经济效益:企业销售收入、利润连年持续递增,使集团公司具备了超强的市场竞争力。

思考:1. 什么是预算? 什么是全面预算?

2. 华乐实业集团公司实施全面预算管理模式的意义是什么?

【项目分解】

任务1 认知全面预算

【任务描述】通过本部分的学习,了解全面预算的概念、组成和作用。

【任务实施】

7.1.1 全面预算的概念

全面预算是在预测、决策的基础上对企业生产经营活动的全部业务内容及其收支所作的基本假设,是用数字把企业的预期目标反映出来的文件。对于任何一个企业来说,要对未来的生产经营情况做到心中有数,就必须对未来的生产经营前景进行正确的预测和决策,确立企业的奋斗目标。这个目标又要通过编制预算落实到企业的各个职能部门。所以,把企业经营决策所确定的各项具体目标,通过各种指标用数字集中而系统地反映出来,就是预算。但是必须指出,我们这里所用的"预算"一词,与我国习惯所说的含义有所不同。在我国,"预算"一般是指经过法定程序批准的政府、机关、团体和事业单位在一定期间(年、季、月)的收支预计。在工业企业中,预算是指综合性成本项目(如制造费用、管理费用)在计划期间的预计数;在施工企业,施工预算是指施工单位在组织施工时所编制的工程预算。我们这里所用的预算则是对一个单位的计划的数量说明。

全面预算也称总预算,是指1年以内的短期决策预算,是企业总体计划的数量说明。国外企业所以把预算称为全面预算或总预算,是有其特定的含义的。其一,它是全企业的预算。即整个企业的生产经营、科学研究、人员培训等各个方面和各个环节都要编制预算,进行预算控制。或者说,从企业的产品设计、物资供应、生产销售到售后服务的整个生产经营过程,都要编制预算,进行预算控制。其二,它是企业的全体人员参与编制的。也就是说,从总经理、副总经理到企业各级、各部门的管理人员以及全体职工都要参与预算的编制工作。在商品经济的社会里,由于价值规律和竞争的作用,产品能否顺利销售关系到企业的命运。如果产品销不出去,企业就难以生存。所以,首先要对市场需求进行认真的调查研究,搞好销售预测,进行销售预算,然后才能按照以销定产的原则,做好生产、成本、利润等各个方面的预算。

7.1.2 全面预算的内容

全面预算涉及企业生产经营活动的各个方面,包括销售、生产、行政管理以及财务等。一般企业的全面预算包括 3 类预算,即业务预算、专门决策预算和财务预算。

业务预算是企业预算的基础,它涉及企业日常发生的各项具有实质性的基本经济活动。它的内容包括:销售预算及预期的现金收入预算、生产预算、直接材料预算、直接人工预算、制造费用预算、期末产成品存货预算、销售与管理费用预算等。

专门决策预算是反映决策用的预算。它和业务预算、财务预算不同,是一种非常规的预算。专门决策预算包括投资决策预算、资金支出预算、研究和开发费用预算等。

财务预算是反映企业在计划期内现金收支、经营成果和财务状况的预算,包括现金预算、预计利润表和预计资产负债表。

7.1.3 全面预算的作用

在企业的生产经营活动中,编制全面预算的作用可以概括为以下 4 点:

1)明确奋斗目标

编制全面预算是依据工作意图和设想定出整个企业和各个职能部门计划期的工作目标,并把为达到目标所采取的方法和措施都详细地列举出来。这样,通过编制全面预算就能促使各级管理人员对未来可能发生的事项事先进行考虑。如果估计有问题,可以预先策划解决办法。同时,通过编制全面预算也有助于全体职工了解本部门的生产经营活动同整个企业生产经营目标之间的关系,明确今后自己在业务量、收入和成本各方面应当达到的目标,促使全体职工想方设法去完成企业总的战略目标。

2)协调各职能部门的工作

现代化企业的各个职能部门的管理活动之间,存在着一个局部与整体的关系问题。从系统论的观点来看,局部计划的最优化,对全局来说不一定是最合理的。为了实现共同的、总的战略目标,必须使各个职能部门的管理活动密切配合,相互协调,统筹兼顾,全面安排,搞好综合平衡。全面预算既要反映整体的活动,又要反映各个局部的活动,而且编制全面预算要吸收各级、各类人员参加,并要求做到各个部门之间的分工联系都要有明确的界限和规定。比如,编制生产预算必须以销售预算为依据,这就要求生产部门和销售部门必须相互协调,不能脱节。因此,各部门在编制本单位的预算时,必须考虑其他部门的情况,特别要注意不能违背企业的整体利益。全面预算的初稿经常会出现各种不平衡的现象,所以要经过反复协商调节才能定稿。因此,全面预算起着协调企业所有部门的活动,促使各级各类人员同心协力完成共同目标的作用。

3)为控制日常经济活动提供依据

由于全面预算不仅要反映企业的整体目标,同时还要反映各个部门的具体目标,因此全面预算所列示的目标非常明确,责任非常具体。全面预算一经确定,就必须付诸执行。在预算执行过程中,各个部门应通过记录、计算和对比,及时揭示实际脱离预算的差异数额,并分析差异的产生原因,以便采取必要措施,挖掘潜力,纠正偏差,保证预定目标的完成。因此,全面预算是控制企业日常经济活动的主要依据。

4)为评定实际工作成绩提供标准

全面预算的起草和确定要经过反复磋商,与全面预算有关的人员都要参加预算的制定和讨论。这样,制定全面预算所使用的标准就比较合理,目标确定得也比较适当,企业职工只要做出努力就能够完成。因此,全面预算不仅是控制企业日常经济活动的主要依据,也是评定各个部门、各个职工工作成绩好坏的标准。

任务 2 全面预算的编制方法

【任务描述】通过本部分的学习,掌握全面预算的编制方法。
【任务实施】

全面预算是以业务预算中的销售预算为基础编制的,所以,销售预算决定着商品生产数量预算和人工、设备、资金需要量预算以及行政管理和财务收支等其他预算。它们之间的相互关系可表示如图7.1所示。下面我们以宏新机械厂为例来说明该厂×4年全面预算编制的一般方法。宏新机械厂是按季编制各种预算,按年编制预计利润表和预计资产负债表的。

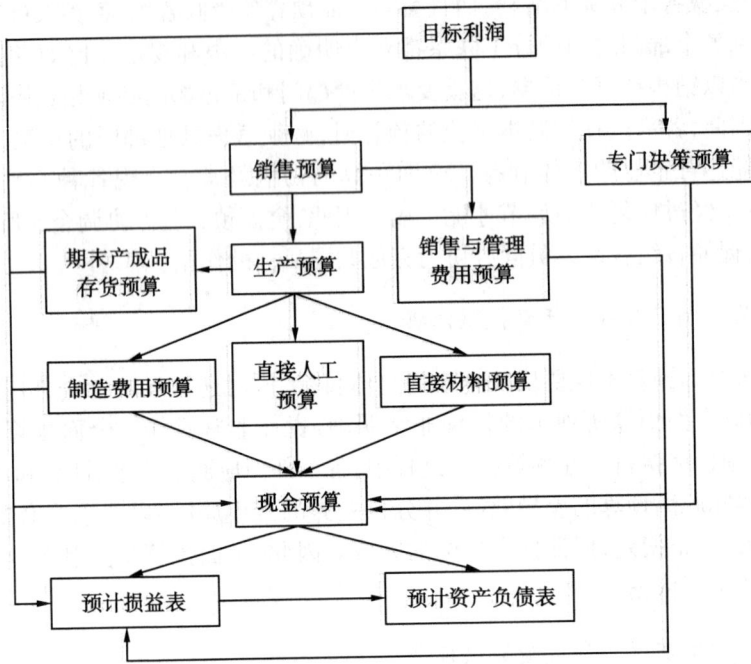

图 7.1　各种预算之间的关系

7.2.1　业务预算的编制

1)销售预算

销售预算的编制是企业全面预算编制工作的起点,所以,必须十分慎重地编制销售预算。而要编好销售预算,首先要进行周密地销售预测,考虑与销售有关的各种因素。

销售预算的基本内容包括预测的产品销售数量、销售单价、销售收入和预期的现金收入等。如需要更详细一些,还应按产品类别、销售地区、销售部门分别编制。宏新机械厂的销售预算(为方便计算,本章均不考虑增值税)如表 7.1 所示。

表7.1 销售预算

项　目	第1季度	第2季度	第3季度	第4季度	全年合计
预计销售量/件	100	150	200	180	630
预计单价/元	200	200	200	200	200
销售收入/元	20 000	30 000	40 000	36 000	126 000
预计现金收入/元					
上年应收账款/元	6 200				6 200
第1季度销售额/元（销货20 000）	12 000	8 000			20 000
第2季度销售额/元（销货30 000）		18 000	12 000		30 000
第3季度销售额/元（销货40 000）			24 000	16 000	40 000
第4季度销售额/元（销货36 000）				21 600	21 600
现金收入合计/元	18 200	26 000	36 000	37 600	117 800

备注:每季度的现金收入包括两部分:上季度的应收账款和本季度的现销收入。本例中,假设每季度销售收入中,本季度收到现金60%,另外40%现金要到下季度才能收到。

2)生产预算

编制生产预算必须坚持以销定产原则,以销售预算为依据,也就是根据销售量确定生产量,并考虑合理的库存量。其主要内容有销售量、期初和期末产成品存货、生产量。生产量与销售量之间的关系如下式所示:

预计生产量 = 预计销售量 + 预计期末库存量 - 预计期初库存量

在生产预算中,只涉及实物量指标,不涉及价值量指标,如宏新机械厂的生产预算如表7.2所示。

表7.2 生产预算 单位:件

项　　目	第1季度	第2季度	第3季度	第4季度	全年合计
预计销售量	100	150	200	180	630
加:预计期末产成品存货	15	20	18	20	20
合计	115	170	218	200	650
减:预计期初产成品存货	10	15	20	18	10
预计生产量	105	155	198	182	640

备注:本例假定每个季度的产成品库存量占下一季度销售量的10%,×4年年末预计库存产成品为20件。×4年年初库存产成品为10件。不难理解,每季度的期末存货就是下季度的期初存货。

3)直接材料采购预算

根据生产预算所确定的预计生产量并安排好生产进度之后,便可以编制直接材料采购预算。编制采购预算与编制生产预算一样,也要考虑计划期间的期初与期末的库存材料水平。其计算公式如下:

预计材料采购所需金额 = 预计材料采购量×材料单价

预计材料采购量 = 生产需要量 + 预计期末库存量 − 预计期初库存量

生产需要量 = 单位产品材料标准耗用量×预计生产量

为便于编制现金预算,通常要预计材料采购各季度的现金支出。每个季度的现金支出包括偿还上期应付账款和本期应支付的采购货款。本例假设材料采购货款由50%在本季付清,另外50%在下季度付清。宏新机械厂的材料采购预算如表7.3所示。

表7.3 材料采购预算 单位:元

项　　目	第1季度	第2季度	第3季度	第4季度	全年合计
预计生产量/件	105	155	198	182	640
单位产品材料用量/千克	10	10	10	10	10
生产需用量/千克	1 050	1 550	1 980	1 820	6 400
加:预计期末存量/千克	310	396	364	400	400
减:预计期初存量/千克	300	310	396	364	300

续表

项　目	第1季度	第2季度	第3季度	第4季度	全年合计
预计材料采购量/千克	1 060	1 636	1 948	1 856	6 500
单价/元	5	5	5	5	5
预计采购金额/元	5 300	8 180	9 740	9 280	32 500
预计现金支出/元					
上年应付账款/元	2 350				2 350
第1季度采购额5 300元	2 650	2650			5300
第2季度采购额8 180元		4 090	4 090		8 180
第3季度采购额9 740元			4 870	4 870	9 740
第4季度采购额9 280元				4 640	4 640
合计	5 000	6 740	8 960	9 510	30 210

4) 直接人工预算

直接人工预算(人工成本)是根据生产预算中各个季度的预计生产量、单位产品直接人工小时以及每个人工小时的工资率分季计算的。通常,企业拥有不同工种和不同技术等级的工人,所以要分工种计算直接人工小时总数,然后分别乘以各工种的平均工资率,再加总求得预计直接人工成本的总数。直接人工成本的计算公式为

各季度的直接人工成本 = 季度生产量×单位产品人工小时×小时工资率

宏新机械厂的直接人工预算如表7.4所示。

表7.4　直接人工预算

项　目	第1季度	第2季度	第3季度	第4季度	全年合计
预计生产量/件	105	155	198	182	640
单位产品人工工时/h	10	10	10	10	10
各季度所需总工时/h	1 050	1 550	1 980	1 820	6 400
每小时工资率/元	2	2	2	2	2
各季度直接人工总成本/元	2 100	3 100	3 960	3 640	12 800

5) 制造费用预算

制造费用类似于我国的车间经费,是指车间成本中扣除直接材料、燃料、动力和直接人工部分以外的一切费用。制造费用必须按成本习性划分为变动费用和固定费用两类。变动制造费用以生产预算为基础编制。固定制造费用,需要逐项进行预计,通常与本期产量无关,按每季度实际需要的支付额预计,然后求出全年数。宏新机械厂的制造费用预算如表 7.5 所示。

表 7.5　制造费用预算　　　　　　　　　　　　　　　　单位:元

项　　目	第 1 季度	第 2 季度	第 3 季度	第 4 季度	全年合计
变动制造费用					
间接人工(1 元/件)	105	155	198	182	640
间接材料(1 元/件)	105	155	198	182	640
修理费(2 元/件)	210	310	396	364	1 280
水电费(1 元/件)	105	155	198	182	640
小　　计	525	775	990	910	3 200
固定制造费用					
修理费	1 000	1 140	900	900	3 940
折　　旧	1 000	1 000	1 000	1 000	4 000
管理人员工资	200	200	200	200	800
保险费	75	85	110	190	460
财产税	100	100	100	100	400
小　　计	2 375	2 525	2 310	2 390	9 600
合　　计	2 900	3 300	3 300	3 300	12 800
减:折　旧	1 000	1 000	1 000	1 000	4 000
现金支出的费用	1 900	2 300	2 300	2 300	8 800

为便于以后编制产品成本预算,需要计算小时费用率。

变动制造费用小时费用率 = 3 200 元 ÷ 6 400 = 0.5 元

固定制造费用小时费用率 = 9 600 元 ÷ 6 400 = 1.5 元

6) 产品成本预算

为了正确计算预计利润表中的产品销售成本和期末资产负债表中的期末产

成品存货,必须预先确定单位产品成本,才能计算产成品存货成本。

产品成本预算,是销售预算、生产预算、直接材料预算、直接人工预算、制造费用预算的汇总,其主要内容是产品的单位成本和总成本。宏新机械厂的产品成本预算如表7.6所示。

表7.6 产品成本预算
单位:元

项 目	单位成本			生产成本(640件)	期末存货(20件)	销货成本(630件)
	每千克或每小时	投入量	成本/元			
直接材料	5	10 千克	50	32 000	1 000	31 500
直接人工	2	10 小时	20	12 800	400	12 600
变动制造费用	0.5	10 小时	5	3 200	100	3 150
固定制造费用	1.5	10 小时	15	9 600	300	9 450
合　计			90	57 600	1 800	56 700

7)管理与销售费用预算

管理与销售费用预算包括预算期内发生的制造费用以外的各项费用,根据历史资料和预计销售数量编制。宏新机械厂×4年编制的全年管理与销售费用预算如表7.7所示。

表7.7 管理与销售费用预算
单位:元

项 目	金 额
销售费用:	
销售人员工资	2 000
广告费	5 500
包装、运输费	3 000
保管费	2 700
折 旧	1 000
管理费用:	
管理人员薪酬	4 000
福利费	800
保险费	600
办公费	1 400
折 旧	1 500

续表

项　目	金　额
合　计	22 500
减:折旧	2 500
每季度支付的现金(20 000÷4)	5 000

7.2.2　专门决策预算

　　企业在确定生产预售之后,还应结合现有生产能力考虑长期规划,确定本期内是否必须增加工程项目和设备。如果需要开工或添置,就要编制专门决策预算。宏新机械厂根据现有生产能力和长远规划,×4 年应增加车床和铣床,并借入长期借款。宏新机械厂专门决策预算如表 7.8 所示。

表 7.8　专门决策预算　　　　　　　　　单位:元

项　目	第 1 季度	第 2 季度	第 3 季度	第 4 季度	全年合计
投资支出预算	50 000			80 000	130 000
借入长期借款	30 000			60 000	90 000

7.2.3　财务预算的编制

1)现金预算的编制

　　现金预算是企业在预算期内的现金收支计划。现金预算对企业的经营管理极为重要,因为任何企业都必须有足够的现金以供支付,但又不能保存过多的现金而造成资金积压。所以,在编出上面各种预算以后,还要编制现金预算。有了现金预算,就可以使企业领导了解现金收支情况,从而更好地运用现金。有了现金预算,还可以使企业领导预先筹划必需的款项以弥补预计的资金短缺。

　　必须指出,这里所指的"现金"不仅指传统财务会计中的库存现金,还包括企业的银行存款。

　　现金预算包括可供使用的现金、现金支出、现金的余缺以及现金的筹集与运用4个组成部分。

①可供使用的现金包括期初现金余额和预算销售产品的现金收入。

②现金支出包括预算各项现金支出,如材料采购支出、工资等。

③现金的余缺,是指现金收支的差额。差额为正数表示收大于支,说明现金有多余;差额为负数表示支大于收,说明现金不足。

④现金的筹集与运用,是指预算期内预计向银行借款和偿还借款及利息等收支。本例中理想的现金余额是3 000元,如果资金不足,可以取得短期借款,银行的要求是,借款额必须是1 000元的整数倍。宏新机械厂的现金预算如表7.9所示。

表7.9 现金预算

单位:元

项 目	第1季度	第2季度	第3季度	第4季度	全年合计
期初现金余额	8 000	3 200	3 060	3 040	8 000
加:现金收入(表7.1)	18 200	26 000	36 000	37 600	117 800
可供使用的现金	26 200	29 200	39 060	40 640	125 800
减:现金支出					
直接材料(表7.3)	5 000	6 740	8 960	9 510	30 210
直接人工(表7.4)	2 100	3 100	3 960	3 640	12 800
制造费用(表7.5)	1 900	2 300	2 300	2 300	8 800
销售及管理费用(表7.7)	5 000	5 000	5 000	5 000	20 000
所得税费用	4 000	4 000	4 000	4 000	16 000
购买设备(表7.8)	50 000			80 000	130 000
支付股利				8 000	8 000
现金支出合计	68 000	21 140	24 220	112 450	225 810
现金余缺	(41 800)	8 060	14 840	(71 810)	(100 010)
现金筹措与运用					
借入长期借款(表7.8)	30 000			60 000	90 000
取得短期借款	20 000			22 000	42 000
归还短期借款			6 800		6 800

续表

项　目	第1季度	第2季度	第3季度	第4季度	全年合计
短期借款利息(年利率10%)	500	500	500	880	2 380
长期借款利息(年利率12%)	4 500	4 500	4 500	6 300	19 800
期末现金余额	3 200	3 060	3 040	3 010	3 010

备注:宏新机械厂上年末的长期借款余额为120 000元,上年末无短期借款。预计借款在各季初取得,还款在各季末偿还(如果需要归还借款,先归还短期借款,归还的数额为100元的整数倍)。

2)预计利润表的编制

预计利润表是综合反映企业计划生产经营的财务状况和预计企业经营活动最终成果的重要依据,是企业财务预算中最主要的预算之一。编制预计利润表的依据是各业务预算、专门决策预算和现金预算。宏新机械厂×4年度预计利润表如表7.10所示。

表7.10　预计利润表　　　　单位:元

项　目	全年合计金额
销售收入(表7.1)	126 000
销售成本(表7.6)	56 700
毛利	69 300
销售及管理费用(表7.7)	22 500
利息(表7.9)	22 180
利润总额	24 620
所得税费用(估计)(表7.9)	16 000
净利润	8 620

3)预计资产负债表的编制

预计资产负债表主要用来反映企业在计划期末预计的财务状况。它是以上年底的资产负债表为基础,根据计划年度的各业务预算、专门决策预算和现金预算编制的,它是编制全面预算的终点。宏新机械厂×4年末预计的资产负债表如表7.11所示。

表7.11　×4年年末预计资产负债表　　　　　　　　单位:元

资　　产	年初余额	年末余额	负债和股东权益	年初余额	年末余额
流动资产:			流动负债:		
货币资金(表7.9)	8 000	3 010	短期借款	0	35 200
应收账款(表7.1)	6 200	14 400	应付账款(表7.3)	2 350	4 640
存货(表7.3、7.6)	2 400	3 800	流动负债合计	2 350	39 840
流动资产合计	16 600	21 210	非流动负债		
非流动资产:			长期借款(表7.9)	120 000	210 000
固定资产	43 750	37 250	非流动负债合计	120 000	210 000
在建工程	100 000	230 000	负债合计	122 350	249 840
非流动资产合计	143 750	267 250	股东权益:		
			股本	20 000	20 000
			资本公积	5 000	5 000
			盈余公积	10 000	10 000
			未分配利润	3 000	3 620
			股东权益合计	38 000	38 620
资产合计	160 350	288 460	负债和股东权益合计	160 350	288 460

备注:"未分配利润"本年的增加额620=本年的净利润8 620-本年的股利8 000(表7.9),宏新机械厂×4年没有计提任意盈余公积,因为法定盈余公积达到股本的50%可以不再提取,因此宏新机械厂没有提取法定盈余公积。

任务3　弹性预算

【任务描述】通过本部分的学习,了解弹性预算的概念,掌握弹性预算的编制方法。

【任务实施】

7.3.1　弹性预算的概念和作用

如果只是根据计划期某种业务指标(如生产量、销售量或成本、产值等)来确定相应的预算数据,这种预算称为静态预算或固定预算。在实际工作中,由于经营管理、季节、环境、市场竞争等内外因素在不断发生变化,往往使实际发生的业务量不等于预算的业务量。这样就会导致实际发生的费用或利润与预算的费用或利润发生一定差异,从而使预算失去可比性。为了避免这种"不足",使预算和实际能够紧密结合起来,及时落实各项任务指标和区分责任,履行利用预算控制日常经济活动的职能,就需要编制弹性预算。所谓弹性预算,就是按照预算期内预计可能发生的几种不同业务量分别确定相应的数据的预算。这种预算可以随着业务量的变动而变动,所以也称可变预算。

7.3.2　弹性预算的编制

编制弹性预算,首先要将成本按其习性分解为变动成本和固定成本(如果有混合成本,则要按照一定的方法加以分解,分别归入变动成本和固定成本)。其次要根据变动成本及与其相对应的业务活动计算出单位变动成本。最后将在相关范围内保持不变的固定成本按总额加以反映。

下面仅以生产成本预算为例说明弹性预算的编制方法(其他预算依次类推)。

例1　宏新机械厂机加工车间的正常生产水平是每月完成 5 000 个机器小时的加工任务,其费用分析如表 7.12 所示。该车间编制弹性预算时,是以正常生产能力 5 000 机器小时为基准(即生产能力的利用程度为 100%),再按一定百分比(通常为 5%)形成若干项等差级数。等差级数的每一项就表示一种业务量水平。根据市场情况的历史资料,当生产能力达到 5 000 个机器小时以后,每增加 250 个机器小时以内的业务量就需增加折旧费和管理人员工资各 100 元。试编制该车间生产成本弹性预算。

表7.12 宏新机械厂机加工车间费用分析表 单位:元

变动成本	金 额	固定成本	金 额
生产工人工资	13 000	折旧费	1 500
动力费用	5 500	办公费用	500
材料消耗	2 500	管理人员工资	1 000
工具消耗	600		
合计	21 600	合计	3 000

解:根据上述资料编制的该车间生产成本弹性预算如表7.13所示。

表7.13 机加工车间生产成本弹性预算 单位:元

项 目	每小时费用分配率	业务量				
		4 500(90%)	4 750(95%)	5 000(100%)	5 250(105%)	5 500(110%)
变动成本						
生产工人工资	2.60	11 700	12 350	13 000	13 650	14 300
动力费用	1.10	4 950	5 225	5 500	5 775	6 050
材料消耗	0.50	2 250	2 375	2 500	2 625	2 750
工具消耗	0.12	540	570	600	630	660
小计	4.32	19 440	20 520	21 600	22 680	23 760
固定成本						
折旧费		1 500	1 500	1 500	1 600	1 700
办公用品		500	500	500	500	500
管理人员工资		1 000	1 000	1 000	1 100	1 200
小计		3 000	3 000	3 000	3 200	3 200
合计		22 440	23 520	24 600	25 880	27 160
机器小时成本率		4.99	4.95	4.92	4.93	4.94

在将弹性预算与实际生产水平开支进行比较时,要用多种业务量预算中的实际业务量的成本开支与最接近的一种业务量的预算进行比较。然后事前据以严格控制费用开支,事后仔细分析各项费用节约或超支的原因。完成得好的要总结经验,普及推广,完成得不好的要采取有效措施及时纠正。

从表7.13可以看出,当实际生产业务量为正常生产水平(5 000机器小时)的105%时,固定费用与变动费用均需增加,合计数也增加,每个机器小时成本率也是相应提高的。从以上 5 种业务量水平来看,以达到 5 000 机器小时(即生产能力的 100%)的单位成本为最低。这说明,按正常生产能力安排生产最为合算,经济效益最高。

假设某机加工车间 ×4 年 6 月实际完成 4 750 个机器小时,所发生的费用如表 7.14 所示,则应以 4 750 个机器小时这一档的弹性预算数来考核该车间 6 月份的业绩,才能获得有价值的反馈资料。其预算成绩报告如表 7.15 所示。表中 U 表示不利差异,F 表示有利差异。

表 7.14　机加工车间费用发生表

×4 年 6 月　　　　　　　　　　　　　　　单位:元

变动成本		固定成本		变动成本		固定成本	
生产工人工资	12 350	折旧费	1 500	材料消耗	2 375	管理人员工资	1 000
动力费用	5 300	办公用品	490	工具磨损	550		
				合　计	20 575	合　计	2 990

从表 7.15 可以看出,该厂机加工车间 6 月份的实际变动成本超过预算数 55 元,发生了不利差异,应进一步分析原因,采取措施,加强管理。

表 7.15　机加工车间预算业绩报告表

项　目	弹性预算	实际发生	差异额
机器小时/h	4 750	4 750	0
变动成本			
生产工人工资/元	12 350	12 350	0
动力费用/元	5 225	5 300	75 U
材料消耗/元	2 375	2 375	0
工具磨损/元	570	550	20 U
变动成本总额/元	20 520	20 575	55 U
固定成本			
折旧费/元	1 500	1 500	0
办公用品/元	500	490	10 F
管理人员工资/元	1 000	1 000	0
固定成本总额/元	3 000	2 990	10 F
成本合计	23 520	23 565	45 U

任务4 零基预算

【任务描述】通过本部分的学习,了解零基预算的概念,掌握零基预算的编制方法。

【任务实施】

7.4.1 零基预算的概念

零基预算是1968年美国得克萨斯仪器公司的预算工作者彼得·派尔首先提出的,是对该公司的间接费用、研究开发费用以及总公司各管理部门费用的试行的新的预算管理制度。试行结果取得了良好的效果。编制这种预算时,不考虑上期预算各项目的实际开支数额,而是以0为基数,根据本期各部门所要开展的业务项目,区分轻重缓急,划清层次,统筹安排,编制预算。零基预算已被西方工业发达国家认为是一种管理间接费用的新的有效方法。

编制预算的传统方法一般都是以基期的各费用项目的实际开支数为基础,然后根据对计划期业务工作增减项目及有关因素的预测,确定计划期应增减数额。如果编制的费用预算是在基年实际支出的基础上增加或减少一定的百分率,则称为增量或减量预算。

零基预算与增量或减量预算的主要区别有以下4点:

①零基预算是以0为起点,根据预测的计划期间的业务量来编制的,没有旧章可循。增量或减量预算则以基期的费用实际发生额为基础,根据计划期间业务上的需要加以增减而编制的。

②零基预算要求对计划期间一切要开展的业务活动都进行成本—效益分析。增量或减量预算只要求对新增减的业务活动在列入预算时进行成本—效益分析,而对现在已进行的业务活动,不作深入分析。

③零基预算除重视费用金额大小外,还着重考虑业务工作的重要程度并依次分配预算金额。

④零基预算把原有的业务和新增的业务都看成业务整体的一部分,根据整体利益原则来确定新老业务的重要程度。分配预算制度认为,削减旧业务和增加新业务是正常情况,因而增量或减量预算对新增加的业务活动,一般只就新增

业务本身来考虑问题,不与原有预算的各项业务进行比较。因而如果预算总额不增加,新业务往往就不能开展,并且增加容易,减少很难。

7.4.2　零基预算的编制

编制零基预算有以下 3 个步骤:

①要求各部门的全体职工根据本企业计划期间的战略目标和本部门的具体任务,详细讨论计划期间应该发生哪些费用项目,并对每一费用项目编写一套方案,提出费用开支的目的以及可能发生的数额。

②将每一费用项目的所费与所得进行对比,即采用成本—效益分析法对各个费用开支方案进行评价,然后对各费用开支方案权衡轻重缓急,分成若干层次,排出先后顺序。

③按第 2 步所确定的层次和顺序,结合计划期间可动用的资金来源分配资金,落实预算,编出费用预算表。

下面举例说明零基预算的编制方法。

例 2　试用零基预算法编制永进机械厂销售部门的费用预算。

①该厂销售部门的全体职工,根据计划年度本厂的战略目标和销售部门的具体任务,经过充分讨论,反复协商,确定计划期间应该发生的费用项目及其预计数额如下:

工资 12 000 元

差旅费 5 000 元

房租 8 000 元

广告费 12 000 元

办公费 3 000 元

培训费 9 000 元

②经过仔细分析,认为工资、房租属计划期间必不可少的费用开支,必须全额保证。同时将广告费、办公费、差旅费和培训费,根据历史资料进行成本—效益分析如下(见表 7.16)。

表 7.16　费用分析表

项目	所费(成本)/元	所得(收益额)/元	项目	所费(成本)/元	所得(收益额)/元
广告费	1	30	培训费	1	40
办公费	1	10	差旅费	1	20

③把上述费用项目按其与本部门及业务的关系,用成本—效益分析法进行分层和排序。

第1层次:工资和房租,是计划期间必不可少的,需要全额加以保证。

第2层次:根据效益率和计划期间的财力情况,按照从重到轻排列的顺序是培训费、广告费、差旅费和办公费。

由于销售部门在计划期间可动用的资金只有43 000元,所以根据以上排列的层次和顺序,编制销售部门费用预算如下:

第1层次,即必须全额保证的有:

工资　　　　　　　12 000元

房屋租金　　　　　8 000元

共计　　　　　　　20 000元

可分配用于第2层次各费用项目的预算资金还有23 000元,再按照成本效益率的比例进行分配,即:

$$培训费应分配的资金 = 23\ 000\ 元 \times \frac{40}{30 + 10 + 40 + 20} = 9\ 200\ 元$$

$$广告费应分配的资金 = 23\ 000\ 元 \times \frac{30}{30 + 10 + 40 + 20} = 6\ 900\ 元$$

$$差旅费应分配的资金 = 23\ 000\ 元 \times \frac{20}{30 + 10 + 40 + 20} = 4\ 600\ 元$$

$$办公费应分配的资金 = 23\ 000\ 元 \times \frac{10}{30 + 10 + 40 + 20} = 2\ 300\ 元$$

采用零基预算法编制费用预算时,因为要对所有的业务活动进行评价,所以工作量较大。但因为它是根据经济效益来衡量支出的必要性,没有框框束缚,所以能充分发挥各级管理人员的积极性和创造性,促进各个部门精打细算,量力而行,合理使用资金,提高资金的使用效益。

任务 5　滚动预算

【任务描述】通过本部分的学习,了解滚动预算的概念和编制方法。

【任务实施】

7.5.1 滚动预算的概念

滚动预算又称永续预算或连续预算,它是与定期预算相对应的概念。所谓定期预算,是指预算期间是固定的(一般是1年),并与会计年度相一致的预算。其优点是,由于这种预算期间与会计年度一致,便于预算执行结果的考核与评价。但是,这种预算也存在着以下缺点:

①定期预算经常是在其执行年度开始前的两三个月进行。在编制时,难于预测预算期的全部经营活动,特别是对预算期的后半期,往往只能提出一个较为笼统的预算,从而给预算的执行带来许多困难。

②预算中所规划的各种经营活动在预算期内经常会发生变化,而定期预算却不能及时调整,从而使原有的预算显得不相适应。

③在预算执行过程中,由于受预算期的限制,使管理人员的决策视野局限于剩余的预算期间的活动,从而不利于企业长期稳定地发展。

为了克服定期预算的缺点,在实际工作中可采用滚动预算。所谓滚动预算是指随着时间的推移和预算的执行,及时补充修订未来的预算,使预算自行延伸并始终保持一个固定期间的预算。滚动预算较之定期预算存在着工作量大的缺点,但也有如下优点:

①可以保持预算的连续性和完整性,使有关管理人员能从动态的预算中把握企业的未来,了解企业的总体规划和近期目标。

②可以根据前期预算的执行结果,结合各种新的信息不断调整或修订预算,从而使预算与实际情况相适应,有利于充分发挥预算的指导和控制作用。

③可以使各级管理人员始终保持对未来12个月甚至更长远的生产经营活动做出周密的考虑和全盘规划,确保企业各项工作有条不紊地进行。

7.5.2 滚动预算的编制

实际编制滚动预算时,通常采用长计划、短安排的方式进行。凡预算执行过1个月后,应根据前一月的经营成果,并结合执行中发生的新情况,对剩余的11个月加以修订,并自动后续1个月,重新编制新一年的预算。这样逐月向后滚动,连续不断地以预算的形式规划未来的经营活动。滚动预算形式如图7.2所示。

×1年预算										
1*月	2月	3月	4月	5月	6月	7月	8月	9月	10月	11月	12月

预算调整和修订

×1年预算										
2*月	3月	4月	5月	6月	7月	8月	9月	10月	11月	12月

预算调整和修订

×1年预算									
3*月	4月	5月	6月	7月	8月	9月	10月	11月	12月

第1次滚动

第2次滚动

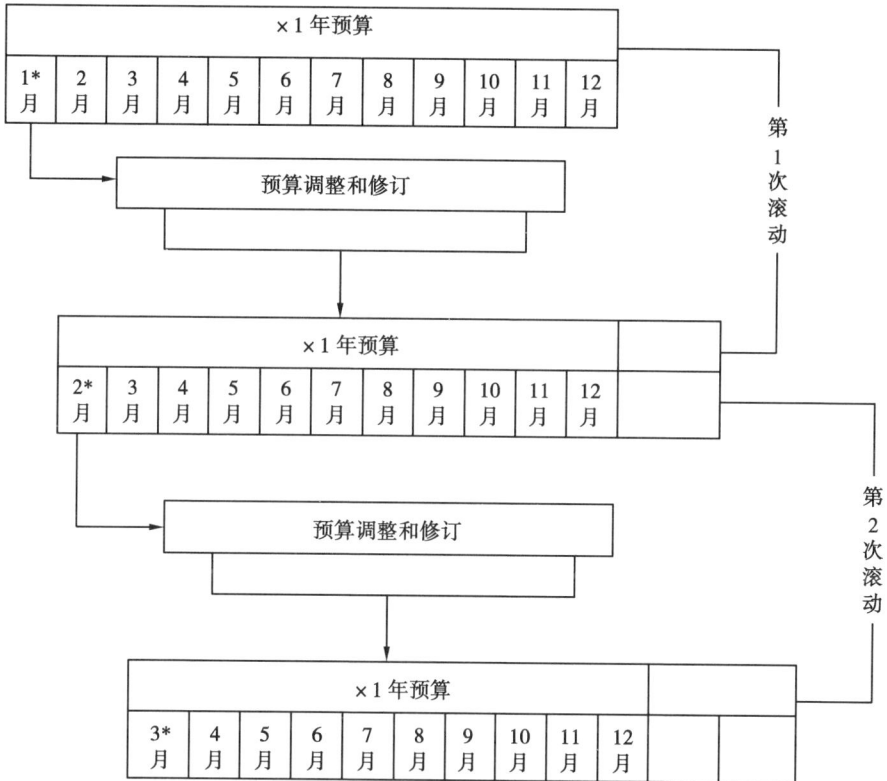

图7.2　滚动预算形式图

滚动预算的要点在于预算期与会计年度不一致,始终保持12个月或4个季度的预算。这一特征可用图7.3表示。

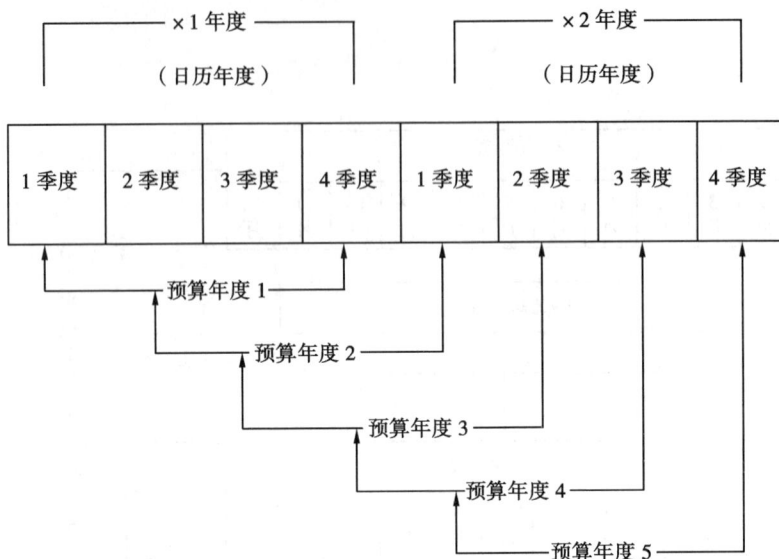

图7.3 滚动预算特征图

【项目小结】

全面预算是在预测、决策的基础上对企业生产经营活动的全部业务内容及其收支所作的基本假设,是用数字把企业的预期目标反映出来的文件。把企业经营决策所确定的各项具体目标,通过各种指标用数字集中而系统地反映出来,就是预算。

全面预算涉及企业生产经营活动的各个方面,包括销售、生产、行政管理以及财务等。一般企业的全面预算包括3类预算,即业务预算、专门决策预算和财务预算。

业务预算是企业预算的基础,它涉及企业日常发生的各项具有实质性的基本经济活动。它的内容包括:销售预算及预期的现金收入预算、生产预算、直接材料预算、直接人工预算、制造费用预算、期末产成品存货预算、销售与管理费用预算等。

专门决策预算是反映决策用的预算。它和业务预算、财务预算不同，是一种非常规的预算。专门决策预算包括投资决策预算、资金支出预算、研究和开发费用预算等。

财务预算是反映企业在计划期内现金收支、经营成果和财务状况的预算，包括现金预算、预计利润表和预计资产负债表。

编制全面预算的作用可以概括为：①明确奋斗目标；②协调各职能部门的工作；③为控制日常经济活动提供依据；④为评定实际工作成绩提供标准。

全面预算是以业务预算中的销售预算为基础编制的，所以，销售预算决定着商品生产数量预算和人工、设备、资金需要量预算以及行政管理和财务收支等其他预算。

销售预算的编制是企业全面预算编制工作的起点，基本内容包括预测的产品销售数量、销售单价、销售收入和预期的现金收入等。

生产预算的编制必须坚持以销定产原则，以销售预算为依据，也就是根据销售量确定生产量，并考虑合理的库存量。其主要内容有销售量、期初和期末产成品存货、生产量。生产量与销售量之间的关系如下式所示：

$$预计生产量 = 预计销售量 + 预计期末库存量 - 预计期初库存量$$

编制采购预算要考虑计划期间的期初与期末的库存材料水平。其计算公式如下：

$$预计材料采购所需金额 = 预计材料采购量 \times 材料单价$$

$$预计材料采购量 = 生产需要量 + 预计期末库存量 - 预计期初库存量$$

$$生产需要量 = 单位产品材料标准耗用量 \times 预计生产量$$

直接人工预算（人工成本）是根据生产预算中各个季度的预计生产量、单位产品直接人工小时以及每个人工小时的工资率分季计算的。通常，企业拥有不同工种和不同技术等级的工人，所以要分工种计算直接人工小时总数，然后分别乘以各工种的平均工资率，再加总求得预计直接人工成本的总数。直接人工成本的计算公式为：

$$各季度的直接人工成本 = 季度生产量 \times 单位产品人工小时 \times 小时工资率$$

制造费用是指车间成本中扣除直接材料、燃料、动力和直接人工部分以外的一切费用。制造费用必须按成本习性划分为变动费用和固定费用两类。变动制造费用以生产预算为基础编制。固定制造费用，需要逐项进行预计，通常与本期产量无关，按每季度实际需要的支付额预计，然后求出全年数。

管理与销售费用预算包括预算期内发生的制造费用以外的各项费用，根据历史资料和预计销售数量编制。

企业在确定生产预售之后,还应结合现有生产能力考虑长期规划,确定本期内是否必须增加工程项目和设备。如果需要开工或添置,就要编制专门决策预算。

现金预算是企业在预算期内的现金收支计划。现金预算包括可供使用的现金、现金支出、现金的余缺以及现金的筹集与运用4个组成部分。

预计资产负债表主要用来反映企业在计划期末预计的财务状况。它是以上年底的资产负债表为基础,根据计划年度的各业务预算、专门决策预算和现金预算编制的,它是编制全面预算的终点。

弹性预算,就是按照预算期内预计可能发生的几种不同业务量分别确定相应的数据的预算。这种预算可以随着业务量的变动而变动,所以也称可变预算。

零基预算是不考虑上期预算各项目的实际开支数额,而是以0为基数,根据本期各部门所要开展的业务项目,区分轻重缓急,划清层次,统筹安排,编制预算。

滚动预算又称永续预算或连续预算,它是与定期预算相对应的概念。所谓滚动预算是指随着时间的推移和预算的执行,及时补充修订未来的预算,使预算自行延伸并始终保持一个固定期间的预算。

【项目训练】

一、思考题

1.什么是全面预算?编制全面预算的作用是什么?

2.全面预算一般包括哪些内容?它们之间的关系如何?

3.如何编制企业的利润计划表(预计利润表)?

4.现金预算应根据哪些预算进行编制?它的作用是什么?

5.什么是弹性预算?它有哪些优点?

6.试述弹性预算的编制方法。

7.什么是零基预算?零基预算与传统增(减)量预算有哪些区别?

8.试述零基预算的编制步骤。

9.什么是滚动预算?它与定期预算相比有哪些优缺点?

二、练习题

(一)单项选择题

1.全面预算的关键和起点是(   )。

   A.生产预算   B.利润预算   C.销售预算   D.成本预算

2.下面有关全面预算的表述,正确的是(   )。

A. 全面预算根据"以产定销"的原则编制

B. 全面预算实际上是一整套预计的财务报表和相关附表

C. 预算委员会无权批准最终的预算

D. 全面预算不包括预计的现金预算

3. 在以下预算中,首先应当编制的是(　　　)。

A. 生产预算　　　B. 销售预算　　　C. 直接材料预算　　D. 直接人工预算

4. 下列各项中,属于业务预算的是(　　　)。

A. 管理费用预算　　　　　　　　B. 经营决策预算

C. 现金预算　　　　　　　　　　D. 预计利润表

5. 在下列各项中,考虑了预算期内不同业务量水平的预算方法被称为(　　　)。

A. 固定预算　　　B. 零基预算　　　C. 滚动预算　　　D. 弹性预算

6. 弹性预算属于(　　　)。

A. 滚动预算　　　B. 不确定性预算　　C. 确定性预算　　D. 概率预算

7. 如果预算中,预算期永远保持为一个固定期间,如 12 个月,这种预算的编制方法是(　　　)。

A. 固定预算方法　　　　　　　　B. 弹性预算方法

C. 滚动预算方法　　　　　　　　D. 定期预算方法

8. 生产预算的主要内容包括生产量、期初和期末产成品存货与(　　　)。

A. 工时量　　　B. 购货量　　　C. 销售量　　　D. 资金量

9. 与生产预算没有直接联系的预算是(　　　)预算。

A. 直接材料　　B. 产品生产成本　C. 销售及管理费用D. 直接人工

10. 制造费用预算的编制主要由(　　　)负责。

A. 销售部门　　B. 生产部门　　　C. 人事部门　　　D. 财务部门

(二)多项选择题

1. 全面预算涉及的内容包括(　　　)。

A. 专门决策预算　　　　　　　　B. 成本预算

C. 生产预算　　　　　　　　　　D. 现金预算

2. 直接材料预算的主要内容通常包括(　　　)。

A. 预期的现金支出　　　　　　　B. 预计采购量

C. 预计期末存货　　　　　　　　D. 预计期初存货

3. 弹性预算是(　　　)。

A. 固定预算　　　　　　　　　　B. 可变预算

C. 确定性预算   D. 不确定性预算

4. 下列项目中,属于弹性预算的优点是( )。

  A. 适应范围广   B. 使用时期长

  C. 各预算期预算相互衔接   D. 避免重复编制预算

5. 下列各项中,属于定期预算缺点的有( )。

  A. 盲目性   B. 滞后性   C. 复杂性   D. 间断性

6. 下列中有关零基预算的说法,正确的有( )。

  A. 它是以零为基础编制的

  B. 它有助于发挥各级管理人员的创造性,并节约大量费用

  C. 它以各项费用的现有支出为基础

  D. 它已被广泛采用并作为控制直接费用的一种方法

7. 直接人工预算列示了( )。

  A. 预计生产量   B. 各期的直接人工工时

  C. 各期的直接人工成本   D. 各期期初期末存货量

8. 下列各项中,预算编制期与会计年度相一致的有( )。

  A. 生产预算   B. 管理费用预算

  C. 经营决策预算   D. 现金预算

9. 现金预算中的现金支出部分包括( )。

  A. 材料采购支出   B. 直接人工成本支出

  C. 固定资产购置支出   D. 上交所得税

10. 全面预算中各类预算的编制期可以是( )。

  A. 短期   B. 长期

  C. 根据管理需要随时调整   D. 必须固定

(三)判断题

1. 预计资产负债表和预计利润表构成了整个的财务预算。   ( )

2. 弹性预算方法从理论上讲适用于编制全面预算中所有与业务量有关的各种预算,但从实用的角度看,主要用于编制弹性成本费用预算和弹性利润预算。

                                            ( )

3. 弹性预算只适用于编制利润预算。   ( )

4. 零基预算是一切以零为起点,从根本上来考虑各个费用项目的必要性及其开支的规模预算。   ( )

5. 业务预算、专门决策预算和财务预算一般由企业的财务部门负责编制。

                                            ( )

6. 生产预算是整个预算编制的起点,其他预算的编制都以生产预算为基础。

（　　）

7. 由于弹性预算是按预期可预见的不同业务量水平编制的,因而总可以在弹性预算中找到与实际业务量相同的业务量水平及其预算金额,便于对预算执行情况进行控制与考核。

（　　）

8. 现金预算以实物量指标总括反映经营活动和资本支出的结果。（　　）

9. 在现金预算中,必须反映在预算期内企业规划筹措用于抵补收支差额的现金,确保一定数额的现金余额,以及通过买入、卖出有价证券来调剂现金余缺等内容。

（　　）

10. 预计财务报表的编制程序是先编制预计资产负债表,然后编制预计利润表。

（　　）

（四）计算分析题

1. 永胜机械厂生产 A 产品,×3 年预计销售量为 25 000 件,每件售价为 20元。根据销售部门对历史资料的统计分析,其每年各季销售的比例为:第 1 季度占全年销售量的 20%,第 2 季度占全年销售的 25%,第 3 季度占全年销售量的 35%,第 4 季度占全年销售量的 20%。如果该厂商品销售货款的收回按以下办法处理:销售当季收款 80%,次季收款 15%,第 3 个季度收款 5%。

又假定 ×3 年的期初应收账款余额 23 000 元,其中包括上年度第 3 季度销售产品的应收账款 7 000 元,第 4 季度销售产品的应收账款 16 000 元。

要求:①计算该厂上年度第 3 季度、第 4 季度的销售总额。

②编制该厂 ×3 年的分季销售预算（包括各季度的预计现金收入计算表）。

2. 某公司第 3 季度销售预算如表所示。

销售预算

单位:元

项　目	预计销售金额	预期现金收入		
		7 月份	8 月份	9 月份
期初应收账款	52 500	（　　）	（　　）	
7 月份销售收入	100 000	（　　）	（　　）	（　　）
8 月份销售收入	150 000		（　　）	（　　）
9 月份销售收入	170 000			（　　）
期末应收账款	（　　）			
合　计	（　　）	（　　）	（　　）	（　　）

该公司销售货款当月可收回 55%,次月收回 30%,第 3 个月收回余额。

期初应收账款 52 500 元,其中 5 月份销售的应收账款为 12 000 元,6 月份销售的应收账款为 40 500 元。

要求:①计算 5 月份与 6 月份的销售收入。

②计算第 3 季度末应收账款。

③计算第 3 季度的预期现金收入,并填入上表括号内数字。

3. 假设期末现金最低余额为 4 000 元,银行借款起点为 1 000 元,贷款利率每年 6% ,还本时付息,于每季度初借入,每季度末偿还。其余资料见表所示。

现金预算

2012 年度   单位:元

项　　目	第 1 季度	第 2 季度	第 3 季度	第 4 季度	全年合计
期初余额	4 000	(　　　)	(　　　)	4 561	(　　　)
加:现金收入	(　　　)	16 300	17 700	(　　　)	65 900
可动用现金合计	16 800	(　　　)	22 620	(　　　)	(　　　)
减:现金支出					
采购材料	4 675	4 470	(　　　)	4 990	(　　　)
人工成本	6 780	7 380	7 980	(　　　)	30 660
费用	(　　　)	2 713	2 794	2 869	(　　　)
支付股息	1 000	—	—	(　　　)	(　　　)
购买设备	—	500	1 500	—	(　　　)
现金支出合计	(　　　)	15 063	(　　　)	(　　　)	(　　　)
现金收支差额	1 713	(　　　)	5 606	(　　　)	(　　　)
银行借款	(　　　)	—	—	—	3 000
偿还借款	—	(　　　)	1 000	(　　　)	(　　　)
利息	—	(　　　)	(　　　)	(　　　)	(　　　)
期末余额	(　　　)	(　　　)	(　　　)	(　　　)	(　　　)

要求:将表中带括号的空缺数据按其内在联系填补齐全。

项目 8 标准成本法

【项目概述】

通过本项目学习,了解标准成本、标准成本的种类、内容和标准成本的制定。掌握成本差异及成本差异的分析,熟悉成本差异核算账户,并能进行账务处理。

本项目包括4个任务:任务1,认知标准成本;任务2,标准成本的制定;任务3,标准成本差异的分析;任务4,成本差异的处理。

【学习引导】

有一家日本餐厅和一家中国餐厅都卖煮鸡蛋,两家餐厅的蛋都一样受欢迎,但日本餐厅赚的钱却比中国餐厅多,旁人大惑不解。专家对日本餐厅和中国餐厅煮蛋的过程进行比较,终于找到了答案。

日本餐厅的煮蛋方式:用一个长宽高各4厘米的特制容器,放进鸡蛋,加水(估计只能加50毫升左右),盖盖子,打火,1分钟左右水开,再过3分钟关火,利用余热煮3分钟。

中国人的煮蛋方式:打开液化气,放上锅,添进一瓢凉水(大约250毫升),放进鸡蛋,盖锅盖,3分钟左右水开,再煮大约10分钟,关火。

专家计算的结果:前者起码能节约4/5的水、2/3以上的煤气和将近一半的时间,所以日本餐厅在水和煤气上就比中国人节省了将近70%的成本,并且日本餐厅利用节省的一半时间提供了更快捷的服务。

思考:1. 比较两种煮蛋方式的成本差异,分析内在的原因?

2. 对企业进行成本差异分析,有何意义?

【项目分解】

任务 1　认知标准成本

【任务描述】通过本部分的学习,掌握标准成本的概念,了解标准成本的种类和作用。

【任务实施】

为克服实际成本计算系统的缺陷,特别是它不能提供有助于成本控制的确切信息的缺点,标准成本控制系统应运而生。该系统是指围绕标准成本的相关指标而设计的,将成本的前馈控制、反馈控制及核算功能有机结合而形成的一种成本控制系统。

实施标准成本系统一般有以下几个步骤:①制订单位产品标准成本;②根据实际产量和成本标准计算产品的标准成本;③汇总计算实际成本;④计算标准成本与实际成本的差异;⑤分析成本差异的发生原因,如果标准成本纳入账簿体系的,还要进行标准成本及其成本差异的账务处理;⑥向成本负责人提供成本控制报告。

8.1.1　标准成本的概念

标准成本是通过精确地调查、分析与技术测定而制订的,是用来评价实际成本、衡量工作效率的一种预计成本。在标准成本中,基本上排除了"浪费"因素,因此被认为是一种"应该成本"。标准成本和估计成本同属于预计成本,但后者不能衡量工作效率的好坏,只能在确定产品销售价格时使用。标准成本要体现企业的目标和要求,主要用于衡量产品制造过程的工作效率和成本控制,也可用于存货和销货成本计价。

"标准成本"一词在实际工作中有两种含义:

一种是指单位产品的标准成本,它是根据单位产品的标准消耗量和标准单价计算出来的,准确地说应称为"成本标准"。其计算公式如下:

成本标准 = 单位产品标准成本 = 单位产品标准消耗量 × 标准单价

另一种指实际产量的标准成本,是根据实际产品产量和单位产品成本标准计算出来的。其计算公式如下:

标准成本 = 实际产量 × 单位产品标准成本

8.1.2 标准成本的种类

1）理想标准成本和正常标准成本

标准成本按其制订时所根据的生产技术和经营管理水平,分为理想标准成本和正常标准成本。理想标准成本是以现有生产经营条件处于最佳状态为基础确定的最低水平的成本。这种标准成本是在假定材料无浪费、设备无事故、产品无废品、工时全有效的基础上制订的。它的要求过高,即使企业全体职工共同努力,也常常无法达到,因此它不宜作为现行标准成本。它的主要用途是提供一个完美无缺的目标,揭示实际成本下降的潜力。

正常标准成本是指在效率良好的条件下,根据下期一般应该发生的生产要素消耗量、预计价格和预计生产经营能力利用程度而制订出来的标准成本。在制订这种标准成本时,把生产经营活动中一般难以避免的损耗和低效率等情况也计算在内,使之切合下期的实际情况,成为切实可行的控制标准。要达到这种标准不是没有困难,但它们是可能达到的。从具体数量上看,它应大于理想标准成本,但又小于历史平均水平,是要经过努力才能达到的一种标准,因而可以调动职工的积极性。

2）现行标准成本和基本标准成本

现行标准成本指根据其适用期间应该发生的价格、效率和生产经营能力利用程度等预计的标准成本。在这些决定因素变化时,需要按照改变了的情况加以修订。这种标准成本可以成为评价实际成本的依据,也可以用来对存货和销货成本计价。基本标准成本是指一经制订,只要生产的基本条件无重大变化,就不予变动的一种标准成本。由于基本标准成本不按各期实际修订,不宜用来直接评价工作效率和成本控制的有效性。

8.1.3 标准成本在成本控制中的作用

在成本控制中运用标准成本所起到的作用,主要体现在以下几方面:

第一是便于分清各部门责任。由于标准成本的每个成本项目都采用单独的价格标准和数量标准,因而就可确定每个成本项目实际脱离标准的差异的责任归属,从而分清各部门责任。

第二是便于控制成本。成本差异是成本升降的数量反映。日常经济活动中,只有不断地计算与分析差异,才能找到成本升降的真正原因,以便进行成本控制。

第三是便于决策。标准成本是一种预定的成本目标,它剔除了各种不合理的因素,因此在确定产品售价和不同投资方案进行比较时具有重要参考价值。

第四是便于成本核算。采用标准成本,不必将全部生产费用按一定的标准在完工产品和在产品之间分配,可大大简化成本核算工作。

任务 2   标准成本的制定

【任务描述】通过本部分的学习,掌握直接材料标准成本、直接人工标准成本和制造费用标准成本的制定。

【任务实施】

标准成本包括直接材料标准成本、直接人工标准成本和制造费用标准成本3 部分内容。

制定标准成本,通常先确定直接材料和直接人工的标准成本,其次确定制造费用的标准成本,最后确定单位产品的标准成本。

在制定时,无论是哪一个成本项目,都需要分别确定其用量标准和价格标准,两者相乘后得出成本标准。其基本公式为:

每一成本项目标准成本 = 每一成本项目价格标准 × 每一成本项目用量标准

用量标准包括单位产品材料消耗量、单位产品直接人工工时等,主要由生产技术部门主持制定,同时,吸收执行标准的部门和职工参加。

价格标准包括原材料单价、小时工资率、小时制造费用分配率等,由会计部门和其他部门有关共同研究确定。采购部门是材料价格的责任部门,劳资部门和生产部门对小时工资率负有责任,各生产车间对小时制造费用率承担责任,在制定有关价格标准时要与他们协商。

无论是价格标准还是用量标准,都可以是理想状态的或正常状态的,据此得出理想的标准成本或正常的标准成本。下面介绍正常标准成本的制定。

8.2.1 直接材料标准成本的制定

直接材料的用量标准,采用统计方法、工业工程法或其他技术分析方法确定。它是现有技术条件下生产单位产品所需的材料数量,其中包括必不可少的消耗,以及各种难以避免的损失。

直接材料的价格标准,包括发票价格、运费、检验和正常损耗等成本,是取得材料的完全成本。

制定了材料的价格标准和用量标准后,可利用下述公式计算出单位产品耗用的直接材料的标准成本:

某单位产品耗用某种材料的标准成本 = 用量标准 × 价格标准 　　(8.1)

某单位产品的直接材料标准成本 = ∑该种产品所耗用的各种材料标准成本 (8.2)

表8.1是一个直接材料标准成本的实例。

表 8.1　直接材料标准成本

产品:A

标　　准	材料甲	材料乙
价格标准:		
发票单价/(元·千克$^{-1}$)	8	12
装卸检验费/(元·千克$^{-1}$)	0.4	0.6
每 kg 标准价格/元	8.4	12.6
用量标准:		
图纸用量/千克	6.4	9.2
允许损耗量/千克	0.8	0.6
单产标准用量/千克	7.2	9.8
成本标准:		
材料甲(7.2×8.4)	60.48	
材料乙(9.8×12.6)		123.48
单位产品标准成本/元	183.96	

8.2.2　直接人工标准成本的制定

直接人工的用量标准是单位产品的标准工时。确定单位产品所需的直接生产工人工时,需要按产品的加工工序分别进行,然后加以汇总。标准工时是在现有生产技术条件下,生产单位产品所需的时间,包括直接加工操作必不可少的时间,以及必要的间歇和停工,如不可避免的废品耗用工时等。标准工时应以作业研究和工时研究为基础,参考有关统计资料来确定。

直接人工的价格标准是指标准工资率。如果采用计件工资制,标准工资率是预定的每件产品支付的工资除以标准工时,或者是预定的小时工资;如果采用月工资制,需要根据月工资总额和可用工时总量来计算标准工资率。

制定了工时用量标准和小时工资率标准后,就可按照下面的公式制定出单位产品直接人工的标准成本。

单位产品直接人工标准成本 = 小时工资率标准 × 工时用量标准

表 8.2 是一个直接人工标准成本的实例。

表 8.2　直接人工标准成本

小时工资率	第 1 工序	第 2 工序
基本生产工人人数	100	120
每人每月工时(25 天 ×8 h)	200	200
出勤率	100%	100%
每人平均可用工时	200	200
每月总工时	20 000	24 000
每月工资总额	400 000	504 000
每 h 工资	20	21
单位产品工时:		
理想作业时间	9	10
调整设备时间	1	0.4
工间休息	0.4	0.4
其　他	0.2	0.2
单位产品工时合计	10.6	11
直接人工标准成本	212	231
合　　计	443	

8.2.3　制造费用标准成本的制定

制造费用的标准成本是按部门分别编制的,然后将同一产品涉及的各部门的制造费用标准加以汇总,得出整个产品制造费用标准成本。

各部门的制造费用标准成本分为变动制造费用标准成本和固定制造费用标

准成本两部分。

1)变动制造费用标准成本

变动制造费用的数量标准通常采用单位产品直接人工工时标准,它在制定直接人工标准成本时已经确定。

变动制造费用的价格标准是每一工时变动制造费用的标准分配率,它根据变动制造费用预算和直接人工总工时计算求得。其中,变动制造费用标准分配率计算公式如下:

变动制造费用标准分配率 = 变动制造费用预算总数/直接人工标准总工时

确定数量标准和价格标准之后,两者相乘即可得出变动制造费用标准成本:

变动制造费用标准成本 = 单位产品直接人工的标准工时 × 变动制造费用的标准分配率。

各车间变动制造费用标准成本确定之后,可汇总出单位产品的变动制造费用标准成本(见表8.3)。

表8.3　变动制造费用标准成本

部　　　门	第 1 车间	第 2 车间
变动制造费用预算:		
运　　输/元	4 000	9 600
电　　力/元	12 000	10 000
消耗材料/元	600	3 000
小　　计/元	16 600	22 600
生产量标准/人工工时	20 000	24 000
变动制造费用标准分配率	0.83	0.94
直接人工用量标准/人工工时	10.6	11
变动制造费用标准成本/元	8.8	10.34
单位产品标准变动制造费用/元	19.14	

2)固定制造费用标准成本

如果企业采用变动成本法计算,则产品成本中不包括固定制造费用,在这种情况下,不需要制订固定制造费用的标准成本,固定制造费用的控制则通过预算管理来进行。如果采用完全成本法计算,固定制造费用要计入产品成本,还需要确定其标准成本。

固定制造费用的用量标准与变动制造费用的用量标准相同,包括直接人工工时、机器工时、其他用量标准等,并且两者要保持一致,以便进行差异分析。这个标准数量在制订直接人工用量标准时已经确定。

固定制造费用的价格标准是其每小时的标准分配率,它根据固定制造费用预算和直接人工标准总工时计算求得。

$$固定制造费用标准分配率 = \frac{固定制造费用预算总额}{直接人工标准总工时}$$

确定了用量标准和价格标准之后,两者相乘,即可得出固定制造费用的标准成本:

固定制造费用标准成本 = 单位产品直接人工标准工时 × 每小时固定制造费用的标准分配率

各车间固定制造费用的标准成本确定之后,可汇总出单位产品的固定制造费用标准成本(见表8.4)。

表8.4 固定制造费用标准成本

部　　门	第 1 车间	第 2 车间
固定制造费用:		
折旧费/元	4 800	7 200
办公费/元	400	800
管理人员工资/元	2 000	2 800
合　　计/元	7 200	10 800
生产量标准/人工工时	20 000	24 000
固定制造费用分配率	0.36	0.45
直接人工用量标准/人工工时	10.6	11
部门固定制造费用标准成本/元	3.82	4.96
单位产品固定制造费用标准成本/元	8.78	

将以上确定的直接材料、直接人工和制造费用的标准成本按产品加以汇总,就可得出 A 产品标准成本卡如表8.5所示。

表8.5 A 产品标准成本卡

项　　目	标准用量	标准价格	标准成本 /(元·件$^{-1}$)
直接材料			183.96
材料甲	7.2 千克/件	8.4 元/千克	60.48

续表

项　　目	标准用量	标准价格	标准成本 /（元·件$^{-1}$）
材料乙	9.8 千克/件	12.6 元/千克	123.48
直接人工			443
第1工序	10.6 工时/件	20 元/h	212
第2工序	11 工时/件	21 元/h	231
变动制造费用			19.14
第1车间	10.6 工时/件	0.83 元/h	8.8
第2车间	11 工时/件	0.94 元/h	10.34
固定制造费用			8.78
第1车间	10.6 工时/件	0.36 元/h	3.82
第2车间	11 工时/件	0.45 元/h	4.96
单位 A 产品标准成本/（元·件$^{-1}$）			654.88

任务 3　　标准成本差异的分析

【任务描述】通过本部分的学习，掌握直接材料成本差异、直接人工成本差异、变动制造费用差异和固定制造费用差异等的分析。

【任务实施】

标准成本是一种目标成本，由于种种原因，产品的实际成本会与目标不符。实际成本与标准成本之间的差额，称为标准成本的差异，或称为成本差异。成本差异是反映实际成本脱离预定目标程度的信息。为了消除这种偏差，要对产生的成本差异进行分析，找出原因和对策，以便采取措施加以纠正。

直接材料、直接人工和变动制造费用都属于变动成本，其成本差异分析的基本方法相同。由于它们的实际成本高低取决于实际用量和实际价格，标准成本的高低取决于标准用量和标准价格，所以其成本差异可以归结为价格脱离标准造成的价格差异与用量脱离标准造成的数量差异两类。其计算公式为：

成本差异 = 实际成本 − 标准成本

　　　　 = 实际数量 × 实际价格 − 标准数量 × 标准价格

> = 实际数量 × 实际价格 − 实际数量 × 标准价格 + 实际数量 × 标准价格 − 标准数量 × 标准价格
> = 实际数量 × (实际价格 − 标准价格) + (实际数量 − 标准数量) × 标准价格
> = 价格差异 + 数量差异

有关数据之间的关系如下所示：

①实际数量 × 实际价格
价格差异
①−②

②实际数量 × 标准价格
数量差异
②−③
成本差异
①−③

③标准数量 × 标准价格

8.3.1　直接材料成本差异分析

直接材料实际成本与标准成本之间的差额，是直接材料成本差异。该项差异形成的基本原因有两个：一是价格脱离标准，二是用量脱离标准。前者按实际用量计算，称为价格差异；后者按标准价格计算，称为数量差异。

材料价格差异 = 实际数量 × (实际价格 − 标准价格)

材料数量差异 = (实际数量 − 标准数量) × 标准价格

例 1　本月生产产品 20 件，使用材料 900 kg，材料单价为 10 元；直接材料的单位产品标准成本为 400 元，即每件产品耗用 50 kg 直接材料，每 kg 材料的标准价格为 8 元。根据上述公式计算：

直接材料成本差异 = 实际成本 − 标准成本 = $[900 \times 10 - 20 \times 50 \times 8]$ 元

$= (9\,000 - 8\,000)$ 元 = 1 000 元

其中：直接材料价格差异 = $[900 \times (10 - 8)]$ 元 = 1 800 元

直接材料的数量差异 = $[(900 - 20 \times 50) \times 8]$ 元 = − 800 元

直接材料价格差异与数量差异之和，应当等于直接材料成本的总差异。

直接材料成本差异 = 价格差异 + 数量差异 = $(1\,800 - 800)$ 元 = 1 000 元

直接材料价格差异的责任归属一般是采购部门，但也不尽然，需进行具体地调查分析才能判明责任。决定价格的因素很多，诸如采购批量、供应者、交货方式、运输工具和运输距离、材料规格和质量、市场供求关系、是否紧急订购、有无

购货折扣等等。倘若采购部门能按照制定价格标准时的预期水准加以控制,则一般不会出现价格差异。但是也会出现某些采购部门无法控制的情况,例如市场供求变化引起的价格变动,就超出了采购部门的控制范围;又如由于生产上的临时需要而进行小批量采购或紧急采购时,因不能享受数量折扣或由陆运改为空运而引起的价格差异,则不应由采购部门负责,而应由生产部门负责。当然,对于因未能及时订货造成的紧急订货、采购时舍近求远使运费和运输途中损耗增加、违反合同被罚款等而产生的差异,则理应由采购部门负责。

材料数量差异是在材料耗用过程中形成的,大多是由于操作疏忽造成废品、废料增加、工人粗心大意而用料过多、新工人上岗而造成用料浪费等,所有这些均由生产部门负责,需立即采取有效措施,迅速予以纠正。材料数量差异有时也可能由于采购部门片面为了压低进料价格而购进质量低劣的材料而增加了废品,或因材料规格不符合要求而大材小用,以致造成用料过多,则应由采购部门负责;又如机器或工具不适用或工艺变更等导致用料增加,则应由设备、工艺技术等部门负责。

8.3.2　直接人工成本差异分析

直接人工成本差异是指直接人工实际成本与标准成本之间的差额。它也被区分为"价差"和"量差"两部分。价差是指实际工资率脱离标准工资率,其差额按实际工时计算确定的金额,又称为工资率差异。量差是指实际工时脱离标准工时,其差额按标准工资率计算确定的金额,又称人工效率差异。

工资率差异 = 实际工时 × (实际工资率 – 标准工资率)

人工效率差异 = (实际工时 – 标准工时) × 标准工资率

例2　本月生产产品 20 件,实际使用工时 950 h,支付工资 3 325 元;直接人工的标准成本是 180 元/件,即每件产品标准工时为 45 h,标准工资率为 4 元/h,按上述公式计算:

人工成本差异 = 实际人工成本 – 标准人工成本

$$= [3\,325 - 20 \times 180] 元 = -275 元$$

其中:工资率差异 = 950 × (3 325/950 – 4) 元 = 950 × (3.5 – 4) 元 = –475 元

人工效率差异 = (950 – 20 × 45) × 4 元 = (950 – 900) × 4 元 = 200 元

工资率差异与人工效率差异之和,应当等于人工成本总差异。可据此判断差异分析计算的正确性。

人工成本差异 = 工资率差异 + 人工效率差异 = (-475 + 200)元 = -275 元

直接人工工资率差异,通常应由劳动人事部门负责。工资率差异形成的原因,涉及直接生产工人升级或降级、奖励制度未产生实效、加班或使用临时工、出勤率变化等,原因复杂且较难控制。差异的具体原因也涉及劳动人事部门以外的生产部门或其他部门,应做详细调查分析才能判明责任。

直接人工效率差异的形成原因,包括工作环境不良、工作经验不足、劳动情绪不佳、机器或工具选用不当、设备故障较多、作业计划安排不当、产量太少无法发挥批量节约优势等。它主要是生产部门的责任,但也不是绝对的,例如材料质量不好,也会影响生产效率。

8.3.3 变动制造费用的差异分析

变动制造费用的差异是指实际变动制造费用与标准变动制造费用之间的差额。它也可以分解为"价差"和"量差"两部分。价差是指变动制造费用的实际小时分配率脱离标准按实际工时计算的金额,反映耗费水平的高低,故称为耗费差异。量差是指实际工时脱离标准工时,按标准的小时费用率计算确定的金额,反映工作效率变化引起的费用节约或超支,故称为变动制造费用效率差异。

变动制造费用耗费差异 = 实际工时 × (变动制造费用实际分配率 - 变动制造费用标准分配率)

变动制造费用效率差异 = (实际工时 - 标准工时) × 变动费用标准分配率

例3 本月实际产量 20 件,实际使用工时 950 h,实际发生变动制造费用 2 375 元;变动制造费用标准成本为 135 元/件,即每件产品的标准工时为 45 h,标准的变动制造费用分配率为 3 元/h。按上述公式计算:

变动制造费用成本差异 = 实际变动制造费用 - 标准变动制造费用

$$= (2\ 375 - 20 \times 135)元 = -325 元$$

其中:变动制造费用耗费差异 $= 950 \times (2\ 375/950 - 3)元 = 950 \times$

$$(2.5 - 3)元$$

$$= -475 元$$

变动制造费用效率差异 $= (950 - 20 \times 45) \times 3 元 = 150 元$

验算:

变动制造费用成本差异 = 变动制造费用耗费差异 + 变动制造费用效率差异

$$= (-475 + 150)元 = -325 元$$

变动制造费用耗费差异,是实际支出与按实际工时和标准分配率计算的预算数之间的差额。由于后者是在承认实际工时是必要的前提下计算出来的弹性预算数,因此该项差异反映耗费水平即每小时业务量支出的变动制造费用脱离了标准。耗费差异是部门经理的责任,他们有责任将变动制造费用控制在弹性预算限额之内。

变动制造费用效率差异,是由于实际工时脱离了标准,多用工时导致的费用增加,因此其形成原因与人工效率差异相同。

8.3.4 固定制造费用的差异分析

固定制造费用的差异分析与各项变动成本差异分析不同,其分析方法有"二因素分析法"和"三因素分析法"两种。

1)二因素分析法

二因素分析法,是将固定制造费用差异分为耗费差异和能量差异。

耗费差异是指固定制造费用的实际发生数与固定制造费用预算数之间的差额。固定费用与变动费用不同,不因业务量的变化而变化,故差异分析有别于变动费用。在考核时不考虑业务量的变动,以原来的预算数作为标准,实际数超过预算数即视为耗费过多,其计算公式为:

固定制造费用耗费差异 = 固定制造费用实际数 – 固定制造费用预算数

能量差异是指固定制造费用预算与固定制造费用标准成本的差额,或者说是实际业务量的标准工时与生产能量的差额用标准分配率计算的金额。它反映未能充分使用现有生产能量而造成的损失。其计算公式如下:

$$固定制造费用能量差异 = 固定制造费用预算数 – 固定制造费用标准成本$$
$$= 固定制造费用标准分配率 \times 生产能量 –$$
$$固定制造费用标准分配率 \times 实际产量标准工时$$
$$= (生产能量 – 实际产量标准工时) \times 固定制造费$$
$$用标准分配率$$

例4 本月实际产量 20 件。发生固定制造费用 2 850 元,实际工时为 950 h,企业生产能量为 22 件即 990 h。每件产品固定制造费用标准成本为 90 元/件,即每件产品标准工时为 45 h,标准固定制造费用分配率为 2 元/h。依上述公式计算:

$$固定制造费用成本差异 = 实际固定制造费用 – 标准固定制造费用$$
$$= (2\ 850 – 20 \times 90)元 = 1\ 050\ 元$$

其中:固定制造费用耗费差异 = $(2\,850 - 990 \times 2)$元 = 870 元

固定制造费用能量差异 = $(990 \times 2 - 20 \times 45 \times 2)$元 = 180 元

验算:

固定制造费用成本差异 = 耗费差异 + 能量差异 = $(870 + 180)$元 = 1 050 元

2)三因素分析法

三因素分析法,是将固定制造费用成本差异分为耗费差异、效率差异和闲置能量差异三部分。耗费差异的计算与二因素分析法相同。不同的是要将二因素分析法中的"能量差异"进一步分为两部分:一部分是实际工时未达到标准能量而形成的闲置能量差异;另一部分是实际工时脱离标准工时而形成的效率差异。其计算公式如下:

固定制造费用闲置能量差异 = 固定制造费用预算数 - 实际工时 × 固定制造费用标准分配率

= (生产能量 - 实际工时) × 固定制造费用标准分配率

固定制造费用效率差异 = 实际工时 × 固定制造费用标准分配率 - 实际产量标准工时 × 固定制造费用标准分配率

= (实际工时 - 实际产量标准工时) × 固定制造费用标准分配率

依例4资料计算:

固定制造费用闲置能量差异 = $[(990 - 950) \times 2]$元 = 80 元

固定制造费用效率差异 = $[(950 - 20 \times 45) \times 2]$元 = 100 元

三因素分析法的闲置能量差异(80 元)与效率差异(100 元)之和 180 元,与二因素分析法中的"能量差异"数额相同。

任务4　成本差异的处理

【任务描述】通过本部分的学习,了解成本差异核算应设置的账户,掌握各种成本差异的处理方法。

【任务实施】

8.4.1 成本差异核算应设置的账户

1)"原材料""生产成本"和"产成品"账户登记标准成本

通常的实际成本系统,从原材料到产成品的流转过程,使用实际成本记账。在标准成本系统中,这些账户改用标准成本,无论是借方和贷方均登记实际数量的标准成本,其余额亦反映这些资产的标准成本。

2)设置成本差异账户分别记录各种成本差异

在标准成本系统中,要按成本差异的类别设置一系列差异账户,如"材料价格差异""材料数量差异""直接人工效率差异""直接人工工资率差异""变动制造费用耗费差异""变动制造费用效率差异""固定制造费用耗费差异""固定制造费用效率差异""固定制造费用闲置能量差异"等。差异账户的设置,要同采用的成本差异分析方法相适应,为每一种成本差异设置一个账户。

在需要登记"原材料""生产成本"和"产成品"账户时,应将实际成本分离为标准成本和有关的成本差异,标准成本数据记入"原材料""生产成本"和"产成品"账户,而有关的差异分别记入各成本差异账户。

3)各会计期末对成本差异进行处理

当成本差异额不大时,可采用"结转本期损益法"处理成本差异。在会计期末将所有差异首先转入"主营业务成本"账户,再随同已销产品的标准成本一起转至"本年利润"账户。

8.4.2 成本差异账务处理实例

例5 假定ABC公司全年只生产1种产品,预计全月生产能量标准总工时为1 200工时,计划生产400单位的产品,本期售出300单位,期初无存货,单位售价为60元,其单位产品的标准成本资料(见表8.6)及其他资料如下:

表8.6　单位产品标准成本的有关资料

成本项目	价格标准	用量标准	标准成本
直接材料	2 元/千克	4 千克	8 元
直接人工	5 元/工时	3 工时	15 元
变动制造费用	4 元/工时	3 工时	12 元
合　　计			35 元

5月份该公司共生产该项产品400单位,全部完工入库,其实际发生的数据如表8.7所示。

表8.7　产品生产有关资料

摘　要	数　量	单　价	金　额
购入直接材料	2 000 千克	2.20 元/千克	4 400 元
耗用直接材料	1 560 千克		
耗用直接人工	1 300 工时	5.10 元/工时	6 630 元
支付变动制造费用			4 940 元

另外 ABC 公司5月份有关固定制造费用的有关资料如下:

预计生产能量标准总工时　　　　　　1 200 工时

实际耗用工时　　　　　　　　　　　1 300 工时

实际产量应耗标准工时(3×400)　　1 200 工时

固定制造费用预算总额　　　　　　　2 400 元

固定制造费用实际支付总额　　　　　2 600 元

①购入材料时:标准成本 = 2 000 × 2 元 = 4 000 元

　　　　　　实际成本 = 2 000 × 2.2 元 = 4 400 元

　　　　　　材料价格差异 = 2 000 × (2.2 − 2)元 = 400 元

借:原材料　　　　　　　　　　　　　　　　　　4 000

　　材料价格差异　　　　　　　　　　　　　　　400

　　　贷:应付账款　　　　　　　　　　　　　　　　4 400

②原材料领用时:应耗材料标准成本 = 1 600 × 2 元 = 3 200 元

　　　　　　　实际领料标准成本 = 1 560 × 2 元 = 3 120 元

　　　　　　　材料数量差异 = 3 120 − 3 200 元 = −80 元

借:生产成本   3 200

  贷:原材料   3 120

    材料用量差异   80

③生产中耗用人工成本:

标准成本 = 1 200 × 5 元 = 6 000 元

实际成本 = 1 300 × 5.1 元 = 6 630 元

人工工资率差异 = 1 300 × (5.1 − 5) 元 = 130 元

人工效率差异 = (1 300 − 1 200) × 5 元 = 500 元

借:生产成本   6 000

  工资率差异   130

  人工效率差异   500

   贷:应付工资   6 630

④实际支付变动制造费用:

借:变动制造费用   4 940

  贷:银行存款   4 940

⑤生产耗用变动制造费用成本:

标准成本 = 1 200 × 4 元 = 4 800 元

实际成本 = 4 940 元

变动制造费用耗费差异 = 1 300 × (4 940/1 300 − 4) 元 = −260 元

变动制造费用效率差异 = (1 300 − 1 200) × 4 元 = 400 元

借:生产成本   4 800

  变动制造费用效率差异   400

   贷:变动制造费用耗费差异   260

    变动制造费用   4 940

⑥实际支付固定制造费用:

借:固定制造费用   2 600

  贷:银行存款   2 600

⑦生产中耗用固定费用成本:

标准成本 = 1 200 × (2 400/1 200) 元 = 2 400 元

实际成本 = 1 300 × (2 600/1 300) 元 = 2 600 元

固定制造费用耗费差异 = (2 600 − 2 400) 元 = 200 元

固定制造费用闲置能量差异 = (1 200 − 1 300) × 2 元 = −200 元

固定制造费用效率差异 = (1 300 − 1 200) × 2 元 = 200 元

借:生产成本   2 400

    固定制造费用耗量差异   200

    固定制造费用效率差异   200

    贷:固定制造费用闲置能量差异   200

      固定制造费用   2 600

⑧完工产品入库。本月完工产成品 400 单位。按完成全成本法计算,完工产品标准成本:400×41 元=16 400 元

借:产成品   16 400

    贷:生产成本   16 400

【项目小结】

标准成本是通过精确地调查、分析与技术测定而制定的,是用来评价实际成本、衡量工作效率的一种预计成本。"标准成本"一词在实际工作中有两种含义:一种是指单位产品的标准成本;另一种是指实际产量的标准成本。

标准成本包括直接材料标准成本、直接人工标准成本和制造费用标准成本3 部分内容。制定标准成本时,无论是哪一个成本项目,都需要分别确定其用量标准和价格标准,两者相乘后得出成本标准。

成本差异是实际成本与标准成本之间的差额,直接材料、直接人工和变动制造费用都属于变动成本,其成本差异分析的基本方法相同。成本差异可以归结为价格脱离标准造成的价格差异与用量脱离标准造成的数量差异两类。

固定制造费用的差异分析有"二因素分析法"和"三因素分析法"两种方法。

二因素分析法,是将固定制造费用差异分为耗费差异和能量差异。三因素分析法,是将固定制造费用成本差异分为耗费差异、效率差异和闲置能量差异三部分。

【项目训练】

一、思考题

1.标准成本有哪几类? 标准成本的作用表现在哪些方面?

2.如何制定标准成本?

3. 如何开展成本差异的计算与分析？

4. 为什么通常把成本差异分为价格差异与数量差异两大类？哪些属于价格差异？哪些属于数量差异？

5. "材料价格差异应由采购部门负责，材料用量差异应由生产部门负责"，这句话对不对，为什么？

二、练习题

（一）单项选择题

1. 下列各项中，属于标准成本控制系统前提和关键的是（　　）。

    A. 标准成本的制定　　　　　　　　B. 成本差异的计算

    C. 成本差异的分析　　　　　　　　D. 成本差异的账务处理

2. 材料成本差异的基本构成包括消耗数量差异和（　　）。

    A. 效率差异　　　　　　　　　　　B. 耗费差异

    C. 价格差异　　　　　　　　　　　D. 闲置能量差异

3. 负责材料价格差异的部门一般是（　　）。

    A. 会计部门　　　　　　　　　　　B. 仓储部门

    C. 生产部门　　　　　　　　　　　D. 采购部门

4. 工资成本人工效率差异是由于存在（　　）。

    A. 实际工时与标准工时之差　　　B. 实际工时与定额工时之差

    C. 预算工时与标准工时之差　　　D. 实际工资率与标准工资率之差

5. 由于实耗工时脱离标准工时而引起的工资成本差异，称为（　　）。

    A. 人工效率差异　　　　　　　　　B. 工资率差异

    C. 生产成本差异　　　　　　　　　D. 生产能力差异

6. 在成本差异分析中，变动制造费用耗费差异的分析类似于（　　）。

    A. 直接人工效率差异　　　　　　　B. 直接材料价格差异

    C. 直接材料成本差异　　　　　　　D. 直接人工工资率差异

7. 已知固定性制造费用标准分配率为2元/小时。当月相关数据如下：实际发生固定性制造费用9 800元，实际工时为5 000小时，标准工时为4 800小时，预计应完成的总工时为5 600小时，则固定性制造费用的总差异为（　　）。

    A. 超支200元　　B. 节约1 200元　　C. 节约1 400元　　D. 超支400元

8. 以现有生产经营条件处于最佳状态为基础确定的最低水平的成本称为（　　）。

    A. 理想标准成本　　　　　　　　　B. 基本标准成本

    C. 平均标准成本　　　　　　　　　D. 现实标准成本

9. 最切实可行且接近实际的,被西方国家企业广泛采用的标准成本是( )。

  A. 理想标准成本   B. 基本标准成本

  C. 平均标准成本   D. 现实标准成本

10. 某企业4月份发生的预算差异为700元(不利差异),能量差异为500元(有利差异),实际发生的固定制造费用为18 000元,则实际产量的标准固定制造费用为( )。

  A. 8 700元   B. 17 800元   C. 17 300元   D. 17 500元

(二)多项选择题

1. 标准成本控制系统的内容包括( )。

  A. 标准成本的制定   B. 成本差异的计算与分析

  C. 成本差异的账务处理   D. 成本差异的分配

2. 产生材料价格脱离标准的原因可能会是( )。

  A. 延期付款,未获优惠   B. 购入低价材料

  C. 紧急订货   D. 运输途中损耗较大

3. 变动性制造费用差异可分解为( )。

  A. 耗费差异   B. 预算差异   C. 开支差异   D. 效率差异

4. 在进行标准成本差异分析时,形成直接材料数量差异的原因有( )。

  A. 操作疏忽致使废品增加

  B. 机器或工具不适用

  C. 供应厂家材料价格增加,降低材料用量

  D. 紧急订货形成的采购成本增加

5. 下列项目中,属于固定制造费用差异的是( )。

  A. 效率差异   B. 耗费差异   C. 闲置能量差异   D. 能量差异

6. 在进行变动成本差异分析时,形成直接材料数量差异的原因经常有( )。

  A. 操作疏忽造成废品和废料增加   B. 机器或工具不适用造成用料增加

  C. 新工人上岗造成多用材料   D. 紧急订货形成的采购成本增加

  E. 操作技术改进而节省材料

7. 下列变动成本差异中,可以从生产过程分析中找出产生原因的是( )。

  A. 变动制造费用效率差异   B. 变动制造费用预算差异

  C. 材料价格差异   D. 直接人工效率差异

8. 标准成本在实际工作中的含义可以是( )。

    A. 单位产品的标准成本   B. 计划产品的标准成本

    C. 基本产品的标准成本   D. 实际产量的标准成本

9. 影响变动制造费用效率差异的原因有( )。

    A. 工人劳动情绪不佳   B. 作业计划安排不当

    C. 加班或使用临时工   D. 出勤率变化

    E. 设备故障较多

10. 某厂生产甲种产品,同行业该种产品的平均销售利润率为8%,预计本年销售量为115万吨,甲种产品每吨售价1 800元,则甲种产品的目标单位成本计算不正确的是( )。

    A. 1 800元   B. 1 656元   C. 1 764元   D. 1 686元

(三)判断题

1. 在标准成本控制系统中,计算价格差异的用量基础是实际产量下的实际耗用量。   ( )

2. 成本差异是实际成本脱离标准成本的差异。   ( )

3. 价格差异中含着混合差异。   ( )

4. 变动制造费用效率差异实际上反映的是产品制造过程中的工时利用问题。   ( )

5. 固定制造费用的实际金额与预算金额之间的差异称之为能量差异。   ( )

6. 成本差异是指产品实际成本与标准成本的差额,凡是实际成本小于标准成本的差异数,即称为有利差异。   ( )

7. 在标准成本法下,期末结转超支或节约成本差异额都应计入有关成本差异科目的贷方。   ( )

8. 变动制造费用预算差异是实际变动制造费用支出与按实际工时和变动制造费用标准分配率的预算数之间的差额。   ( )

9. 现实标准成本从数额上看,它应当大于理想标准成本,但又小于历史平均水平。   ( )

10. 在材料成本差异分析中,价格差异总金额是根据单价偏差乘以"实际"用量计算的,而数量差异总额却是根据单耗偏差乘以"标准"价格计算的。   ( )

(四)计算分析题

1. 南方公司生产A产品,有关直接材料和直接人工的标准成本资料如下:

成本项目	价格标准	用量标准
直接材料	1.5 元/公斤	6 公斤
直接人工	8 元/工时	0.5 工时

6 月份实际发生的业务如下：

①购进直接材料 21 000 kg,实际支付 34 650 元。

②所购材料全部用于生产,共生产 A 产品 3 400 件。

③本月共耗用人工 1 600 工时,支付工资成本 13 000 元。

要求:①本月份材料价格差异与用量差异。

②计算本月份人工工资率差异与人工效率差异。

2.某公司为了控制成本指标,实行标准成本会计制度和弹性预算制度。以下是该公司在预计生产 15 000 件甲产品并耗用直接人工 45 000 工时情况下的标准成本资料：

直接材料	75 000 元
直接人工	180 000 元
变动制造费用	135 000 元
合　计	390 000 元

假定该公司本会计期间,实际耗用 49 000 工时,生产 16 000 件产品,其实际成本资料如下：

直接材料	？元
直接人工	208 000 元
变动制造费用	140 800 元
合　计	？元

又,该会计期间每件产品的实际成本与标准成本的差异为 0.80 元。

要求:①计算该会计期间直接材料的实际成本总额,以及甲产品的实际成本总额。

②计算甲产品人工成本的工资率差异与人工效率差异。

③计算甲产品变动制造费用的耗费差异与效率差异。

3. A 公司生产甲机器,2013 年 5 月共生产了 200 台,实际耗用 100 000 工时,平均每台甲机器耗用 500 工时,实际发生变动性制造费用 40 000 元,平均每工时 0.40 元。如果该公司变动性制造费用的标准分配率为 0.36 元/工时,单位甲机器耗用标准工时为 600 小时。

要求:①计算变动性制造费用的效率差异。

②计算变动性制造费用的耗费差异。

4. 某公司本年度的固定制造费用及其他有关资料如下:

固定制造费用预算数	120 000 元
固定制造费用实际支付数	123 400 元
预计产能标准总工时	40 000 工时
本年度实际耗用总工时	35 000 工时
本年度实际产量应耗标准工时	32 000 工时

要求:①计算固定制造费用的耗费差异和能量差异。

②计算固定制造费用的耗费差异,效率差异和闲置生产能力差异。

5. 某企业生产一种产品,其变动性制造费用的标准成本为 24 元/件(3 小时/件 ×8 元/小时)。本期实际产量 1 300 件,发生实际工时 4 100 小时,变动性制造费用 31 160 元。

要求:①计算变动性制造费用的成本差异;

②计算变动性制造费用的效率差异;

③计算变动性制造费用的耗费差异;

④如果固定性制造费用的总差异是 2 000 元,生产能力利用差异是 −1 500 元,效率差异是 500 元,计算固定性制造费用的预算差异。

项目 9 责任会计

【项目概述】

通过本项目学习,掌握责任会计、分级分权管理与责任中心的概念,了解制定内部转移价格的意义、种类和方法,熟悉成本中心、利润中心和投资中心的考评方法。

本项目包括5个任务:任务1,认知责任会计;任务2,成本中心的责任报告与业绩考评;任务3,估算项目投资的现金流量;任务4,实施长期投资决策;任务5,内部转移价格。

【学习引导】

正大集团公司2012年的经营业绩表现良好,销售总额达301亿元人民币,比2011年增长了8%。这快而稳的发展的背后,责任中心功不可没。正大集团公司在中国有40多个业务集团和合资企业,情况复杂且难以控制。为此,公司成立了多个责任中心,公司的责任中心主要分成两类:一类是利润中心,另一类是成本中心。各个业务集团一般都是利润中心,而各个集团服务部门都是成本中心。

作为利润中心的业务集团,其责任范围包括整个与业务集团经营相关的方面,例如销售、市场营销、生产、可能有的研发以及相关的行政管理方面。集团的总经理们对他们集团在中国经营的盈亏负全部责任,他们会做年度的预算,制订战略计划,其中包括新的投资以及对人力资源等方面进行调配。每个月他们都要提交盈亏报告、预算平衡表以及现金流状况报告。

作为成本中心的集团服务部门,其经理人一般要担负两方面的责任。以集团人事部为例,一方面要承担集团管理责任,为公司在中国制定各种人事管理的政策;另一方面要承担服务责任,为公司在中国进行招聘、为员工分配工资等。集团服务部门的总监对该部门的成本负全责,例如部门的预算情况以及本部门的资源配置情况。

通常情况下,集团服务部门和业务集团都有协议,服务部门的成本通过内部付费转移成业务集团的成本的一部分。具体费用有两种：一种是公司费用，包括集团服务部门日常运营所需的费用。业务集团可以通过比较透明的方式清楚地了解这类费用的具体数额。同时公司费用中也明确说明了工作职责，这样各个业务集团都能了解他们付出成本后能够从中获得什么。另一种是服务费用，是建立在实际所提供的服务基础上的。其中不仅有费用标准，而且还有质量标准。

服务部门控制成本固然重要，但更应该为了提高他们的工作质量而从成本和质量两方面来考查服务部门的绩效，就会更多地发现他们给公司带来的价值。

正大集团公司在中国的业务集团有很多，各个责任中心的目标持一致。在计划的阶段，各个业务集团自下而上呈报各自的而下地对这些计划进行检查、评估和控制，看各个集团的计划是否与公司总的方向一致。

思考：责任中心的设置在公司管理中发挥什么作用？

【项目分解】

任务 1　认知责任会计

【任务描述】通过本部分的学习，了解责任会计的概念，掌握各责任中心的划分方法。

【任务实施】

9.1.1　责任会计的概念

责任会计(Responsibility Accounting)是指以企业内部责任单位为主体，以责权利相统一的制度为基础，以分权为前提，以责任预算为控制目标的一种内部控制制度。这种使责、权、利有机结合起来的办法是保证实现企业总体目标的有效措施，能够最大限度地提高企业效益和企业竞争力。

任何一个企业的生产经营管理系统都是由若干个部门组成，并形成若干个层次。每个部门、层次之间都是通过各种业务活动紧密联系在一起的，不论哪个部门出现问题，都会影响整个企业生产经营活动的顺利进行。责任会计要求企业以可控责任为目标划分责任中心，然后编制每个责任中心的责任预算，并以责任中心为单位组织核算工作，最后通过预算与实际执行情况结果的比较，考核各个责任中心的业绩并予以奖惩。可见，责任会计制度实质上就是把企业的会计资料同各个责任中心紧密联系起来的信息系统。

9.1.2 分级分权管理与责任中心

1)分级分权管理

随着企业经营的复杂化、多样化和规模的不断扩大,企业高层管理既不可能了解生产经营活动的全部细节,也不可能为基层经理人员进行所有的决策。这样,除了非常小的企业外,绝大多数基层单位都被授予相应的管理责任。分级分权管理指在企业内部,将经营管理权限随着相应责任下放给基层管理人员的一种组织形式。企业规模越大,越复杂,分级分权管理的优点越明显,主要体现在以下几点:

①反应更迅速。在分权管理情况下,基层经理可以迅速地对客观情况作出反应,从而可以制定有效的决策。

②合理利用管理部门的时间。实行分权管理,可以将日常的管理问题交由基层经理处理,从而减轻高层管理人员的工作负担,把工作重点放在长远战略规划上。

③分解复杂问题。人们解决复杂问题的能力是有限的。有些问题太复杂,高层管理当局也无法处理,但分权制可以减少问题的复杂性,也就是把大的、复杂的问题划分为小的、相对容易的问题。

④有利于锻炼、评价和激励具体部门的经理人员。分权制能够使经理人员在制定决策方面受到锻炼,从成就感的角度来说,这可能是对经理人员的一种重要的激励。

2)责任中心

企业为了有效地内部协调与控制,通常都采用统一领导、分级管理的原则,根据企业组织结构的不同可以将整个企业逐级划分为若干个责任区域,也就是各个责任层次能够严格进行控制的活动范围,即责任中心(responsibility center)。责任中心是指有专人承担一定的经济责任,并具有相应管理权限和相应经济利益,能够对其经济活动进行严格控制的企业内部单位。责任中心受命完成某项特定的任务,并接受企业提供的为完成这些任务所需要的资源。

建立责任中心的关键是要分清责任和权限。各级管理人员对应该负责和能够控制的各种财务成本指标进行严格管理,对于不该管的和不能控制的指标则无须负责。权限不能交叉,否则,会出现各责任中心之间互相"扯皮"现象。同时,建立责任中心应将各个责任中心的经营目标与企业的总目标统一起来,确保经营目标的一致性。因此,在对责任中心进行考评时,应该注意他们的经营目标是否与企业的总体目标相矛盾。如有矛盾,应由管理当局进行协商调整。

建立责任中心是建立责任会计制度的首要问题。概括来说,建立责任中心必须满足以下条件:一是有承担经济责任的主体——责任者,二是必须有确定经济责任的客观对象——资金运动,三是必须有考核经济责任的基本标准——责任预算,四是必须具备承担经济责任的基本条件——职责和权限。凡不具备以上条件的单位和个人,不能构成责任实体,不能作为责任会计的基本单位。

责任中心按其责任者的责任范围不同,可以划分为成本(费用)中心、利润中心和投资中心。

任务2 成本中心的责任报告与业绩考评

【任务描述】*通过本部分的学习,了解成本中心的概念,掌握成本中心的责任报告与业绩考评方法。*

【任务实施】

9.2.1 成本中心的概念

成本中心是指有权发生并控制成本或费用,并对其成本和费用承担经济责任的单位。这类责任中心一般没有收入,故该中心既不计量和考核收入、利润、资金,也不对收入、利润或资金负责。

成本中心是企业最基础、最直接的责任中心。其应用范围最为广泛,任何对成本负有责任的单位都是成本中心。在工业企业中,上至工厂一级,下至分厂、车间、部门、班组,甚至个人都有可能成为成本中心,这些层级不同、规模不一的成本中心共同构成了逐级控制、层层负责的企业成本中心体系。

成本中心所负责的成本称为责任成本。责任成本是按责任中心进行计算的,其原则是:谁负责,就算在谁的头上。根据责任中心对成本的控制程度,可分为两类成本,一类是可控成本,另一类是不可控成本。可控成本是指责任中心能够计量、控制和调节所发生的某种数额的成本,而无法计量和控制的成本则属于不可控成本。对企业来说,所有成本都是可控的,但就某一局部来说,可控与不可控是一个相对概念。一个成本中心的可控成本往往是另一个成本中心的不可控成本。例如:在企业的加工车间,加工产品的材料是可控的。但由于材料质量有问题而造成的超定额消耗,成本中心则无法控制,而对于供应部门来说却又是可控的。而下一级成本中心的不可控成本,对于上一级成本中心来说,则往往是可控的。如生产班组的固定费用,对于生产班组来说虽属不可控,但对车间来说则是可控的。

一般情况下,可控成本都是直接成本,但直接成本并不都是可控成本。例如,构成产品实体的主要材料,对加工车间来说是可控成本,也是直接成本,而加工用的某种零配件,如果是其他厂制造供应的,虽然是直接成本,但不是可控成本。至于间接成本,因为是由几种产品或几个部门共同分担的成本,所以对某个责任中心来说,多数是不可控成本。分清可控与不可控成本,弄清直接成本和间接成本的可控性与不可控性,对于正确地计算责任成本,考评责任业绩有重要意义。在计算责任成本时,只计算可控成本,非可控成本不予考虑,其计算公式为:

$$责任成本 = \sum 各项可控成本$$

另外,广义的成本中心,还应该包括费用中心(Expense Center),它主要是指不进行生产而提供一定专业性服务的单位,如企业的办公室、行政部门、财务和人事部门等。也就是说,费用中心是以控制经营管理费用为主的责任中心。

9.2.2　成本中心的责任报告与业绩考评

由于成本中心只对成本负责,因而对成本中心评价与考核的重点是责任成本,即以可控成本为考评的主要内容。

对成本中心考核的唯一指标就是成本差异,差异的有利和不利是评价责任中心成本控制好坏的重要标准。如果实际成本小于预算成本,表明节约或顺差,其成本差异为有利差异,用 F 表示;若实际成本大于预算成本,表明超支或逆差,其成本差异为不利差异,用 U 表示。

成本差异可以从成本中心编制的绩效报告(如表 9.1 所示)中反映出来。绩效报告编制的程序是:首先在最底层的各成本中心进行归集、核算责任成本,继而编制绩效报告。低层次的绩效报告按照企业的责任层次逐级上报,高层次的责任中心将上报的责任成本汇总后加上本部门的可控成本再编制本中心的绩效报告。依次类推,直至最高层次的责任中心编制出绩效报告。

成本中心的绩效报告的项目只包括责任成本,其数额包括预算数、实际数和差异 3 项内容,指标可以用时间、金额或实物量。如果需要,可以增设"差异原因分析"栏,使报告更一目了然。绩效中的预算数是根据责任预算填列。实际数是从产品成本的计算资料取得,或成本中心设立的账户记录、归集的可控成本取得。值得注意的是,凡本责任中心可以控制并负责的成本,无论在什么地方发生都应计入本中心的账户。相反,虽然成本(费用)在本中心发生,却无法控制其支出,则不应记入本中心账户而应转给有关责任中心,但可以作为参考资料在绩效报告中列出,以便管理当局全面了解该成本中心在一定期间消耗的全貌。

应注意,各级责任中心绩效报告(最底层次除外)均应包括下级责任中心转来的责任成本和本身的可控成本,形成一条"责任链"。

表 9.1　某成本中心业绩报告

2013 年 3 月

单位:元

项　　目	预　　算	实　　际	差　　异
下属单位转来的责任成本:			
一工段	14 000	14 500	500(U)
二工段	15 000	16 000	1 000(U)
小　计	29 000	30 500	1 500(U)
本车间的可控成本:			
直接材料	1 800	1 820	20(U)
直接人工	3 200	3 160	40(F)
管理人员工资	2 000	2 000	—
设备折旧费	1 500	1 460	40(F)
设备维修费	900	1 050	150(U)
物料费			
小　计	9 400	9 490	90(U)
本车间的责任成本合计	38 400	39 990	1 590(U)

任务 3　利润中心的责任报告与业绩考评

【**任务描述**】通过本部分的学习,了解利润中心的概念,掌握利润中心的责任报告与业绩考评方法。

【任务实施】

9.3.1　利润中心的概念

利润中心是指对利润负责的责任中心。由于利润等于收入减去成本费用后的差额,故利润中心是既对利润,又对收入和成本费用承担责任的单位。它适用于企业管理中具有收入来源的较高层次,如分公司、分厂等,其内部机构完整,又有独立的产品和市场。在大的利润中心下面,一般还设有若干个小的利润中心。在利润中心内部可包括成本中心、费用中心和收入中心。许多企业的利润中心不分摊各个利润中心不能控制的共同成本。这样一来,利润中心的收入减去可控成本后的差额,就只是边际贡献,而不是利润或净利。那么,这样的利润中心实质上应该是"贡献毛益中心"。

利润中心可以是自然形成,也可以是人为划分。一个独立的企业在市场上出售产品或劳务,具有实际收入并获得利润的中心,称为自然利润中心。产品或劳务不在市场上出售,只在企业内部按内部转移价格单独核算,互相转账,从而取得"利润",并以此作为考评业绩的标准,这样的中心称为人为的利润中心。例如,化肥厂的合成氨车间,其产品在厂外销售,获得真正的收入和利润,所以它是自然利润中心。如果将合成氨作为原料作价转让给碳氨车间,这种情况下,合成氨车间则是人为的利润中心。由此可见,在一般情况下成本中心都可以转化成人为的利润中心,因为成本中心的产品和劳务总可以制定出合适的内部转移价格。

另外,对于利润中心不可控的成本或收入,虽然该成本中心收进或支付,但在考核其业绩时仍应剔除,转移给其他有关的责任中心。

9.3.2　利润中心的责任报告与业绩考评

对利润中心的考核是以税前利润和边际贡献为重点,考核的指标是利润差异或边际贡献差异,根据差异的有利或不利进行评价。考核的方法与考核成本中心的方法在形式上相似,只是包括的具体内容不同。利润中心的绩效报告是也称为"成果报告"(如表9.2所示)。按照与利润表相似的内容和顺序填列预算数、实际数和差异数3项内容。若利润和边际贡献的实际数大于预算数为有利差异,用F表示;若实际数小于预算数则为不利差异,用U表示。

利润中心业绩考核所涉及的公式为:

边际贡献＝销售收入－（变动成本性生产成本＋变动性销售和管理费用）

税前利润＝边际贡献－（利润中心发生的固定成本＋从上级分来的间接固定成本）

表9.2　某利润中心成果报告

2013 年 3 月　　　　　　　　　　　　　　　　　　　　　单位:元

项　　目	预　算	实　际	差　异
销售收入	145 000	144 000	1 000(U)
变动成本:			
变动生产成本	40 000	44 000	4 000(U)
变动推销及管理成本	30 000	27 000	3 000(F)
变动成本小计	70 000	71 000	1 000(U)
边际贡献毛利	75 000	73 000	2 000(U)
减:期间费用			
直接发生的固定成本	8 000	7 500	500(F)
上级分配来的固定成本	6 000	5 200	800(F)
期间费用小计	14 000	12 7000	1 300(F)
税前净利	61 000	60 300	700(U)

综上所述,若管理人员没有进行投资的决策权,那么利润就成为最综合的业绩计量标准。

任务4　投资中心的责任报告与业绩考评

【任务描述】通过本部分的学习,了解投资中心的概念,掌握投资中心的责任报告与业绩考评方法。

【任务实施】

9.4.1　投资中心的概念

投资中心是指既对成本、收入和利润负责,又对投资效果负责的责任中心。它比利润中心的规模更大,具有更大的职权,一般是企业的最高层次,如总公司、总厂、事业部等。投资中心以力求使企业获得最大利润和有效地利用资金为宗旨,拥有投资决策权和经营权。

为了正确地计算投资中心的投资效果,对于共同使用的实物资产必须划分清楚,共同成本也应按适当的标准进行合理分配,只有这样,才能符合责任会计的要求,比较准确地考核各个投资中心的经济效益。

成本中心、利润中心、投资中心三者既有联系,又有区别,他们的关系如图9.1 所示。

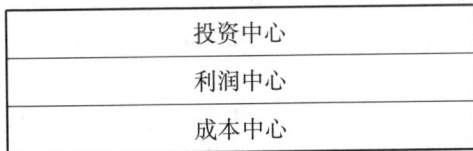

| 投资中心 |
| 利润中心 |
| 成本中心 |

图 9.1 责任中心的关系图

由上图可以看出,投资中心、利润中心、成本中心是 3 个形式独立的责任中心,但层次不同。最高层次是投资中心,其次是利润中心,最后是成本中心。成本中心只对成本负责,而利润中心和投资中心不仅对本中心的利润和投资负责,而且对其下级中心也承担责任。三者之间有着内在的联系。

9.4.2 投资中心的责任报告与业绩考评

1)投资中心的考核指标投资中心不仅对成本、利润负责,而且还要对企业占用的全部投资负责。因而对投资中心的考核除包括利润中心考核的内容外,还应包括对投资效果的考核。考核的指标主要是投资报酬率和剩余收益。考核的方法与考核利润中心的方法类似,即自下而上的由各利润中心进行核算、归集、汇总。将收入、成本、利润等指标集中在投资中心的绩效报告中列示反映。还要将投资报酬率、剩余收益等指标同时列出,并从预算和实际的比较中找出差异,看其是有利差异还是不利差异以便考核投资的效果。

投资报酬率和剩余收益是投资中心的两个重要指标,下面分别予以介绍。

①投资报酬率。投资报酬率也称投资利润率,是指投资所获得的利润与投资额的比率,是全面反映投资中心各项经营活动的质量指标。其计算公式为:

$$投资报酬率 = \frac{分部营业净利}{分部经营资产平均占用} \times 100\%$$

$$经营资产平均占用额 = \frac{期初经营资产 + 期末经营资产}{2}$$

营业净利润是指不扣除利息费用和所得税之前的净收益,即息税前利润(常称 EBIT)。

或者使用下面的公式:

$$投资报酬率 = \frac{销售收入}{经营资产} \times \frac{经营净利}{销售收入}$$

$$= 经营资产周转率 \times 销售利润率$$

投资报酬率不仅是投资中心的一个重要指标,而且也是整个企业及所属单位工作成果的一个综合性指标。合理地利用投资报酬率可以促使企业管理当局讲究投资策略、有效地利用资金、重视投资效果。但这一指标也有它的局限。有的企业为了单纯追求投资报酬率,可能会使某些投资中心只顾本身利益而放弃对整个企业有利的投资项目,造成投资中心的近期目标与企业的长远目标相背离。如:某投资中心的投资报酬率为20%,有一个项目的投资报酬率预计是15%,该企业的资金成本率为10%。显然,该投资中心为了自身利益不愿意接受这个项目,显然违背了企业的整体利益。而且,从控制的角度来说,由于管理当局固定费用的存在,投资利润率的计量不全是投资中心所能控制的,从而多少削弱了投资利润率指标的作用。为了消除这些不足,评价投资中心时,可以同时采用剩余收益指标。

②剩余收益。剩余收益也称剩余利润,是指企业(或投资中心)实现的利润扣除按规定的最低报酬率计算的经营资产收益之后的余额,最低报酬率一般等于或大于资金成本。公式为:

剩余利润 = 营业净利润 - (投资额×规定的最低报酬率)

剩余收益可用于全面评价与考核投资中心的业绩,投资中心将努力提高剩余收益,而不是尽量提高投资利润率,可有利于克服投资中心的狭隘的本位倾向。但投资利润率指标也有缺点,主要就是不便于规模不同的投资中心之间进行比较。

2)投资中心的业绩报告

投资中心的业绩报告,与利润中心相似,亦称为"成果报告"。除需列出销售收入、销售成本、营业利润的预算数、实际数和差异数以外,还要列出营业资产、投资报酬率、剩余收益等指标,以便对投资中心的业绩进行全面评价和考核。投资中心成果报告的基本形式如表9.3所示。

表9.3　某投资中心成果报告

2013 年 3 月

单位:元

项　目		预　算	实　际	差　异
销售收入		2 000 000	2 750 000	750 000(F)
销售成本		1 805 000	2 525 000	720 000(U)
营业利润		195 000	225 000	30 000(F)
营业资产平均占用额		750 000	900 000	+150 000
投资报酬率	销售利润率	6.5%	6%	0.5%(U)
	投资周转率	4 次	4.17 次	0.17 次(F)
	投资报酬率	26%	25%	1%(U)
剩余收益	营业利润	195 000	225 000	+30 000
	营业资产×最低报酬率(10%)	75 000	90 000	15 000
	剩余收益	120 000	135 000	15 000(F)

任务5　内部转移价格

【任务描述】通过本部分的学习,了解内部转移价格的意义、原则和作用,掌握制定内部转移价格的方法。

【任务实施】

企业内部经常出现相互之间提供产品和劳务的情况,也就是通常所说的内部转移。过去在企业内部经济责任划分不清晰、责权利模糊的情况下,内部转移不通过会计反映,是一本糊涂账。而在责任中心独立性越来越强的今天,只有正确地判断内部转移价格才能分清各责任中心的责任,考评业绩,正确地计算产品成本,为企业及各责任中心预测和决策提供可靠的依据。

9.5.1　制订内部转移价格的意义

内部转移价格是指企业内部各责任中心在生产经营活动中,由于相互提供产品或劳务而发生内部结转所采用的结算价格。内部结转价格使企业内部各责任中心成为交易的买卖双方,具有与外部市场价格相类似的作用。但内部转移价格与外部市场价格又有许多不同之处。如内部转移价格所影响的买卖双方都处在同一个企业中,在其他条件不变的情况下,内部转移价格制定得合理与否会影响到买卖双方的获利水平。

在责任会计中,制定内部转移价格一般要遵循以下两个原则:

①成本中心之间相互提供产品或劳务的内部结算,一般应以标准成本(或计划成本、定额成本)而不是实际成本。因为如果以实际成本作为内部转移价格,会造成单位之间功过转移现象;另外,实际成本的计算往往与产品的内部转移在时间上不具有一致性。实际成本与标准成本之间可能出现的差异,可由上级责任中心或会计部门进行调整。

②企业内部利润中心和投资中心涉及的产品或劳务的转移,应尽可能采用市场价格作为内部转移价格。因为利润中心和投资中心计算和考核的是实际利润,因此,应采用市场价格作为计价基础,这样才能使利润中心和投资中心的利润指标更加科学、更加符合实际。

9.5.2 制定内部转移价格的作用

企业内部的各个责任中心在生产经营中既相互联系,又相互独立地开展活动。内部转移价格作为企业内部各个单位之间经济活动的计量和表现,也是企业内部各单位负责人进行经营决策的重要依据之一。因此,企业之间必须做到"亲兄弟,明算账"。利益的区分必须从内部感情和行政归属的关系下解脱出来,内部转移应该通过正确的会计反映,按照经济规律来解决责任中心之间的利益问题。

在责任会计中,企业管理当局必须特别谨慎地制订合理的内部转移价格并且完善内部结算制度,原因是:

①便于企业管理当局明确划分各责任中心的经济责任,充分调动各责任中心的积极性。

②使管理当局对各个责任中心的业绩评价与考核能建立在客观的、可比的基础上,因而能正确地进行部门决策(如对某一责任中心的扩充、缩小或撤销等)。

③有助于实现企业内部各个单位的"目标一致",防止各个责任中心为了追求局部利益而致使企业的整体利益受到伤害。

9.5.3　制订内部转移价格的方法

企业应该根据各个责任中心业务活动的特点,正确制订企业的内部转移价格。通常,按照制订内部转移价格的基础不同,内部转移价格可以分为以下几种类型:

1) 市场价格

市场价格是企业外部同类产品或劳务的市场交易价格,它是计量产品内在经济价值的最好方法,比较客观公正。以市场价格作为内部转移价格,使得作为购入方的责任中心可以与从外界购入相比较,如内部转移价格高于现行的市价,可以向外界购入以降低成本。作为出售方的责任中心也是如此,应能做到从内部单位得到的收入比向外界出售得到的收入多。

通常认为,市场价格是制订内部转移价格的最好依据。因为市场价格避免了人为操纵,比较客观公正。而且,市价最能体现责任中心的基本要求,那就是在企业内部建立一个完全的市场竞争环境,换言之,也就是在企业内部引进市场机制,使其中每个利润中心实质上都成为独立机构,各自经营,最后通过利润指标来评价与考核他们的经营成果。

这种方法的局限性在于,如果某种产品或劳务没有形成比较确定的市场价格时不宜采用。而且,由于市场价格地不断变化,也给制订内部转移价格带来困难。因此,市场价格不宜于直接采用,而应该适当予以调整。

2) 协商价格

协商价格是指企业内部交易双方以正常的市场价格为基础,定期就转移中间产品的数量、质量、时间和价格进行协商,并确定一个双方都愿意接受的内部转移价格。如果直接以市场价格作为内部转移价格,实行起来会有一定的困难。比如市场价格波动较大,没有确定的市场价格为依据;产品提供给内部单位比对外销售通常可以节约较多的中间费用,但如果直接按现成的市场价格计价,这方面的节约将全部表现为卖方的工作成果,买方会得不到任何好处。为解决这些矛盾,企业就可以采用协商价格。如果企业内部供需双方通过协商仍不能达成一致意见,通常由上级管理部门研究决定。

可见市场价格只能作为制订内部转移价格的上限,至于具体价格则应由买卖双方参考市场价格协商议定。另外,当产品或劳务在没有市价的情况下,也只能采用议价的方式来决定。

3）成本价格

成本价格是指在没有现成的正常市价情况下,企业以产品或劳务成本作为内部转移价格,是制订内部转移价格最简单的方法。这里的成本可以有不同的理解,如全部成本、标准成本、变动成本等,不同的成本概念对内部转移价格的制订将产生不同的影响。

①标准成本。以标准成本作为内部转移价格结算有关责任中心之间的产品或劳务交易,能够避免转出单位的浪费和低效率转嫁给接受单位,而且有助于缩短成本计算和报表编制过程。中间产品的成本差异留在转出单位的账上,作为业绩考核的依据,从而有利于明确经济责任。但由于采用标准成本,使转出单位得不到任何利润,对转出单位不利。为弥补这方面的不足,可采用成本加成的方法来制订内部转移价格。

②完全成本。完全成本是指企业生产中间产品或提供劳务过程中所发生的实际生产成本。以完全成本作为内部转移价格,便于利用财务会计资料,简单容易。因为制订内部转移价格所需的全部成本资料可以从财务报表中直接得来,具有现成可用特点。但以完全成本为计价基础,会使提供中间产品的责任中心的低效率全部转嫁给其他有关责任中心,因此会影响转让双方控制成本的积极性和责任感,对加强成本管理不利。

③变动成本。以变动成本为内部转移价格结算有关责任中心之间产品成本或劳务交易,有助于接受单位迅速而准确地确定本中心有关产品的全部变动成本,同时还可促使有关责任中心在排除间接费用的不利影响下,尽量购买其他责任中心的产品,从而避免企业生产能力闲置和购买费用的增加。但是,以变动成本作为内部转移价格,会使提供产品的责任中心无法收回固定成本而发生亏损,不利于调动责任中心的积极性。

④成本加成制订转移价格。即根据产品的实际成本或标准成本,加上一定的合理利润作为计价基础。这里的成本可以是实际成本、变动成本,也可以是标准成本。采用这种转移价格,可以使产品转出的责任中心获取一定的利润,能够调动它们的生产积极性。但在实际工作中,制订加成利润时往往存在很大的主观随意性,容易出现偏差,需要管理当局审慎研究,妥善制订。

4）双重价格

双重价格是指企业内部交易双方分别采用不同的内部转移价格。这是因为内部转移价格主要是用来结算、考核各责任中心绩效的指标,故买卖双方所采用的转移价格并不需要完全一致。为此,可以采用双重内部转移价格来取代单一的内部转移价格。例如当某种产品或劳务在市场上出现不同价格时,买方采用最低的市价,卖方采用最高的市价(或成本加一定的利润);又如,卖方按市价或议价作为计价基础,而买方则按卖方的单位变动成本作为计价基础。对于双重价格造成的差额可以记录在一个专门的集中核算账户中,如"管理费用"。这样区别对待,可以较好地满足买卖双方在不同方面地需求,同时也可以激励双方在经营管理方面充分发挥其主动性与积极性。

【项目小结】

责任会计(Responsibility Accounting)是指以企业内部责任单位为主体,以责权利相统一的制度为基础,以分权为前提,以责任预算为控制目标的一种内部控制制度。责任会计制度实质上就是把企业的会计资料同各个责任中心紧密联系起来的信息系统。

责任中心是指有专人承担一定的经济责任,并具有相应管理权限和相应经济利益,能够对其经济活动进行严格控制的企业内部单位。责任中心受命完成某项特定的任务,并接受企业提供的为完成这些任务所需要的资源。建立责任中心必须满足以下条件:一是有承担经济责任的主体——责任者,二是必须有确定经济责任的客观对象——资金运动,三是必须有考核经济责任的基本标准——责任预算,四是必须具备承担经济责任的基本条件——职责和权限。凡不具备以上条件的单位和个人,不能构成责任实体,不能作为责任会计的基本单位。

责任中心按其责任者的责任范围不同,可以划分为成本(费用)中心、利润中心和投资中心。

成本中心是指有权发生并控制成本或费用,并对其成本和费用承担经济责任的单位。这类责任中心一般没有收入,故该中心既不计量和考核收入、利润、资金,也不对收入、利润或资金负责。成本中心所负责的成本称为责任成本。责任成本是按责任中心进行计算的,其原则是:谁负责,就算在谁的头上。

对成本中心考核的唯一指标就是成本差异,差异的有利和不利是评价责任中心成本控制好坏的重要标准。如果实际成本小于预算成本,表明节约或顺差,其成本差异为有利差异,用 F 表示;若实际成本大于预算成本,表明超支或逆差,其成本差异为不利差异,用 U 表示。

利润中心是指对利润负责的责任中心。由于利润等于收入减去成本费用后的差额,故利润中心是既对利润,又对收入和成本费用承担责任的单位。它适用于企业管理中具有收入来源的较高层次,如分公司、分厂等,其内部机构完整,又有独立的产品和市场。利润中心可以是自然形成,也可以是人为划分。

对利润中心的考核是以税前利润和边际贡献为重点,考核的指标是利润差异或边际贡献差异,根据差异的有利或不利进行评价。

投资中心是指既对成本、收入和利润负责,又对投资效果负责的责任中心。它比利润中心的规模更大,具有更大的职权,一般是企业的最高层次,如总公司、总厂、事业部等。投资中心以力求使企业获得最大利润和有效地利用资金为宗旨,拥有投资决策权和经营权。

投资中心的考核指标投资中心不仅对成本、利润负责,而且还要对企业占用的全部投资负责。考核的指标主要是投资报酬率和剩余收益。

投资报酬率。投资报酬率也称投资利润率,是指投资所获得的利润与投资额的比率,是全面反映投资中心各项经营活动的质量指标。

剩余收益。剩余收益也称剩余利润,是指企业(或投资中心)实现的利润扣除按规定的最低报酬率计算的经营资产收益之后的余额,最低报酬率一般等于或大于资金成本。公式为:

$$剩余利润 = 营业净利润 - (投资额 \times 规定的最低报酬率)$$

内部转移价格是指企业内部各责任中心在生产经营活动中,由于相互提供产品或劳务而发生内部结转所采用的结算价格。

内部转移价格可以分为以下几种类型:①市场价格;②协商价格;③成本价格;④双重价格。

【项目训练】

一、思考题

1. 什么是责任会计?

2. 什么是内部转移价格? 制订内部转移价格的基本方法有哪些?

3. 解释责任中心的概念,对其进行分类并简述它们之间的关系。

4. 什么是成本中心与利润中心? 它们的业绩评价和考核有什么不同?

5. 对投资中心业绩进行评价和考核有哪些指标? 其中最重要的两个指标有

什么关系？如何计算？

二、练习题

(一)单项选择题

1. 责任会计产生的客观要求是( )。

    A. 分权管理思想   B. 行为科学

    C. 管理科学   D. 内部会计控制思想

2. 责任会计产生的直接原因是( )。

    A. 行为科学的产生和发展   B. 运筹学的产生和发展

    C. 分权管理   D. 跨国公司的产生

3. 以各个责任中心为主体,以责、权、利相统一的机制为基础的是( )。

    A. 成本会计   B. 责任会计   C. 部门会计   D. 管理会计

4. 成本中心的业绩评价报告( )。

    A. 既要列示产品成本,也要列示责任成本

    B. 既要列示部门成本,也要列示产品成本

    C. 既要列示责任成本,也要列示部门成本

    D. 既要列示可控成本,也要列示不可控成本

5. 在责任会计系统中,处于责任中心最高层次的是( )。

    A. 费用中心   B. 成本中心   C. 利润中心   D. 投资中心

6. 在以成本作为内部转移价格中,( )法使提供产品和劳务的部门将其工作的成绩和缺陷全部不折不扣转给了使用部门,而使用部门本不应该对这些成绩和缺陷承担责任。

    A. 实际成本法   B. 标准成本法

    C. 标准成本加成法   D. 变动成本法

7. 当中间产品或劳务存在完全竞争的外部市场时,以其( )作为内部转移价格是比较合理的。

    A. 完全成本   B. 市场价格   C. 双重内部转移价格   D. 成本价格

8. 下列项目中,通常具有法人资格的责任中心是( )。

    A. 费用中心   B. 成本中心   C. 人为利润中心   D. 投资中心

9. 对投资中心理解正确的是( )。

    A. 只对投入的资产使用负责   B. 对投资和收入同时负责

    C. 对投资和利润负责   D. 对投资、利润、成本同时负责

10. 对没有收入的责任单位,可以称为( )。

    A. 投资中心   B. 利润中心

  C. 成本中心　　　　　　　　　　D. 不成为控制中心

（二）多项选择题

1. 下列各项中,属于责任会计制度内容的有(　　　)。

  A. 设置责任中心　　　　　　　　B. 编制责任预算

  C. 提交责任报告　　　　　　　　D. 评价经营业绩

2. 责任中心可以分为(　　　)。

  A. 成本中心　　　B. 资本中心　　　　C. 利润中心　　　　　　D. 投资中心

3. 成本中心的特点在于(　　　)。

  A. 考核重点在于其所发生的成本

  B. 不考虑其形成的收入

  C. 业绩考核和评价依据为标准成本

  D. 中心可以为企业提供一定的物质产品,但由于缺乏市场,故难以用货
    币表述其工作成果

4. 内部转移价格的种类有(　　　)。

  A. 双重价格　　　B. 成本加成价格　　C. 市场价格　　　　　　D. 协商价格

5. 以下说法正确的有(　　　)。

  A. 变动成本大多是可控成本

  B. 固定成本大多是不可控成本

  C. 可控成本可能是直接成本也可能是间接成本

  D. 凡从其他部门分配来的成本可以认为是不可控成本

6. 下列各企业内部单位中可以成为责任中心的有(　　　)。

  A. 分公司　　　　B. 地区工厂　　　C. 车间　　　　　　　　D. 班组

7. 责任中心成本与产品成本的不同之处包括(　　　)。

  A. 产品成本是按产品计算的,而责任中心成本是按责任中心计算的

  B. 产品成本是谁受益谁承担,而责任中心成本是谁负责谁承担

  C. 产品成本为考核不同产品的盈利性提供客观依据,而责任中心成本则
    反映责任预算的执行情况

  D. 从理论上讲,一个期间内全企业的产品总成本应不等于全企业的责任
    中心的总成本

8. 投资中心的业绩评价指标主要应包括(　　　)。

  A. 投资利润率　　B. 销售利润率　　　C. 剩余收益　　　　　D. 税后利润

9. 对成本中心要考核的指标是(　　　)。

  A. 可控成本　　　B. 不可控成本　　　C. 责任成本　　　　　D. 间接成本

E. 产品成本

10. 对利润中心重点考核的指标有( )。

A. 收入 B. 成本 C. 费用 D. 贡献毛益

E. 利润

(三)判断题

1. 责任会计的核算应以企业责任中心为对象,责任会计资料的收集、记录、整理、计算对比和分析等工作也都是按责任中心进行。 ( )

2. 各成本中心的可控成本之和是企业的总成本。 ( )

3. 凡可控成本必须是可以预计、可以计量、可以施加影响、可以落实责任的成本,否则为不可控成本。 ( )

4. 对企业来说,几乎所有的成本都可以被视为可控成本。 ( )

5. 一项对于较高层次的责任中心来说是不可控的成本,则对于其下属的较低层次的责任中心来说有可能是可控成本。 ( )

6. 可以计算其利润的组织单位,是真正意义上的利润中心。 ( )

7. 在一定时期内,对于各责任中心之间已经发生的内部交易来说,无论采用哪种内部转移价格核算,只影响到各相关责任中心之间的利益分配,不会改变企业总体利润的大小。 ( )

8. 责任中心的责任成本应包括可控成本和不可控制本。 ( )

9. 成本中心之间的转移价格是市场价格。 ( )

10. 利润中心居于成本中心和投资中心的中间层次。 ( )

(四)计算分析题

1. 某企业 A,B 分部的有关资料如下:

分部 A	金 额	分部 B	金 额
完工零件外售单价	13 元	完工产品单价	15 元
单位变动成本	5 元	单位变动成本	
边际贡献	8 元	分部 A:	5 元
		分部 B 加工费	4 元
		分部 B 销售费	3 元
		边际贡献	3 元

假定分部 A 固定性制造费用为 400 000 元,预计年产量为 100 000 件,每件

完全成本为:单位变动成本 5 元,单位固定成本 4 元(400 000/100 000),单位产品成本 9 元。

假定分部 A 有剩余生产能力,分部 B 正在考虑是否向分部 A 购买 15 000 件的零件继续加工,然后以 15 元的单价出售。

要求:①假定按照完全成本结转,分部 B 的经理是否愿意购买? 为什么?

②假定分部 B 的经理决定购买,对公司整体是否有利? 为什么?

2. 假定甲公司 2013 年的销售收入为 8 000 000 元,营业资产 3 200 000 元;乙公司 2013 年的销售收入为 1 000 000 元,营业资产为 200 000 元。若两个公司都希望投资报酬率均要达到 20%。

要求:分别计算甲、乙两个公司在 2013 年的销售利润率。

3. 假定某分部的经营资产为 400 000 元,经营净利润为 100 000 元。

要求:①计算分部的投资利润率。

②如果经营资产的成本率为 12%,该分部的剩余利润为多少?

③如果采用投资利润率来评价分部的业绩,预计对分部主观的行为有什么影响。

④如果采用剩余利润来评价分部的业绩,预计对分部主观的行为有什么影响。

4. 某总公司加权平均投资利润率为 18%,其所属 A 投资中心的经营资产平均余额为 400 万元,利润为 100 万元。现该投资中心有一投资项目,投资额为 50 万元,预计投资利润率为 20%。若该公司要求的最低投资报酬率为其加权平均投资利润率。

要求:①如果不考虑投资项目,计算 A 投资中心目前的投资利润率。

②如果按投资利润率来衡量,A 投资中心是否愿意接受这一投资项目?

③计算投资项目的剩余收益。

④如果按剩余收益来衡量,A 投资中心应否接受这一投资项目?

5. 某公司的预计投资报酬率为 15%,其所属企业的营业资产为 100 万元,其营业利润为 20 万元。

要求:①计算该投资中心的投资报酬率和剩余收益。

②假定对该企业追加投资 50 万元,预计营业利润可增长 40%,那么追加投资后的投资报酬和剩余收益是多少,并作简要分析。

项目 *10* 作业成本法

【项目概述】

通过本项目学习,了解作业成本法下的基本概念,作业水平的分类。掌握作业成本的执行步骤,熟悉传统成本法与作业成本法的差异,并能进行作业成本核算。

本项目包括4个任务:任务1,认知作业成本法;任务2,作业成本的基本概念;任务3,作业成本核算方法计算过程;任务4,作业成本法的应用。

【学习引导】

京航公司是一家以传感器与仪表设计制造为特色的现代新型高科技企业,也是中国航空机载行业的骨干企业。其产品都采用订单式生产,往往具有单价高、技术含量高和非标准性等特征。

2010年以前,京航公司成本核算采用的是传统成本核算模式。在核算产品成本时,将直接材料、直接人工归集到各产品上,对制造费用采用单一的数量分配标准,按各产品所消耗的直接人工工时进行分摊。而对于研发、设计、销售等所发生的耗费,则作为期间费用。

在这种传统的成本核算体系中,制造费用的分配标准过于单一,直接人工工时与制造费用的发生没有因果联系。随着京航公司与工时无关费用的快速增长,采用这种不具有因果关系的直接人工去分配制造费用,必定会产生虚假的成本信息。同时,由于航天系统技术上的特殊性,京航公司生产的产品必须完全根据客户的需要进行订单式生产。每一个客户,由于其所处环境及对技术要求的不同,往往需要不同规格、不同技术参数的产品,从而使得京航公司生产的产品呈现多样化。每种产品的规格差异较大,技术含量也参差不齐。在这种多品种生产环境下,传统成本计算方法容易低估高复杂程度、小批量产品的成本,而高估低复杂程度、大批量产品的成本。

随着国内外同行业厂商技术的提升、营销手段的不断更新,航空机载行业竞争越来越激烈,以往的行业高利润状况已经不复存在。京航公司高层管理人员充分认识到必须利用成本核算系统提供精确的信息,进行相关管理决策,包括产品设计决策、定价决策、业绩考评等,从内部着手,控制各种成本、费用,以低成本获得稳定利润,从而使公司保持行业领先地位。

思考:作业成本法在京航公司日常管理中发挥什么作用?

【项目分解】

任务1　认知作业成本法

【**任务描述**】通过本部分的学习,了解作业成本法的产生与发展,掌握作业成本法的基本原理。

【**任务实施**】

10.1.1　作业成本法的产生与发展

作业成本法(Activity Based Costing,简称为 ABC 法)是一种以"成本驱动因素"理论为基本依据,根据产品或企业经营过程中发生和形成的产品与作业、作业链与价值链的关系,对成本发生的动因加以分析,选择"作业"为成本计算对象,归集和分配间接费用的一种成本核算方法和成本管理制度。

作业成本法的产生,最早可以追溯到 20 世纪杰出的会计大师埃里克·科勒(Eric Kohler)教授。科勒教授最早于 1941 年在《会计论坛》上首先使用"作业"这一概念,他认为"作业"是一个组织、单位对一项工程、一个大型建设项目、一项计划及一项重要经营的各个具体活动所作出的贡献。科勒教授的作业会计思想主要是为了适应会计预算和控制的发展要求,在当时的实际工作中没有得到认可。后来,科勒教授在 1952 年编著的《会计师词典》(Dictionary for Accountants)中首次提出了"作业账户"(Activity Account)的概念。科勒教授对"作业账户"的解释是:"作业账户"是指某交易事项的收入或费用账户,该交易事项的作业主管人(Activity Supervisor)履行职责,施行控制。交易事项包括材料和各种服务,但属于他人责任范围的费用及其他事项不在该账户范围之内。"

1971 年,美国乔治·斯托布斯(George Staubus)教授在《作业成本计算和投入产出会计》(Activity Costing and Input-Output Accounting)中对"作业""成本""作业会计""作业投入产出系统"等概念作了全面系统的讨论,这是理论上研究作业会计最宝贵文献之一。斯托布斯认为"作业会计"（Activity Accounting）是一种和决策有用性目标相联系的会计模式。尽管理论界对此持冷淡态度，实务界也未采纳，但在作业会计理论框架形成中占有重要的地位。1988 年，集斯托布斯全部观点的新著《服务于决策的作业成本计算——决策有用性框架中的成本会计》（Activity Costing for Decisions：Cost Accounting in the Decision Usefulness）问世，引起了学术界的广泛关注。该书除收录了 1971 年的《作业成本计算和投入产出会计》外，还收录他在 20 世纪 80 年代对作业成本计算的几篇论述。学者们评价该书是作业成本理论的经典文献之一。

最早使用"ABC"这一术语的是 1986 年美国哈佛商学院的案例系列（John Deere Component Work。（A）and（B））。首先对"ABC"给予明确解释的是哈佛大学的青年学者罗宾·库珀（Robin Cooper）和哈佛大学教授罗伯特·卡普兰（Robert S. Kaplan）。1988～1989 年，库珀在《成本管理》杂志上陆续发表了有关 ABC 系统的兴起的四篇文章以及和罗伯特·卡普兰的合作，基本上对"ABC"的现实需要、运行程序、成本动因的选择、成本库的建立等作了全面的分析，他们的研究成果成为研究现代作业成本会计必须参考的重要文献。因此，罗宾·库珀和罗伯特·卡普兰被称为作业成本会计研究的急先锋。

1991 年詹姆斯·布林逊（James·A·Brimson）在《作业会计：作业基础成本计算法》（Activity Accounting：An Activity-Based Costing Approach）一书中提出了增值成本、不增值成本，同质成本以及适时制造成本等新概念，在理论和研究上将作业会计向前推进了一大步。另外，波特兰大学教授彼得·特尼（Peter·B·Turney）在 1991 年编写的专著《ABC 的功效：怎样成功的推行作业成本计算》（ABC Performance Breakthrough TM：How to Succeed With Activity-Based Costing）一书中系统研究了作业会计的核心概念——作业和成本动因，并首次将作业成本计算与企业管理联系起来。

作业成本会计的应用已由最初的美国、加拿大、英国，迅速传到亚洲、美洲以及欧洲国家。在行业领域方面，也由最初的制造行业扩展到商品批发、零售业、金融、保险机构、医疗卫生，以及会计师事务所、咨询类社会中介机构等。

10.1.2　作业成本法产生的背景

科技的进步、日益激烈市场竞争使得管理者必须获得更为准确的成本信息，在适时制（Just-in-time Production System，简称为 JIT）思想、成本管理与控制等因素的共同作用下，作业成本法应运而生。

1）间接成本增加

在传统生产方式下，制造费用所占比重较低，一般按照生产工时或机器小时进行分配，即使在分配中出现一些误差，也不会给成本信息带来太大的影响。20世纪70年代后，由于工艺技术进步，制造费用所占比例大幅上升，且其构成内容复杂。大多数间接费用与产量多少无关，而与一系列其他的成本动因相关，如顾客数、供应商数、服务次数、检验小时、订购次数等。例如，生产计划制定费用的成本动因是需要制订计划的生产批次而不是产量。若仍然以产品数量作为制造费用分配的唯一标准，其结果不可避免地会造成对成本信息的严重歪曲。

2）产品多样性增加

科学技术的进步不仅提高了社会生产力，促进了社会经济的发展。随着社会的富裕，人们可以支配的收入大大增加，人们要求产品"个性化"。这种社会需求的变化对企业提出了更高的要求，要求企业有较高的灵活性，及时向消费者提供多样化和富有个性的产品，以适应消费者多样化和快速多变的需求。与此相适应，一种柔性制造系统应运而生，使得适用于常规化、批量化产品生产的传统成本计算方法赖以存在的环境遭到破坏。

3）适时制生产

所谓适时制是指产品要按照顾客需要的时间准时生产出来并准时发送给顾客，即企业适时的将外购原材料或部件投入生产，然后在生产车间适时进行加工，再将产成品适时地提供给客户的一种生产组织形式。适时制生产系统是以客户需求拉动生产，以客户需求的产品为出发点由后向前的拉动式生产系统即倒流水式的"拉动方式"，而传统生产系统是一种由前向后的推动式的生产系统也即"推进方式"。在适时制下，生产布局以制造单元式布局替代传统的分车间部门或生产步骤布局。其布局的特点是：在一定时期内，每一单元只生产一种产品或性质相近的多种产品。这一特点使生产费用可归属性大大增强。由于产品的全部工序是在一个单元里完成的，在传统成本会计中被认为是间接费用的折旧费、修理费等，在适时制下都是构成产品成本的直接费用。

4）产品市场竞争

当市场竞争变得更激烈的时候，管理人员感到有必要获得更准确的成本信息，以帮助他们做出重要的决策，如怎样制定产品价格等。在竞争的市场上，制定正确的价格和产品组合决策是很关键的,因为竞争者会很快利用其他企业的错误。

10.1.3 作业成本法的原理

作业成本法的基本原理可概括为:产品消耗作业,作业消耗资源并导致成本的发生。作业成本法在成本核算上打破传统成本计算方法成本与产品数量这种唯一的依存关系,而是以作业为单位归集成本,并按作业动因分配给产品(如图10.1)

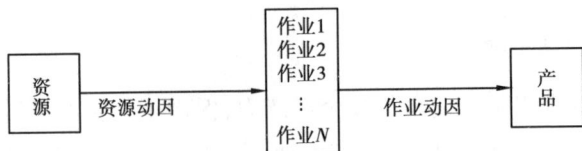

资源 —资源动因→ 作业1 作业2 作业3 ⋮ 作业N —作业动因→ 产品

图 10.1 作业成本法基本原理

例如,材料采购部门发生的"材料计划与订购"费用,它的多少与材料采购数量的多少没有直接关系,而是与所联系的供应商的数量有着直接关系。这样,可以将"材料计划与订购"定义为一个作业,发生的相关费用归集入"材料计划与订购成本库",以供应商数量作为作业动因,并以此为标准对"材料计划与订购成本库"归集的成本进行分配并计入产品。

任务2　作业成本的概念体系

【任务描述】通过本任务的学习,了解作业成本法的相关概念,掌握作业成本计算中的成本动因。
【任务实施】

10.2.1 作业

作业成本法的首要工作就是作业的认定。科勒教授认为:"作业是一个组织、单位对一项工程、一个大型建设项目、一项计划及一项重要经营的各个具体活动所做出的贡献"。詹姆斯.A·布林逊认为:"作业是企业为提供一定量的产品或劳务所消耗的人力、技术、原材料、方法和环境等的集合体"。综合起来,作业可定义为:作业是相关的一系列任务的总和,或指组织内为了某种目的而进行的消耗资源的活动。

作业的基本特征有3个:首先,作业是投入产出的因果连动体,即作业是表现为一种资源的投入和另一种效果的产出的过程,如生产作业,投入的是材料、人力等,产出的是产品;其次,作业活动贯穿于企业经营的全过程,从产品的研发设计到最终的销售可以看做是一系列作业的集合;最后,作业必须是可以量化的,即作业作为成本计算的一个重要因素,必须采用一定的计量标准进行计量。

作业成本法的基本思想是:在资源与产品之间引入作业作为中介,把企业的生产经营看作是由一系列前后有序的作业构成的集合体,以作业为中心进行费用的归集,再以产品对于作业的消耗量进行费用的分配,即作业消耗资源,产品消耗作业。

作业的类型和数量会随着企业的不同而不同。常见的分类方法是将作业按作业水平的不同,分为单位水平作业、批别水平作业、产品水平作业及维持水平作业4类。

①单位水平作业(Unit-Level Activities)是指每次生产每单位产品时所从事的作业。单位水平作业的成本应按比例地分配到所生产的产品单位数量中。例如,生产设备运行就是一项单位水平作业,因为机器运转所耗的电力与所生产的产品成比例变动。

②批别水平作业(Batch-Level Activities)是指生产每批产品而每次从事的作业。该作业不考虑一批中有多少个单位。例如,对每批产品的机器安装、订单处理、原料处理、检验及生产规划等。这种作业的成本取决于产品批别而不是取决于所生产的产品数量、所销售的产品数量或是其他数量,是该批产品所有单位产品的固定(或共同)成本。例如,一批产品中不论包括1件还是100件产品,机器设备的安装成本是相同的。

③产品水平作业(Product-Level Activities)是指与具体产品相关的作业。这种作业的目的是服务于各项产品的生产与销售。例如,对一种产品编制材料清单、数控规划、处理工程变更、测试线路等。这种作业的成本与单位数和批数无关,但与生产产品的品种成比例变动。

④维持水平作业(Facility-Level Activities)是指为维持工厂生产而从事的作业,例如工厂管理、暖气及照明及厂房折旧等。这种作业的成本,为全部生产产品的共同成本。

作业水平的分类能为作业成本信息的使用者和设计者提供帮助,因为作业水平与作业动因的选择有着内在关系。

10.2.2　成本动因(Cost Driver)

传统成本计算通常假定数量是唯一的动因,因而过分简化了成本的产生过程和核算过程。在高度人工密集型的企业里,这种简单假定不会过大地歪曲产品的成本。因为生产中涉及的主要成本是材料和人工,二者均可直接追溯至生产的单位数,而制造费用的影响相对较弱。然而,在今天高度自动化的企业环境里,情况则是大大的不同了。自动化意味着更高的折旧费用、动力和其他同机器相关的费用,这些费用大多为制造费用。显然,这种情况下以制造工人工时为基础分配制造费用将导致不准确的产品成本计算。这就要求必须寻求除人工工时之外的其他动因甚至可能是非数量动因,以便产品成本各组成项目"各得其所"地适用不同的动因,这无疑会改善制造费用分配,同时产生更为准确的产品成本计算。

在作业成本计算中涉及的动因有资源动因和作业动因。

1)资源动因(Resource Driver)

按照作业成本计算的规则:产品耗用作业,作业耗用资源。资源耗用量的高低与最终产品没有直接关系。这种资源消耗量与作业间的关系称作资源动因,资源动因联系着资源和作业,它把总分类账上的资源成本分配到作业。

以企业质检部门的工资为例,假定质量检验部门每月有一项资源消耗——100 000元的工资和奖金,该部门进行"外购材料的检验""在产品的检验"和"产成品的检验"三项作业。会计部门通过计算各作业消耗的人力把工资和奖金分配到各作业。这个计算的人力就是工资和奖金的资源动因。假定,人力的估计是由分配到每一作业的人数以及每一人在该作业上所花费的时间来决定。如果该部门2/10的人员把他们50%的时间花费对外购材料进行检验,那么人力的10%(2/10×50%)的工资和奖金,也就是10 000元(100 000×10%)就应分配到"检验外购材料"的作业。资源动因作为一种分配基础,它反映了作业对资源的耗费情况,是将资源成本分配到作业的标准。

2)作业动因(Activity Driver)

作业动因是分配作业成本到产品或劳务的标准。它们计量了每类产品消耗作业的频率,反映了产品对作业消耗的逻辑关系。例如,当"检验外购材料"被定义为一个作业时,则"检验小时"或"检验次数"就可成为一个作业动因。如果检验外购材料 A 所花的时间占总数的 30%,则作业"检验外购材料"成本的 30% 就应归集到外购材料 A。

作业动因与前述的作业分类有关。如是单位水平作业,则作业动因是产量;如是批别水平作业,则作业动因是产品的批量。当作业动因计量的耗费等于或接近于产品对作业的实际耗费时,则产品成本就能得到准确地核算。作业动因是产品和作业的联系,代表了产品或工艺的设计的改善机会。

3)资源动因与作业动因的区别和联系

从前面的介绍可以看出,资源动因连接着资源和作业,而作业动因连接着作业和产品。把资源分配到作业用的动因是资源动因;把作业成本分配到产品用的动因是作业动因。比如说,工资是企业的一种资源,把工资分配到作业"质量检验"的依据是质量检验部门的员工数,这个员工数就是资源动因;把作业"质量检验"的全部成本按产品检验的次数分配到产品,则检验的次数就是作业动因。

作业动因和资源动因也有混同的情况。当作业和产品一致,这时的资源动因和作业动因就是一样的。

10.2.3 作业中心和成本库

作业中心是一系列相互联系、能够实现某种特定功能的作业集合。如采购作业中,材料采购、材料检验、材料入库、仓储保管等都是相互联系的,都可以归于材料处理作业中心。

成本库是指由若干同质成本动因导致的费用项目归集在一起的特定的集合体。成本库以资源动因归集间接费用再以作业动因分配这些费用。如质检部门可以以"外购材料的检验""在产品的检验"和"产成品的检验"三项作业建立作业成本库,并以"外购材料检验次数""设备调整与准备次数""产品销售数量"为分配标准进行费用分配。作业成本法下,通过设置各种各样的成本库,并按多样化的作业动因对间接费用进行分配,使成本计算过程更为明细具体,也使成本计算的正确性和相关性大大提高。

任务 3 作业成本核算方法计算过程

【任务描述】通过本任务的学习,了解作业成本法的核心任务,掌握作业成本的计算。

【任务实施】

10.3.1 作业成本法的核心任务

作业成本法是把企业消耗的资源按资源动因分配到作业以及把作业收集的作业成本按作业动因分配到成本对象(产品)的核算方法。作业成本法的理论基础是:生产导致作业的发生,作业消耗资源并导致成本的发生,产品消耗作业。因此,作业成本计算下成本计算程序就是把各资源库成本分配给各作业,再将各作业成本库成本分配给最终产品或劳务。这一过程可以分为三个核心任务:

1)直接成本追溯

只要经济可行,就尽可能多地把成本划分为直接成本。这样会减少归入间接成本的数量。从而最小化成本必须分配而不是追溯的程度。

2)间接成本库

扩展间接成本库的数量直到每一个成本库内都是同质的。在一个同质的成本库里,所有的成本都与用做成本分配基础的单一作业动因有相同或相似的因果联系。

3)成本分配基础

只要可行,就可以用成本动因作为每一个同质的间接成本库的成本分配基础。

10.3.2 作业成本举例

为了更好地理解作业成本法,我们以案例的方式就一个企业分别采用传统简单成本法和作业成本法来对同一产品进行成本计算。

红星公司主要为洗衣机制造商提供两种洗衣机外壳,分别为经典外壳 C 和新式外壳 N,2013 年度 2 月,两种外壳的目标产量分别为 C 外壳 60 000 个,N 外壳 15 000 个,预计 C 外壳所耗制造工人工时为 30 000 小时,N 外壳所耗工时为 9 750 小时。

1)传统成本法计算产品成本

步骤 1:确定成本对象,成本对象为红星公司的 60 000 个外壳 C 和 15 000 个外壳 N。

步骤 2:确定产品的直接成本,红星公司确定外壳的直接成本为直接材料(其中外壳 C 为 1 125 000 元,外壳 N 为 675 000 元)和直接人工(其中外壳 C 为 600 000 元,外壳 N 为 195 000 元),其他成本归集为间接成本。

步骤 3:选择成本分配基础,用来给产品分配间接成本。红星公司选择直接制造工人工时作为唯一的分配基础来分配所有的间接成本。

步骤 4:确定与每个成本分配基础相关的间接成本。2013 年 2 月红星公司间接成本共 2 385 000 元。

步骤 5:计算每单位成本分配基础。以制造工人工时作为单一的分配基础,本年度制造工人工时总数为 39 750 小时,其中 C 生产所耗工时为 30 000 小时,N 所耗工时为 9 750 小时。则间接成本分配率计算为:

间接成本分配率 = 间接成本总成本/制造工人总工时
= 2 385 000 元/39 750 工时 = 60 元/工时

步骤 6:计算分配给产品的间接成本。

步骤 7:汇总分配给产品的直接成本和间接成本计算产品总成本,如表 10.1。

表 10.1　　　　　　　　　　单位:元

项　　目	经典外壳 C	新式外壳 N
直接材料	1 125 000	675 000
直接人工	600 000	195 000
直接成本合计	1 725 000	870 000
分配的间接成本	1 800 000	585 000
总成本	3 525 000	1 455 000
单位成本	58.75	97.00

2) 作业成本法计算产品成本

步骤 1:确定成本对象。成本对象是红星公司生产的 60 000 个 C 外壳和 15 000 个 N 外壳。红星公司的目标是先计算总成本,然后计算设计、生产和分销这些外壳的单位成本。

步骤 2:确定产品的直接成本。红星公司确定外壳的直接成本:直接材料成本、直接制造人工成本、模具清洗和保养成本。传统成本计算方法下红星公司把模具清洗和保养成本划分为间接成本并且使用直接制造人工工时把它们分配到产品上。然而,作业成本系统认为,这些成本能够作为批别成本直接追溯,因为每种外壳仅能用特殊的模具生产。新式外壳比经典外壳发生更多的清洗和保养成本,因为红星公司的新式外壳要比经典外壳生产更多的批次,而且新式外壳的模具更难清洗。直接制造人工工时并不是经典外壳和新式外壳消耗模具清洗和保养资源的一个好的成本动因,如表 10.2。

表 10.2　　　　　　　　　　　　　　　　单位:元

项　目	经典外壳 C	新式外壳 N
直接成本		
直接材料	1 125 000	675 000
直接人工	600 000	195 000
模具清洗和维护直接成本	120 000	150 000
直接成本合计	1 845 000	1 020 000

表 10.3　　　单位:元

作　业	作业成本库
设计	450 000
安装制模机器	300 000
机器运行	637 500
装运	81 000
分销	391 500
管理	255 000

步骤 3:为了给产品分配间接成本,选择使用作业作为成本分配基础。红星公司确定了 6 个作业:①设计;②安装制模机器;③机器运行;④装运;⑤分销;⑥管理,来进行成本分配。

步骤 4:以作业为中心,建立作业成本库并归集间接成本,如表 10.3。

步骤 5:对各项作业进行作业动因分析,导致成本发生的因素,如表 10.4。

表10.4   单位:元

作 业	作业动因		单 位
	经典外壳 C	新式外壳 N	
设计	30	70	零件平方尺
安装制模机	500	1 500	安装小时
机器运转	9 000	3 750	制模机器小时
装运	100	100	装运次数
分销	45 000	22 500	立方尺
管理	30 000	9 750	直接制造人工工时

步骤6:计算分配到产品成本上的间接成本,如表10.5。

表10.5   单位:元

作 业	总间接成本	成本动因分配率	经典外壳 C	新式外壳 N
设计	450 000	4 500	135 000	315 000
安装制模机	300 000	150	75 000	225 000
机器运转	637 500	50	450 000	187 500
装运	81 000	405	40 500	40 500
分销	391 500	5.8	261 000	130 500
管理	255 000	6.415 1	192 453	62 547

步骤7:汇总分配到产品上的直接和间接成本来计算产品的总成本,如表10.6。

表10.6   单位:元

项 目	经典外壳 C	新式外壳 N
直接成本		
直接材料	1 125 000	675 000
直接人工	600 000	195 000
模具清洗和维护直接成本	120 000	150 000
直接成本合计	1 845 000	1 020 000

续表

项　目	经典外壳 C	新式外壳 N
作业的间接成本		
设计	135 000	315 000
安装铸模机	75 000	225 000
机器运转	450 000	187 500
装运	40 500	40 500
分销	261 000	130 500
管理	192 453	62 547
分配的间接成本合计	1 153 953	961 047
总成本	2 998 953	1 981 047
单位成本	49.98	132.07

10.3.3　两种成本系统的比较

通过上述举例,我们将传统成本计算方法和作业成本法做一个比较,如表10.7,相对于传统成本计算方法,作业成本法做了3个主要的变化:①ABC系统追溯更多的成本作为直接成本,如模具清洗和保养;②ABC系统创建了和不同作业相联系的同质成本库,如设计作业间接成本等;③对每一个作业成本库,ABC系统都能找到一个和成本库的作业动因有因果联系的成本分配基础。如表10.7。

表 10.7　　　　　　　　　　单位:元

项　目	使用单一间接成本库的传统成本系统	作业成本系统	差　异
直接成本类			
	直接材料	直接材料	
	直接人工	直接人工	

续表

项　　目	使用单一间接成本库的传统成本系统	作业成本系统	差　异
		模具清洗和维护直接成本	
直接成本合计	2 595 000	2 865 000	270 000
间接成本类			
间接成本合计	2 385 000	2 115 000	− 270 000
分配到经典外壳 C 的总成本	3 525 000	2 998 953	− 526 047
经典外壳 C 单位成本	58.75	49.98	− 8.77
分配到新式外壳 N 总成本	1 455 000	1 981 047	526 047
新式外壳 N 单位成本	97.00	132.07	35.07

任务4　作业成本法的应用

【任务描述】通过本任务的学习,了解作业成本管理法的概念及相关内容、作业成本法的实施条件、作业成本法的局限性,掌握作业成本管理法的实施措施。

【任务实施】

激烈的市场竞争中,采用作业成本法计算能显著提高产品成本信息的准确性。然而,作业成本法的重要意义却远不仅局限于此。现在,越来越多的管理者正通过作业成本法,对企业的生产经营过程不断进行改善,进而提高企业的获利能力和竞争能力。

10.4.1 作业成本管理

1)作业管理法

作业成本法的应用,可以将管理者的目光更多的引向成本发生的成本动因上,而不仅仅是关注成本计算的结果。通过对作业成本的计算和分析,可以清晰地判断各项间接费用产生的原因,进而实施有效控制。所以,作业成本法不仅仅是一种成本计算方法,更是一种成本控制和企业管理的手段。在其基础上进行的企业成本控制和管理,称为作业管理法(Activity-based Management,简称ABM)。

基于作业成本法的视角,企业被看成是为最终满足顾客需要而设计的"一系列作业"的集合体,这些作业按照一定的规则形成一条由此及彼、由内到外的作业链。作业耗费资源,成本对象耗费作业,企业每完成一项作业都要消耗一定的资源,最终产品凝结了各个作业链上的价值。因此,作业链同时也表现为价值链。

管理者利用作业成本法提供的动态信息,将企业管理深入到作业链,通过优化作业链和控制作业消耗的资源,降低了作业成本,形成了"以作业为基础的管理",简称作业管理法(ABM)。作业管理法自始至终对所有作业进行分析与修正,比传统的以"产品"作为企业管理的起点和核心在层次上更加深化,是企业管理上的一次重大突破。

2)增值作业和不增值作业

实施作业管理法的首要任务就是划分增值作业和不增值作业。

增值作业(Value-added Activity)是指给顾客带来附加价值,因而能为企业带来利润的作业。如采购订单的获得、在产品的加工以及完工产品的包装等均为增值作业。

不增值作业(Nonvalue-added Activity)是指不能给顾客带来附加价值的作业,即没有该项作业也不会从产品的质量、外观和性能上对客户的使用造成实质影响。常见的不增值作业包括:存货中的存储、整理和搬运;生产中的待料停工以及机器维修停工;因质量问题出现的返修、重复检测等。

需要强调的是,不能简单地根据一个作业在产品生产过程中是否具有可消除性来判断其是否属于不增值作业。例如,原材料搬运作业通常不可能完全消除,但该作业属于不增值作业;相反,某些产品的包装作业具有可消除性,例如,可以不必对每支牙膏进行单独包装,采用散装方式向顾客销售,但是顾客往往不愿按带有包装产品的价格购买,所以,包装作业通常属于增值作业,尽管有时它具有可消除性。

3)对作业链的成本管理

作业管理法就是重构作业链,使其更为优化。这是一个较为复杂的过程,需要对企业的作业进行总体划分,根据企业实际情况重新构建作业流程。一般的改善措施大致包含以下内容:

①尽量消除不增值作业。企业应对所有不必要的作业予以消除,对于那些无法彻底消除的非增值作业,企业应最大限度地降低其成本及所消耗的时间。

在实际工作中,有些不增值作业从根本上是不能完全消除的,比如必要的质量抽检,零部件的运送。另外,不增值作业不一定是无用的工作,如机器维修和管理活动,虽然有用但是本身却不增加价值。

②改变产品工艺设计。改变工艺设计可以从许多方面着手,例如重新进行设计,以增加不同产品间零部件的通用性,或减少每件产品所需零部件的种类和数量。这样便可使生产过程的复杂程度降低,进而可以简化作业流程,缩短整个作业流程周期,降低总体作业成本。

③合理划分作业。合理划分作业的目的在于提高作业的总体效率。对于那些被划分过细,却又关系密切、属性基本相同的作业应予以合并。如果某个作业包含了不同类的业务,而这些业务中的每一项又具有一定的复杂性,那么,应该将该作业按业务的性质进行拆分。例如,"材料采购作业"中包含了"购货""验货"和"收货"3种不同性质的业务,因此可以按上述3种不同业务类型,相应分解为3项不同作业。

④改善作业流程。作业流程的改进原则上应使整个作业过程时间最短,并且成本最低。例如,通过改变作业地点布局来缩短产品间的传递距离,从而减少整个作业的时间消耗。通过增设"材料处理"作业,使得一系列加工作业效率大大提高,同时次品率又可大幅减少,废品损失成本大大降低。

10.4.2 作业成本法的实施条件

作业成本法是一个非常有用的管理工具,但正确地使用作业成本法应具备以下基本条件:

①企业提供的不同产品或服务在数量上和复杂程度上存在显著差异。如果企业的产品较少或生产过程比较简单,那么用传统的制造成本法即可满足需要。

②间接成本占总成本的比重较大。作业成本法的核算针对的是间接费用,如果间接费用比重太小,则实施作业成本法不符合成本效益原则。

③企业拥有良好的管理基础和高素质人才。作业成本法系统非常复杂,需要有大量的数据进行收集、整理、记录等,同时,作业划分的合理性也要求企业必须具备良好的管理基础和专业的实施人员。

④企业现有的成本核算系统不能满足内部管理需要。激烈的竞争迫使管理人员需要准确的成本信息进行相关决策,例如定价、投资、考核等。只有管理人员对传统成本核算系统提供的信息持怀疑态度时,管理人员才有动力去尝试新的成本核算系统。

⑤全员参与,领导挂帅。作业成本法涉及成本动因的确定、作业的分解以及业务流程的改进,牵扯到企业的各个部门、各个层次,需要各种专业知识和所有员工的参与。因此,作业成本法在实施过程中必须取得单位最高层领导和有关部门领导的认可和支持,做好全体员工的培训,提高全员的成本意识。

10.4.3 作业成本法的局限性

作业成本法对于管理者的战略决策是非常有帮助的,但是作业成本法的局限性也是企业在决定实施前必须关注的。

①作业成本法的执行需要耗费大量的资源,一旦执行,其维护成本远高于以直接人工为基础的传统成本制度的维护成本,与作业量有关的大量数据需要收集、检验和计入系统。有时,即使是准确性增加所带来的收益也可能难以弥补其成本。

②作业成本法依旧存在一定的主观判断成分。作业成本法在确定作业中心、资源动因和作业动因过程中,都需要一定程度的主观判断,另外有的数据确定也需要估计,这都会降低计算结果的准确性。

③作业成本法的数据容易被误解,分配计入产品、客户和其他成本对象中的成本与决策只是潜在的关联,因此在制定决策时需谨慎使用。在使用作业成本数据做出任何决策前,管理者必须确定哪些成本与正在制定的决策真正相关。

④作业成本法对于成本的确认,特别是间接成本的确认不符合企业会计准则。因此,执行作业成本的企业会有两套制度,一套供内部决策使用,一套为编制外部报告使用。这也会增加成本会计核算的成本,甚至会令人产生困惑,不知道哪一个制度更可信赖。

【项目小结】

作业成本法是一种以"成本驱动因素"理论为基本依据,根据产品或企业经营过程中发生和形成的产品与作业、作业链与价值链的关系,对成本发生的动因加以分析,选择"作业"为成本计算对象,归集和分配间接费用的一种成本核算方法和成本管理制度。

作业成本法的基本思想是:在资源与产品之间引入作业作为中介,把企业的生产经营看作是由一系列前后有序的作业构成的集合体,以作业为中心进行费用的归集,再以产品对于作业的消耗量进行费用的分配,即作业消耗资源,产品消耗作业。

作业成本法的核心任务是把企业消耗的资源按资源动因分配到作业以及把作业收集的作业成本按作业动因分配到成本对象(产品)的中去。这一过程可以分为三个核心任务:直接成本追溯、建立间接成本库、确定成本分配基础。

作业成本法的计算程序为:确认和计量各类资源的耗费;确认作业和作业中心,并建立作业成本库;确定作业成本动因,并确定各成本动因的分配率;分配作业成本,计算汇总各成本对象的成本包括总成本和单位成本。

作业成本管理是将企业管理深入到作业链,通过优化作业链和控制作业消耗的资源,降低作业成本的一种新的管理方法。

【项目训练】

一、思考题

1. 服务行业适用作业成本法吗? 为什么?
2. 你认为成功实施作业成本制度的关键是什么?

二、练习题

(一)单项选择题

1. 与单位产品产量相关的是哪种水平作业? (   )

    A. 批量水平作业   B. 单位水平作业

    C. 产品水平作业   D. 维持水平作业

2. 下列哪项不是作业成本法产生的原因? (   )

A. 产品的多样性　　　　　　　B. 间接费用的增加

C. 激烈的市场竞争　　　　　　D. 企业会计准则要求

3. 制造工人工时是属于哪种水平作业(　　)。

A. 产品水平作业　　　　　　　B. 单位水平作业

C. 批量水平作业　　　　　　　D. 客户水平作业

4. 由同质的成本动因组成的成本费用是指(　　)。

A. 作业　　　　B. 作业链　　　　C. 成本库　　　　D. 资源库

5. 要想降低批别水平作业成本,只能设法减少(　　)。

A. 作业的批次　　B. 变动成本　　　C. 单位成本　　　D. 总成本

6. 下列与企业整体管理水平有关的作业是(　　)。

A. 单位水平作业　　　　　　　B. 批别水平作业

C. 产品水平作业　　　　　　　D. 维持水平作业

7. 下列各项,属于产品水平作业的是(　　)。

A. 产品检验　　B. 产品模板制作　　C. 绿化作业　　　D. 财务管理

8. 能够反映作业量与资源耗费之间因果关系的是(　　)。

A. 资源动因　　B. 作业动因　　　C. 产品动因　　　D. 成本动因

9. 下列属于增值作业的是(　　)。

A. 仓储　　　　B. 返修　　　　C. 运送货物　　　D. 广告

10. 下列不是作业成本法核心的任务是(　　)。

A. 直接成本追溯　　　　　　　B. 间接成本库

C. 成本分配基础　　　　　　　D. 直接成本库

(二) 多项选择题

1. 作业成本法产生的现实原因是以下哪几种需求?(　　)

A. 产品的多样性　　　　　　　B. 制造费用的比重不断增加

C. 激烈的产品竞争　　　　　　D. 计算简单

2. 常用的作业分类方式,将作业水平分为(　　)。

A. 单位水平作业　　　　　　　B. 批别水平作业

C. 产品水平作业　　　　　　　D. 维持水平作业

3. 以下哪些内容是作业成本法独有的核心任务?(　　)

A. 直接成本追溯　　　　　　　B. 确定成本对象

C. 以作业为对象建立间接成本库　D. 以作业动因为基础分配间接成本

4. 在理想状态下,企业生产经营中的增值作业为(　　)。

A. 产品设计　　B. 产品交付　　　C. 机器维修　　　D. 客户调查

5. 作业成本法和传统成本法明显的区别是( )。

    A. 以作业中心来归集资源费用　　B. 计算作业消耗

    C. 根据品种对直接费用进行归集　D. 采用多元化的制造费用分配标准

6. 下列各项属于批别水平作业的是( )。

    A. 机器预热　　B. 机器调整　　C. 产品检验　　　D. 机器维修

7. 下列各项中,可作为间接人工的资源动因是( )。

    A. 人数　　　　B. 机器小时　　C. 检验次数　　　D. 装配数量

8. 作业成本法的应用包括( )。

    A. 价格决策　　B. 成本降低决策　C. 作业改进决策　D. 生产决策

9. 关于作业动因的说法正确的是( )。

    A. 反映产品产量与作业成本之间的因果关系

    B. 反映作业和费用之间的关系

    C. 对于一个作业,动因只有一个

    D. 作业动因必须是可以计量的

10. 对作业成本法描述正确的是( )。

    A. 是一种以作业为基础的成本核算和管理系统

    B. 是以作业为中心

    C. 是对各种作业所发生的各种间接费用采用不同的分配标准进行分配和计算

    D. 是对传统成本计算方法的一种革新

(三)判断题

1. 作业成本法确认间接费用的标准符合企业会计准则的规定,因此可以对外报告。 ( )

2. 作业成本法可以更准确的计算出产品成本,因此所有企业必须采用。 ( )

3. 劳动密集型企业,采用传统简单成本计算方法对产品成本正确性影响有限。 ( )

4. 通常,将资源消耗量与作业联系起来的是作业动因。 ( )

5. 批量作业水平既要考虑生产的批别,也要考虑每批别下产品的数量。 ( )

6. 一个作业只有一个作业动因。 ( )

7. 作业成本法和传统成本法都是对制造费用进行分配,前者的分配标准是多元化的,所以没有后者精确。 ( )

8. 本期发生的生产调度成本，其成本动因是生产批次。　　　　（　　）

9. 作业成本法适合简单、大批量生产中产生的制造费用分配。　（　　）

10. 作业成本法只是一种成本核算方法，而非成本管理方法。　　（　　）

项目 **11**   战略管理会计

【项目概述】

本项目主要介绍战略管理会计的基本内容和方法。通过学习，了解传统会计的局限性及战略管理会计研究的主要问题。结合案例分析掌握战略管理会计对传统投资决策的修正，并掌握结合竞争优势分析、价值链分析和成本动因分析等定性分析进行正确决策的思想和方法。

本项目包括3个任务：任务1，战略管理会计概述；任务2，战略管理会计研究的主要内容；任务3，战略管理会计对传统投资决策的修正。

【学习引导】

在激烈的市场竞争中，如果仅仅从财务会计或传统的管理会计角度出发来组织企业的生产运营，往往不能取得理想的效果，甚至会让企业误入歧途。例如，人民捷运（People Express）就曾在航空业掀起过一场价格战，但对手们的反应并不是还以颜色，而是为乘客提供更多的附加值，让他们觉得花了钱，但得到的实惠更多，几个回合下来，人民捷运黯然离场，由此可见，单纯地利用财务手段控制成本，缺乏了对市场竞争的正确认识，脱离了企业战略和实际运营的背景支持，往往实际效果并不理想，甚至会让企业走入歧途，带来失败的命运。

在发展迅速的IT行业中，计算机整机生产厂商们普遍陷入了鲜血淋漓的红海厮杀中，市场上的主流产品往往都应用着最前沿的技术，价格也居高不下。但不同品牌之间的区别，往往只在于价格的高低、外观的设计与售后服务等几个方面，企业能采用的财务和市场策略越来越同质化。同时，随着市场空间越来越拥挤，利润和增长的前途也越来越黯淡。就在这样的市场背景下，神舟电脑在"低成本高速度"的核心战略指引下，创造了"以供定产"和"限制成本"等成本控制方法，巧妙地将"低成本"这一财务政策的精髓运用到市场、渠道、供应链等企业运营的方方面面，从无到有，最终实现了企业发展的大跃进。

思考题：1. 企业面对全球性的国际大市场，仅使用财务指标来对评价投资项目做出评价与取舍是否可行？

2. 为提高和保持企业持久的竞争优势应该建立起怎样的成本管理体系？

【项目分解】

任务1　战略管理会计概述

【任务描述】通过本部分的学习,了解战略管理会计的发展和内涵,及其与传统管理会计的区别。

【任务实施】

11.1.1　战略管理会计的发展

20世纪50年代末,战略作为"手段"或"方法"的代名词开始进入管理领域,成为企业管理学中的一个范畴,一般是指企业为实现其宗旨和长期目标,使用的一种比较宽泛和基本的计划方法。

战略管理是管理者确立企业长期目标,在综合分析所有内外部相关因素的基础上,制定达到目标的战略,并执行和控制整个战略的实施过程。进入20世纪80年代,行为科学、竞争对手分析、购并战略、全球化战略、信息技术和生产技术的发展,拓展了战略管理的范围,完善了战略管理的理论,丰富了战略管理的内容。

企业战略管理的过程一般包括三个阶段:即战略的制定、战略的实施、战略的评价和控制。

可见,企业管理过程包括了从企业内部和外部环境因素的分析到对企业战略管理的结果进行评价和控制的一系列活动。为了制定企业战略,高层管理者必须分析企业的内外环境,明确企业的优势、劣势、机会和威胁。

由于企业所处环境日益复杂多变,战略管理的关键就是要在不断审视企业内外环境变化的前提下,寻求一个能够利用优势,抓住机会,弱化劣势和避免、缓和威胁的战略。管理者根据对企业优势、劣势、机会和威胁的分析、比较,明确企业的宗旨,树立企业的目标,选择企业的战略,制定企业的政策,这就是企业战略制定阶段的主要内容。

企业战略确定以后,首先要建立一个战略实施的计划体系,其中包括各种行动方案、预算、程序,目的是将企业战略具体化,使之在时间安排和资源分配上有所保障。然后,要根据新战略来调整企业的组织结构、人员安排、领导方式、财务政策、生产管理制度、研究与发展的政策、企业文化等,目的是通过这些战略措施使企业战略的实施更有效率。

对企业战略管理的过程和结果要及时地进行评价。通过评价所得到的信息要及时、准确地反馈到企业战略管理的各个环节上去,以便企业的各级领导者采取必要的纠正行动。

造成战略实施的进度和结果与原来计划不同的原因是多方面的。如果造成这种偏差的原因是因为企业内外环境中的关键因素发生了重大和根本性的变化,那么整个企业战略都要重新制定。

随着战略管理理论的发展和完善,著名管理学家西蒙于1981年首次提出了"战略管理会计"一词。他认为战略管理会计应该侧重于本企业与竞争对手的对比,收集竞争对手关于市场份额、定价、成本、产量等方面的信息。

战略管理会计研究的主要内容应包括:市场份额的评估,战略预算的编制(把本企业和竞争对手的信息按多栏式预算格式加以对比反映),竞争地位的变化研究(以企业现有状态为起点,改变资本结构或定价策略将会给企业竞争地位造成的影响)等。

到了20世纪80年代末,西方会计界人士提出,既然战略管理会计源于企业战略管理,那么,不同的企业战略所要求的战略管理会计的侧重点也不同。比如,1978年,迈尔斯和斯诺按照企业对外部环境变化所持的不同战略,把企业分为4类:

防卫者——一般选择需求量不大且稳定的产品市场作为企业的目标市场,由于市场相对稳定,企业专注于降低成本和提高质量;开拓者——时刻寻找市场机会以求发展,对他们来说,灵活性比效率、利润率更重要;分析者——是前两者的结合,在主要生产传统产品的同时,不断开发新产品和新顾客;被动者——不能有效地对外部环境的变化作出反应,往往在竞争中以失败告终。

1987年,西蒙以调查问卷的形式,访问了防卫者和开拓者。他发现在持防卫者战略的企业中,战略管理会计并不十分注重对预算的编制和控制,而是侧重于研究影响战略的不确定因素,如产品或技术的变化对企业现行低成本的影响;在持开拓者战略的企业中,战略管理会计极为重视预测数据、设立严格的预算目标以及控制产品产量,对成本的控制则比较疏松。

1989年,杉克对迈克尔·波特竞争优势分析中提出的低成本战略和高差异战略所做的调查显示:在持低成本战略的企业中,战略管理会计侧重于使用传统成本会计,他们用标准成本评价部门业绩,用产品成本作为定价和编制弹性预算的基础,力求完成预算目标,并重视分析竞争对手的成本;在持高差异战略的企业中,战略管理会计注重市场营销部门的成本——效益分析,认为市场营销是企业成功的关键因素,而预算控制和标准成本则放在次要位置。

从以上的分析不难看出,战略管理会计是与企业战略管理密切联系的,它运用灵活多样的方法收集、加工、整理与战略管理相关的各种信息,并据此来协助企业管理层确立战略目标、进行战略规划、评价管理业绩。

11.1.2 战略管理会计的内涵

战略管理会计(SMA)是指从战略的高度进行分析和思考,既提供顾客和竞争对手具有战略相关性的外向型信息,也提供本企业与战略相关的内部信息,协助高层领导制定竞争战略、在战略的层面上从会计的角度应用相应的工具与方法并予以战略评价和调整,充分利用企业内外部资源与优势以达到企业长期良性发展的一个会计分支。

战略管理会计是企业战略管理和管理会计的融合,是为了适应企业整体战略管理的需要而逐渐形成的,它服从于企业的整体战略选择,通过报告战略的成功与否来对战略管理产生影响。因此,在企业战略管理循环的基础上,相应地建立起了战略管理会计循环的 4 个阶段:分析、抉择、执行、评价与反馈。

SMA 分析:运用价值链分析等工具,了解企业在行业价值链中的地位,比较与竞争对手的优劣势,分析影响企业价值链成本发生的各种驱动因素,明确宗旨,树立目标,构建企业的战略。

SMA 抉择:根据企业整体战略明确自身定位,运用成本动因分析等方法选择符合企业长期利益的战略。

SMA 执行:根据确定的战略选择,运用作业成本法、战略预算管理等方法来确保战略目标的实现。

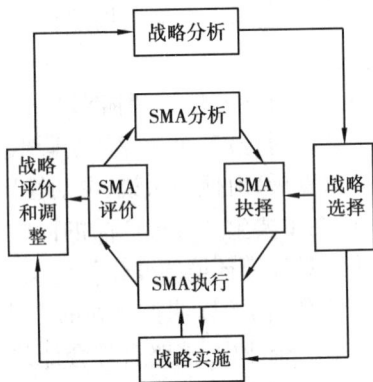

图 11.1 战略管理循环与战略管理会计循环

SMA 评价与反馈:采用平衡计分卡或标杆瞄准制等方法对公司战略执行情况进行评价考核。

11.1.3 战略管理会计与传统管理会计的区别

战略管理会计是随着经济水平的发展和管理科学的进步,逐步在传统管理会计的基础上发展起来的,与传统管理会计相比其主要区别可概括为以下几点。

1) 会计主体不同

传统的管理会计着眼于企业内部经营管理活动中的具体需要,其会计主体着眼于单一会计主体内部的管理职能,对外部环境与资源有所忽视,也基本不研究竞争对手与顾客的相关信息,这有可能导致经过层层分析制定出来的财务政策脱离实际。例如,当产品的质量与设计对顾客购买起决定性作用时,即使企业将成本降低10%进而价格调低10%时,也可能获得不了任何收益,甚至可能导致利润的减少和品牌形象的受损。

战略管理会计则可以弥补传统管理会计的缺陷,强调的是对企业自身、顾客和竞争对手组成的"战略三角"的综合分析,既重视系统内部各种资源和条件的制约,又充分考虑系统外部各种环境因素的影响,强调企业发展与市场环境变化的协调一致,以求得产业价值链的最优效益。它重点分析和提供与企业战略有关的管理会计信息,它所进行的分析并不局限于单一的会计主体,它结合对竞争者的分析来考察会计主体的竞争地位,可以为企业从战略的角度审视企业的组织机构设置、产品开发、市场营销、资源配置,取得竞争优势,提供内部的和外部的、财务的和非财务的、定性的和定量的管理会计信息。

2) 提供的信息维度不同

战略管理会计提供的战略管理信息是多维的。从时间空间上讲,它跨越历史、现在和未来;就会计主体而论,它涉及会计主体及其竞争对手的内外部会计信息;依会计信息的形式来分,它提供的既有财务信息也有非财务信息,战略管理会计是从企业整体和战略的高度去提供信息,既包括企业内部的能以货币计量的财务信息,也包括企业内外部的各种无法用货币计量的信息。这些信息、包括竞争者的成本、竞争对手所用手段对企业的财务影响、产品的盈利能力、定价决策、市场份额、品牌价值、股东价值和现金流量等。

传统管理会计把工作的中心放在企业内部管理与运作,其主体是货币计量的财务信息、非财务信息的提供极为有限。在成本控制方面主要是采取降低成本措施来实施成本控制的目的,力求在工作现场不浪费资源、节能降耗、防止事故,以招标方式采购设备和原料,这些都属于降低成本的初级形态。在预测与决策内容上,传统管理会计把模型应用和结果计算放在首位,忽视模型应用的前提分析和取数过程,以致影响了支持预测、决策信息的准确性,在业绩报告内容方面,传统管理会计所提供的信息更多的是财务信息,忽略了非财务信息对企业的影响。

3)宗旨不同

战略管理会计更注重长期、持续的发展战略,其宗旨是为了取得长期持久的竞争优势。现代企业非常重视自身健康的可持续发展。战略管理会计着重于从长期竞争地位的变化中把握企业未来的发展方向,从长远利益来分析评价企业的资本投资,并随长期发展战略的改变而改变,更注重企业持久优势的取得和保持。战略管理会计超越单一的期间现值,着眼于企业长期发展和整体利益的最大化,着重从长期竞争地位的变化中把握企业未来的发展方向,它更注重企业持久优势的取得和保持,甚至不惜牺牲短期利益,以实现企业价值最大化为目标。而传统管理会计是以提高报告期内企业利润或净现值等短期目标为宗旨,从长期来看,甚至有可能损害企业的利益。

4)投资决策的评价标准不同

传统的管理会计在研究企业投资决策时,对项目的经济评价主要用报酬率或净现值指标:这种方法考虑的主要是企业的财务效益,重点放在直接材料和直接人工的节省上,这与传统的劳动密集和低技术密集的生产条件相适应。而随着经济发展的全球化与市场竞争的国际化,为促使企业提高整体竞争力,不能仅仅考虑财务效益,还要考虑非财务效益。譬如,投资项目的实施结果对其他利益相关者有何影响,顾客的价值能否提高,社会效益与生态效益能否改善:因此,战略管理会计除了用净现值等传统方法进行定量分析外,还要在净现值为正的前提下进行竞争优势分析、价值链分析和成本动因分析等方法综合分析各项货币量指标和非财务、非货币量指标。

5)最终目标不一致

战略管理会计的最终目标应与企业的总目标相一致。传统管理会计的最终目标就是利润最大化。利润最大化虽然能够使企业讲求核算和加强管理,但是,它没有考虑企业的远景规划,而且忽略了市场经济条件下最重要的一个因素——风险。为了克服利润最大化的短期行为和不顾风险的缺陷,战略管理会计的目标应立足于企业的长远发展,衡量风险与报酬之间的关系:企业价值是企业显示与未来收益、有形与无形资产等的综合表现。所以,企业价值最大化也是战略管理会计的最终目标。

战略管理会计的具体目标主要包括:协助企业管理当局确定战略目标、编制战略规划、实施战略规划、评价战略管理业绩。

战略管理会计是从战略的高度向企业提供内外部的消息,克服了传统管理会计的重要缺陷,拓展了管理会计对象的范围,避免了传统管理会计方法在新的竞争环境下提供的会计信息失真情况的出现,使管理会计信息由内向型向内外综合型发展,从而使企业获得长久的竞争优势。

任务 2　战略会计研究的主要内容

【任务描述】通过本部分的学习,掌握战略管理会计研究的主要内容,即战略成本管理、投资决策、战略性绩效评价。

【任务实施】

从战略管理会计的发展过程和特点来看,战略管理会计的体系内容是围绕着战略管理展开的。

11.2.1　战略成本管理

战略成本管理是战略管理会计的重要内容,它是为了提高和保持企业持久的竞争优势而建立的成本管理系统。这一系统主要由价值链分析、战略定位分析、成本动因分析三个主要部分构成。价值链分析是通过行业价值链分析,明确企业价值链位置,讨论利用上下游管理成本的可能性;战略定位分析的基本观点是企业在不同时期采取的战略可能不同,不同产品采取的战略也可能不同,对于不同的战略,企业应采取的成本管理系统也不同;成本动因分析就是要帮助企业选择有利于自身的成本动因作为成本竞争的突破口,以控制企业日常经营中大量潜在的成本问题。

以日本的战略成本为例,由于竞争十分激烈,顾客们对众多供应厂商也变得越来越挑剔,品牌的忠实程度明显下降,从而使企业面对着越来越复杂的顾客群体。企业生产战略的制定需要以产品价格、性能、质量 3 个方面为坐标进行综合考虑,确立自己的产品生存空间,并注意顾客对这三方面的接受程度,即在适当的价位,生产出适当性能与质量的产品。因此,企业必须制定一套质量、性能、成本的总管和管理体系,使企业能够对顾客群的变化迅速做出反应。日本的这套成本管理体系包括以下 3 个部分。

1）确定现在产品与未来产品的产品组合

确定这一组时，要考虑以下几个方面的因素：

①企业应该明确成本管理在竞争中的关键程度。随着日本经济的滑坡和外部环境的变化多端，许多企业把成功的关键因素从产品的性能、质量转向了成本控制。

②产品技术的成熟性。它决定了新产品进入市场的速度及新产品与现有产品的差异程度。当产品的性能和质量已达到顾客要求，而成熟的生产技术已经很难降低现有产品的成本时，就是新产品面市的时机。

③产品生命周期。一般产品都要经历试制、成长、成熟和衰退四个时期。对于生命周期很短的产品，企业往往没有充分的时间降低成本，产品的市场机会就已经消失了。因此，企业应该及早确定现有的产品与未来的产品组合，以防产品断代、成本失效。

2）对未来产品进行成本管理

企业对未来产品的成本管理主要采用以下方法：

①目标成本法。目标成本 = 目标价格 - 目标利润。其中，目标价格指市场上顾客可以接受的价格，目标利润是指企业根据历史数据和竞争优势分析，通过计算机模拟出来的预期利润。这与传统会计管理中所提到的目标成本法类似，但是更强调目标成本是硬性指标，在未来产品设计开发阶段绝不能突破，从而保证投产以后的盈利。

②价值工程。未来产品在目标成本范围之内，为达到一定的质量可靠性，对产品成本的影响因素进行系列检测，参与检测的包括设计部门、供应部门、生产部门等，以保证未来产品质量、性能和成本的配比。

为降低未来产品成本，不仅要求企业成本管理的有效，还要求产品原材料的整个供应链成本管理的有效。为达到这一目的，企业之间的界限模糊了，两个或多个企业之间建立起紧密联系，部分资源（特别是信息管理）共享，从而未来产品成本的降低创造更大的空间。

3）对现在产品进行成本管理

企业对现在产品的成本管理主要采用 3 种方法：

①作业成本法。日本战略管理会计中的作业成本法与本章第一部分所提到的作业成本法有一点不同，即制造费用归于每一作业后，再由每一作业直接分配

到生产线中去,不再由生产线上的单个产品分配。这样做的主要原因是:企业根据顾客在产品性能的不同需求设计出一系列产品,形成一个完整的生产线,可以使顾客没有理由到竞争对手那里去购买产品,从而最大限度地吸引顾客,所以,企业并不因为一种产品的亏损而停止该产品的生产,而是以整个生产线的盈亏之和作为决策的依据。

②生产过程控制。即在生产过程中建立责任中心,进行差异分析,以控制成本预算的完成情况,也就是常说的责任会计。

③完善成本计划。是使企业现在产品成本持续降低的计划。它不同于目标成本法,后者用于产品的设计开发阶段,其降低成本的手段是通过合理化设计实现的。而成本完善计划是在产品生产阶段,通过不断提高生产过程的效率,增加工人劳动的熟练程度实现的。

11.2.2 投资决策

投资决策是传统管理会计的一项重要内容。对投资项目的经济评价主要通过对项目在整个建设和生产经营期内的全部现金流入量、流出量,按投资成本统一换算为现值或年均成本,然后进行比较研究。这种方法主要考虑的是财务效益,把重点放在直接材料和直接人工的节省上,这是与传统的劳动密集和低技术密集的生产条件相适应的。但是,面对全球性的国际大市场,企业为提高其竞争和发展的能力,对投资项目的评价与取舍,不能仅仅考虑财务效益,还要考虑多样化的非财务效益,如投资项目的结果对生产的灵活性、质量的适当性、对顾客的需求反应的及时性和企业生产经营管理整体协调性的影响等。由此可见,投资项目的评价与取舍不能采用僵化的模式,而必须充分注意数量因素与质量因素并重,货币与非货币计量的并重,数量计算与综合判断相结合。

战略管理会计对投资方案的评价除了使用传统管理会计中的定量分析模型以外,还应用了大量的定性分析方法,如价值链分析、成本动因分析、竞争优势分析等。这主要是由于在负载的多变的经济环境中,投资方案的一些影响因素无法用货币精确计量,而这些因素却对投资方案的成败起着至关重要的作用。比如质量不好,因顾客要求派人去维修、补救的追加支出,可以用货币计量,但由此而导致企业信誉的不良影响是无法用货币计量的;对顾客需求的反应不够及时,因拖延交货而支付罚金,可以用货币计量,但由此而影响到顾客的不满却无法用货币计量等。这些无法用货币计量的非财务效益,在战略管理会计中可以用定性分析的方法加以考虑。

11.2.3 战略性绩效评价

　　传统管理会计的业绩评价主要使用财务指标,信息来源也主要取自会计信息系统。由于管理会计和财务会计有各自的侧重点——财务会计人员的主要任务是依据企业财务会计准则,定期编制对外公布的财务报告,向投资者、债权人及有关方面报告企业的财务状况和经营业绩;管理会计人员的主要任务是为企业内部管理层提供及时、有用的管理决策信息,因此,使用财务指标作为业绩评价的依据,不仅时效性较差,而且与决策的相关性也较低。

　　随着企业的生产组织方式向"顾客化生产"转变,管理者的目光开始从企业内部转向企业外部,扩大市场份额、提高企业竞争优势已成为企业关注的重点。在这种情况下,以衡量企业内部经营管理的财务指标作为管理会计业绩评价的依据,显然已经不能满足管理者的要求。引入与战略决策相关性高的其他费财务指标作为业绩评价指标,已成为一种必然趋势。

　　战略管理会计中的业绩评价被称为整体业绩评价,它是指获取成本和其他信息,并在战略管理的每一步应用的过程中,强调业绩评价必须满足管理者的信息需求,以利于企业寻找战略优势。比如在战略形成过程中,管理者需要获取多方面的信息,整体业绩评价通过对相关顾客需求状况的评价来帮助管理者决策。意大利的贝瑞特公司是一家军火制造商,20世纪80年代采用了全面质量管理,但是收效不大。当企业的整体业绩评价转向评价顾客对质量的看法时,发现顾客重视的质量只是猎枪的防锈能力和随身武器百分之百的可靠性。这些直接的战略评价最终使企业提高了利润率,并取得了向美国军方出售手枪的订单。因此战略管理会计认为,有效的评价并不在于使用财务指标还是非财务指标,而是在于它能够发现企业存在的问题。而从战略层来讲,非财务指标往往比财务指标更能说明问题。

　　可见,传统管理会计绩效评价指标通常只看结果而不重视过程。战略性绩效评价是将评价指标与企业所实施的战略相结合,根据不同的战略采取不同的评价指标。这不仅仅改变了传统管理会计的局限,而且将业绩评价由财务指标系统扩展到了非财务指标系统。如果采取产品差异战略,则既注重新产品收入占全部收入的比率等财务指标,又注重新产品上市时间、产品市场占有份额、产品创新率、技术进步率等非财务指标。战略性绩效评价强调绩效指标,既能可定内部绩效的改进,又能借助外部标准衡量企业的竞争地位和能力;既能肯定内部绩效的改进,又能借助外部指标衡量企业的竞争地位和能力;既能考核分析企业战略的执行结果和最初目标的实现情况,又能评价分析取得这一结果的业务经营过程。

任务3 战略管理会计对传统投资决策的修正

【**任务描述**】通过本部分的学习,能运用竞争优势分析、价值链分析、成本动因分析等战略管理会计的方法来进行投资决策。

【**任务实施**】

明智的投资决策是企业战略得以顺利实施的有力保证。传统管理会计对投资项目的经济评价主要通过对项目在整个建设和生产经营期内的全部现金流入量、流出量,按资本成本统一换算为现值,然后进行比较研究,也就是通常所说的净现值法。在战略管理会计中,除了用净现值法进行定量分析外,还要在净现值为正的前提下进行竞争优势分析,价值链分析和成本动因分析等定性分析。

11.3.1 竞争优势分析

企业的生存和发展与周围的环境特别是激烈的市场竞争息息相关,企业管理者只有时刻保持危机感,关注竞争对手,关注市场动态,并以此调整企业战略,才能适应瞬息万变的外部环境,在竞争中取胜,从而谋求更广阔的生存空间和长远的发展。因此,竞争优势的分析是战略管理中的一个极为重要的内容。迈克尔·波特认为,企业最关心的应该是所处行业的竞争强度,行业竞争强度的高低由五种基本的竞争力决定。

1) 新进入者的威胁

一个行业的新进入者将新的生产能力和资源带进来,希望得到一定的市场份额,这对已处于该行业的企业是极大的威胁。然而,这种威胁的大小取决于进入障碍的高低和原有企业可能产生的反应。如果新的进入者知道现有行业的各个企业对它的进入会产生强烈的反应,例如用大幅度降价的方式进行反击,你们就会三思而后行。对新进入者来说,其他障碍因素还包括企业的经济规模、产品的差异性和知名度、进入该行业的成本要求、其他不以企业规模为基础的成本优势、去的销售渠道的方法程度等。

2）顾客讨价还价的能力

顾客可以通过讨价还价或要企业提高产品质量和售后服务,降低企业的利润率。在下列情况下顾客有较大的优势,顾客的购买量占企业销售量的比重大,是企业的主要顾客;顾客可能通过前向联合来生产该产品,即顾客沿自身价值链向前扩大生产范围,变原来的外购材料为自产材料(详见价值链分析);顾客有很多可供选择的供应者;顾客改变供应渠道的成本很低等。

3）供应商讨价还价的能力

供应商可以通过提价或降低产品质量来减少企业利润。在下列情况下供应商有较大的优势:供应的产品被少数企业垄断且供小于求;所供应的产品不可替代;供应商有可能通过后向联合参与本行业的竞争,即供应商沿自身价值链向后扩大生产范围,从企业的供应商变为生产同类产品的竞争对手;企业购买量占供应商产量的一小部分,是个小买主。

4）替代产品的威胁

替代产品可以以限制某种产品价格的方式来影响该行业的盈利能力。例如,即使铝门窗的供给严重不足,铝门窗的生产厂家也不能漫天要价,否则的话,消费者就会采用钢门窗、木质门窗代替。

5）现存企业的竞争

在任何行业中,各个企业都是互相影响的。一个企业的竞争动作立即会对其竞争对手产生明显的影响,并导致它们采取反击措施。在下列情况下这种竞争将会更激烈:竞争者较多且规模大小差不多;行业增长较慢且转行成本较高;产品之间差别不大等。

迈克尔·波特在以上竞争优势分析的基础上提出了3种使企业在竞争中取胜的战略,即低成本战略、高差异战略和集中型战略。

①低成本战略。采用这种战略,要求企业积极建立起达到有效规模的生产设施,在经验基础上全力以赴降低成本,抓紧成本与费用的控制,以及最大限度地减少研究开发、服务、推销、广告等方面的成本费用。为了达到上述目标,有必要在管理方面对成本控制给予高度重视。尽管质量、服务以及其他方面也不容忽视,但贯穿于整个战略的主体是使成本低于竞争对手。虽然存在着激烈的竞争,但处于低成本地位的公司可以获得高于行业平均水平的收益。其成本优势

有利于公司在强大的买方威胁中保护自己,因为买方最多只能将价格压到效率居于其次的竞争对手的水平;低成本也构成对强大供方的防卫,在涨价中具有较高的灵活性。导致低成本战略的诸因素通常也以规模经济或成本优势的形式建立起进入壁垒。最后,低成本通常使本企业在与生产替代品的企业竞争时所处的地位比同业中其他竞争者有利。

赢得最低成本的地位通常要求具备较高的相对市场份额或其他优势,诸如良好的原材料供应等。或许也可能要求产品的设计便于制造生产,保持一个较宽的相关产品系列以分散成本,以及为建立起批量而对所有主要顾客群进行服务。由此,实行低成本战略就可能要有很高的购买先进设备的前期投资、激进的定价和承受初始亏损以攫取市场份额。高市场份额又可进而引起采购经济型而使成本进一步降低。一旦赢取了低成本地位,所获得的较高的利润又可对先进设备进行再投资以维护成本上的领先地位,这种再投资往往是保持低成本的先决条件。

②高差异战略。这种战略的采用要求企业在全行范围内,在产品设计、产品品牌、生产技术、顾客服务、销售渠道等一个或几个方面创造独特性,即通过标新立异吸引顾客,形成相对优势。如果产品的高差异战略可以实现,它就成为在行业中赢得超常收益的可行战略,因为它能建立起对付五种竞争作用力的防御低位,虽然其形式与低成本有所不同。高差异战略利用顾客对品牌的忠诚,以及由此产生对价格的明感性下降,使企业得以避开竞争。顾客的忠诚以及某一竞争对手要战士这种独特性需付出的努力就构成了进入壁垒。产品差异带来的较高收益,可以用来对付供方压力,也可以缓解买方压力——当顾客缺乏选择余地时,起价格的明感性就不高。最后,采用高差异战略而赢得顾客忠诚的公司,在面对代替品威胁时,所处地位比其他竞争对手更有利。

但是,高差异战略有时会与争取占领更大的市场份额相矛盾。它往往要求公司对于这一战略的排他性有思想准备。即这一战略与提高市场份额两者不可兼顾。较为普遍的情况是,如果总是以高成本投入建立高差异,如广泛的研究、产品设计、高品质的材料或周密的顾客服务等,那么实现产品高差异将意味着以牺牲成本地位做代价,然而,即使全产业范围内的顾客都了解企业的独特优点。也并不是所有顾客都愿意或有能力支付企业所要求的较高价格。

③集中型战略。集中型战略是主攻某个特点的顾客群、某产品系列的一个细分区段或某一个地区市场,正如高差异战略那样,集中型战略可以具有许多形式。虽然前两种战略(低成本与高差异)都是要在全行业范围内实现其目标,集中型战略却是围绕着很好的某一特定目标,这一战略的前提是:公司能够以更高

的效率、更好的效果为某一狭窄的战略对象服务,从而超过更为广阔范围对象服务的竞争对手。结果是企业通过较好地满足特定对象的需要,实现了标新立异,或者在为这一对象服务中实现了低成本,或者两者兼得。尽管从整个市场角度看,集中型战略未能取得降低成本或高差异优势,但它却在其狭窄的市场目标中获得了一种或两种优势地位。

采用集中性战略的公司也具有赢得超过行业平均收益水平的潜力。它的目标集中,意味着公司对于其战略实施对象或者处于低成本地位,或者处于高差异优势,或者两者兼有。正如已在低成本战略与高差异战略中讨论过的那样,这些优势可以保护企业不受各个竞争作用力的威胁。采用集中型战略,同时也取得低成本优势的一个典型实例是 Martin Brower,即美国第三大食品分销公司。Martin Brower 公司削减了其客户,只剩下八家主要的快餐连锁店。该公司的整个战略基于满座这些客户的特殊需要,只保留这些客户所需要的狭窄的产品系列,订单的接受过程与这些客户的购买周期衔接,按客户的地理位置设置自己的仓库,严格控制交易记录并使之计算机化。尽管 Martin Brower 公司在对整个市场的服务活动中不能算作一家低成本的批发公司,但它在其特殊的细分市场中取得了低成本优势。Martin Brower 公司因此得到的报偿是迅速发展及高于平均水平的利润表。

11.3.2　价值链分析

企业的生产经营过程可以看作产品(或服务)价值的形成过程。同行业中的所有企业都有着从购买原材料、组织生产,到出售产成品的相同的价值链。只要企业在创造产成品价值的过程中总收益大于总成本,就会盈利。因此,企业有必要自身的价值链构成。

如图 11.2 所示,企业生产经营活动可以分成主体活动和辅助活动两大类。

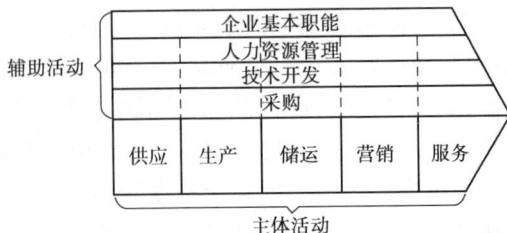

图 11.2　企业生产经营活动

主体活动是生产经营的实质性活动,一般分为供应、生产、储运、营销和服务五种活动。

同一行业的企业,对主体活动的侧重也不同。有的企业侧重于售后服务,有的企业侧重于生产活动中成本的降低。因此,企业的主体活动会在不同程度上体现企业的竞争优势。

辅助活动是指用以支持主体活动或企业内部相互支持的活动,包括企业的采购、技术开发、人力资源管理和企业内部的各种职能活动。图中的虚线表表示采购活动技术开发、人力资源管理3种辅助活动分别与每项具体的主体活动有着密切联系。

企业的基本职能活动是指企业的全面管理、计划工作、财务会计工作、法律事务等一系列活动。这些活动一般用来支持整个价值链的运行,不与每项主体活动发生直接的关系。

企业为了突出自己的竞争优势,有必要构造具有自身特色的价值链,使价值链中的每项子活动或者具有使产品高度差异化的潜力,或者为降低成本做出贡献,同时把可以充分说明企业竞争实力或弱点的子活动单独列出来,扬长避短。企业在构造价值链的过程中,应充分认识到企业内部的各项活动不是孤立存在的,而是相互紧密联系的。只有把这些相互关联的企业内部活动和谐的组织起来,才能最大限度地发挥企业的竞争优势。

值得强调的是,企业的价值链并不是孤立存在的。对孤立的一个企业来说,它的价值链是指从原材料到产成品的价值形成过程中一系列作业的集合体。但是,从最终用户的角度来说,他们把从基础原材料到最终产品看作一个完整的价值链体系,而每一个参与生产的企业只是整个价值链体系中的一个环节。没有一个企业能能够跨越整个价值链体系(如图 11.3 所示)。因此,价值链分析不同于增值分析。

供应商的价值链 → 本企业的价值链 → 顾客(非最终消费者)的价值链 →

图 11.3　价值链体系示意图

增值分析开始于购买原材料,结束于销售产品。将企业的注意力局限在企业内部的价值上,并认为这是企业获取利润的唯一途径。这种分析方法使企业在寻找创利机会的过程,只关注企业自身的生产经营,而导致以下弊病。

①增值分析起点太晚。从买入的原材料开始进行成本分析忽略了企业与供应商之间的关系。而这种关系如果被企业善加利用,将会带来很多机会。这里

所说的"利用"是指企业应该有意识地培养与供应商的良好关系,从整个价值链考虑,减少把不必要的加工环节,使双方都在交易中受益。例如巧克力生产商(供应商)以液体灌装巧克力取代固体巧克力块销售给糖果制造商,不但可以降低巧克力生产商的加工和包装成本,而且可以减少糖果制造商融化固体巧克力的加工工序。

②增值分析结束太早,他已销售为分析终点,忽视了企业与顾客之间的关系,这种关系的利用同样将使企业与顾客从中受益,进而培养与顾客的良好关系。例如,容器制造商向啤酒厂提供的空罐可以直接运送啤酒厂的生产线上,这样不仅节省了多次运输的成本,还加快了运输的速度。

而战略管理会计中的价值链分析着重关注企业提供产品怎样才能更好地进入顾客的价值链,形成顾客的产品价值链中的一个有效组成部分。因此价值链分析不仅克服了增值分析中的弊病,而且还是企业获得竞争优势的主要方式之一。价值链分析的目的是找出能够创造价值的一系列作业之间的关系,进行优化组合,最终降低成本,提高产品差异。它不仅包括企业内部作业之间的关系,还包括企业与企业、企业与供应商、企业与顾客之间的关系,力图从整个价值链的组成中找出降低成本、提高差异的方法。

综上所述,任何一个企业都只是整个价值链的一个组成部分。由于同一行业中不存在竞争环境完全不同的两个企业——完全相同的供应商和顾客,因此,对每一个企业而言,它所面对的整套价值链是唯一的。供应商不仅生产和提供企业所需的材料,还极大地影响着企业降低成本、扩大产品差异的潜力。同样,顾客的行为也会对企业的价值链产生影响。

从下面造纸厂的价值链分析中,就可以看出企业想要获取并保持竞争优势,需要理解整个价值增值系统,而不只是自身价值链的构造。供应商和顾客、供应商的供应商,顾客的顾客都创造自己的利润,这一点对于企业寻找自身产品低成本和高差异的定位是至关重要的,因为最终用户将支付整个价值链中的所有利润。图11.4的中间竖列表明了造纸业从植树造林、伐木、纸浆制造、纸张制造、加工改造到销售给最终用户的整个价值链的组成。我们可以量化其中每一个步骤所产生的成本、收益和资金周转情况。图中的A,B,C,D,E,F,G假设的7个竞争对手,它们分别构造自己的价值链。对这些价值链的战略意义分以下:

A的生产过程几乎覆盖了整个价值链。如果A在各个生产步骤之间的产品转移价格与外部竞争市场上的价格一致的话,那么A可以计算各个生产步骤的资产收益率,从中可以发现哪些产品从外部市场购买比自己生产更为经济(自制或外购的战略选择)。比如,大多数公司愿意直接购买原木,并使用独立的伐木工替它们伐木,运到加工厂,因为这样比公司自己植树。伐木更经济。A 为优化价值链,提高资产收益率,可以把自身的价值链缩短至从"纸浆制造—最终用户"。除了可以像 A 一样缩短价值链以外,企业还可以根据各自不同的战略需要,沿价值链向前或向后进行整合。比如 B 可以将价值链向后延伸至纸张制造或加工改造,甚至最终用户。用图 11.4 所示,C,D,E,F,G 同样可以根据自身需要,形成独具特色的价值链。

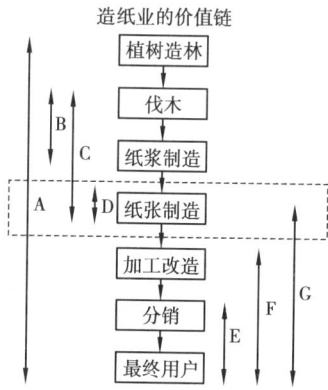

造纸业的价值链

植树造林

伐木

纸浆制造

纸张制造

加工改造

分销

最终用户

图 11.4 造纸业价值链

从图 11.4 中可以看出,每个企业本身既是上一个生产步骤的顾客、当前生产步骤的生产者,又是下一个生产步骤的供应商。计算每一个环节的资产收益率,可以更好地了解各个环节供应商和顾客之间讨价还价的相对力量。比如在"纸张制造"环节,D 生产者,而 A,C,G 的价值链也延伸到这一步步骤,参与纸张制造的生产,因此,在这一环节,A,C,G 是竞争者。同时,A,C,和 B 是"纸浆制造"的生产者,必须是"纸张制造"环节的供应商。如果 A,G 计算一下自身在"纸浆制造"和"纸张制造"的资产收益率,就能够确定向"纸张制造"环节的 D,G 提供原材料的价格变动空间,这种做法能帮助企业在价格谈判中占据主动地位,最终达到降低成本或成本扩大差异的目的。

11.3.3 成本动因分析

成本动因是导致成本结构发生变化的重要因素,例如因生产规模变动引起的成本结构改变;因生产或经营过程复杂程度的增加,使得某些成本动因可能引起其他作业的变动等。在传统管理会计中,单位成本的变动主要归因于单一的成本动因——产量的变动,并以此为基础引申出固定成本、变动成本的成本性态分析、变动成本法、本一量一利分析、盈亏临界点分析,弹性预算、边际贡献等一系列概念和分析方法。随着近年来对成本动因的研究和探讨,会计界发现企业多样的成本性态不仅与产量变动有关,还与其他成本动因紧密相连。

到目前为止,西方会计界比较公认的是把成本动因分为两类——结构性成本动因和执行性成本动因。结构性成本动因是与企业的战略定位和经济结构密切相关的成本因素。不同的战略会导致企业不同的生产经营方式,进而导致截然不同的成本动因。企业战略层可选择的结构性成本动因主要包括 5 个:①规模。指一项投资将形成多大的生产、科研开发、市场营销等资源的组合。②范围。指企业纵向整合的深度（企业跨越整个价值链的长度）。③经验。指企业过去从事过多少次同类产品的生产。④技术。指企业价值链每一步中技术含量的多少。⑤复杂程度。指为顾客提供的产品种类的多少或服务范围的大小。结构性成本动因与企业自身的竞争优势和战略选择息息相关。如果企业采用低成本战略，那么达到一定的经济规模和技术水平就是企业成功的主要成本动因；如果采用高差异战略，那么经验和复杂程度就可能成为企业的主要成本动因。

执行性成本动因是在企业按照所选择的战略定位和经济结构进行生产经营的过程中，要成功的控制成本所应考虑的因素，是决定企业成本水平的重要因素。执行性成本动因包括员工参与管理、员工承诺持续不断地进步、坚持全面质量管理、全面使用有效的生产能力、保证生产流程的效率、充分利用价值链与顾客和供应商加强联系和沟通等。与结构性成本动因不同，执行性成本动因越多，越利于企业进行成本控制，从而达到降低成本的目的。

总之，在成本动因分析中，产量变动不是唯一有效的解释成本性态的原因，而应该从企业竞争优势——经济结构的选择和执行方式来说明成本的组成。对不同企业的不同战略，不是所有的结构性成本动因都同等重要，而是有所偏重。在价值链的每个环节都有各自独特的成本动因，因此，成本动因分析与价值链分析是紧密联系在一起的。竞争对手在价值链的同一环节保持着自己特有的成本动因，从而创造出各种竞争优势。如图 11.4 的虚线方框所示，在纸张制造环节，D 面临着竞争对手 A,C,G 的挑战。但是，处于这一步骤的 A,C,G 由于具有较长的价值链跨度，与 D 形成了不同的竞争优势。如果范围（纵向整合）小是纸张制造环节的主要结构性成本动因的话，那么 A 明显地具有竞争优势，而 D 则处于劣势。

【项目小结】

随着经济的发展和市场竞争的日益激烈，企业对于管理的要求已经上升到了战略管理的层次，而作为企业管理信息最主要来源的管理会计，为适应管理的发展，也诞生了战略管理会计。

战略管理会计主要包括战略管理会计分析、战略管理会计选择、战略管理会计执行与战略管理会计评价 4 个阶段。

战略会计和传统会计的区别主要体现在：主体不同、提供的信息维度不同、宗旨不同、投资决策的评价标准不同、最终目标不一致等方面。

战略管理研究的主要内容包括:投资决策、战略成本管理、战略性绩效评价。

企业可以通过竞争优势分析、价值链分析、成本动因分析等方法对投资决策进行评价。

【项目训练】

一、思考题

1. 战略管理会计与传统管理会计相比有哪些特征?

2. 战略管理会计研究哪些内容?

3. 如何确定企业的竞争优势?

4. 结构性成本动因与执行性成本动因有何不同?

二、练习题

(一)单项选择题

1. 首次提出"战略管理会计"一词的管理学家是(   )。

    A. 西蒙   B. 迈尔斯   C. 皮特   D. 凯恩斯

2. (   )是指根据企业整体战略明确自身定位,运用成本动因分析等方法选择符合企业长期利益的战略。

    A. MSA 分析   B. MSA 决策

    C. MSA 执行   D. MSA 评价和反馈

3. 下列不属于战略管理会计和传统会计的区别的是(   )。

    A. 主体不同   B. 宗旨不同   C. 目标不同   D. 决策者不同

4. 对未来产品进行成本管理主要采用的方法有(   )。

    A. 目标成本法   B. 作业成本法   C. 生产过程控制   D. 完善成本计划

5. 战略管理会计中的业绩评价被称为(   )。

    A. 财务评价   B. 整体评价   C. 经营评价   D. 局部评价

6. 传统管理会计对投资决策的评价指标包括(   )。

    A. 竞争优势分析   B. 价值链分析

    C. 作业成本法   D. 净现值法

7. 要求企业在全行业范围内,在产品设计、产品品牌、生产技术、顾客服务、销售渠道等一个或几个方面创造独特性,并形成相对优势的战略被称为(   )。

A. 低成本战略　B. 高差异战略　　C. 集中型战略　　D. 防御型战略

8. 要求企业积极建立起达到有效规模的生产设施,在经验基础上全力以赴降低成本,抓紧成本与费用的控制,以及最大限度地减少研究开发、服务、推销、广告等方面的成本费用的战略被称为(　　)。

A. 低成本战略　B. 高差异战略　　C. 集中型战略　　D. 防御型战略

9. 从买入的原材料开始进行成本分析而忽略了企业与供应商之间的关系,会导致(　　)。

A. 增值分析结束太早　　　　　B. 高差异战略

C. 增值分析起点太晚　　　　　D. 防御型战略

10. 在传统管理会计中,单位成本的变动主要归因于(　　)的变化。

A. 企业规模　　　　　　　　　B. 产量

C. 生产经验　　　　　　　　　D. 产品构成的复杂程度

(二)多项选择题

1. 企业战略管理的过程一般包括以下 3 个阶段:(　　)

A. 战略的制定　　　　　　　　B. 战略的实施

C. 战略的评价和控制　　　　　D. 战略的管理

2. 1978 年,迈尔斯和斯诺按照企业对外部环境变化所持的不同战略,把企业分为以下几类:(　　)。

A. 防卫者　　　B. 开拓者　　　C. 分析者　　　　D. 被动者

3. 战略管理会计与传统管理会计的区别包括(　　)。

A. 主体不同　　　　　　　　　B. 宗旨不同

C. 提供的信息维度不同　　　　D. 最终目标不一致

4. 日本的成本管理体系包括(　　)。

A. 确定现在产品与未来产品的产品组合

B. 对未来产品进行成本管理

C. 确定产品的价格

D. 对现在产品进行成本管理

5. 传统的管理会计对投资方案的评价主要采用(　　)。

A. 价值链分析　B. 成本动因分析　C. 竞争优势分析　D. 定量分析模型

6. 战略管理会计对投资决策的评价指标包括(　　)。

A. 竞争优势分析　　　　　　　B. 价值链分析

C. 成本动因分析　　　　　　　D. 净现值法

7. 迈克尔·波特认为,企业所处行业的竞争强度的高低取决于以下哪几种基本的竞争力( )。

  A. 新进入者的威胁   B. 买卖双方讨教还价的能力

  C. 替代品的威胁   D. 现存企业的竞争

 8. 迈克尔·波特在竞争优势分析的基础上提出的使企业在竞争中取胜的战略包括( )。

  A. 低成本战略   B. 高差异战略   C. 集中型战略   D. 防御型战略

 9. 企业生产经营活动可以分为( )两类。

  A. 人力资源管理   B. 生产活动

  C. 主体活动   D. 辅助活动

 10. 企业的主体活动包括( )。

  A. 人力资源管理   B. 生产活动

  C. 营销活动   D. 服务活动

（三）判断题

 1. 企业战略管理的第一个阶段是战略的实施。   （   ）

 2. 战略管理会计循环有 4 个阶段：分析、抉择、执行、评价与反馈。 （   ）

 3. 传统管理会计要结合对竞争者的分析来考察会计主体的竞争地位的分析来考察会计主体的竞争地位。   （   ）

 4. 战略管理会计的最终目标就是利润最大化。   （   ）

 5. 战略成本管理是战略管理会计的重要内容，它是为了提高和保持企业持久的竞争优势而建立的成本管理系统。   （   ）

 6. 价值工程是指未来产品在目标成本范围之内，为达到一定的质量可靠性，对产品成本的影响因素进行系列检测，参与检测的包括设计部门、供应部门、生产部门等，以保证未来产品质量、性能和成本的配比。   （   ）

 7. 企业的生产经营过程可以看作产品（或服务）价值的形成过程。 （   ）

 8. 任何一个企业都只是整个价值链的一个组成部分。   （   ）

 9. 执行性成本动因是与企业的战略定位和经济结构密切相关的成本因素。

                             （   ）

 10. 西方会计界比较公认的是把成本动因分为两类——结构性成本动因和执行性成本动因。   （   ）

（四）案例分析

 运用成本动因分析简要比较下例中 ALDI 与沃尔玛的做法。

阿迪超市有什么样的诀窍？沃尔玛的尴尬

德国流传着这样一个笑话——男人都去但从来不说的地方是红灯区，女人都去但从来不说的地方是阿迪超市。最近，沃尔玛公司宣布退出德国，其原因就是这个阿迪超市。阿迪（ALDI）是德国最大的食品零售企业，没有豪华的装饰，没有优雅的购物环境，甚至连停车场和购物所需的塑料袋都不提供，但无论是德国的穷人还是富人，都发自肺腑地"感谢上帝创造了 ALDI"。阿迪的成功使其创始人卡尔·阿尔布莱希特也成为"福布斯富豪榜"上的三号人物，资产约计230 亿美元。

7 月 29 日，就在全球最大的零售商美国沃尔玛公司宣布退出韩国不到两个月内，又宣布退出德国。

沃尔玛通过"总是最低价"的 Heavy Dumping（进攻性倾销战略），将无数竞争对手挤垮。这通常在其他市场都能奏效的"进攻性倾销战略"在德国却失灵了。

在德国九年中，沃尔玛曾与德国本土最大的老牌食品零售企业阿迪（ALDI）超市进行过无数次激烈的战役。在这数次争夺战中，沃尔玛大伤元气。相对于沃尔玛"超级购物中心"的 15 万种卖品，一家典型的阿迪店只有约 700 种卖品，全是"少得不能再少的生活必需品"。比如卫生纸只有两种牌子，雀巢、妮维雅这样的知名品牌都买不到，但是一旦上架的却都是阿迪特有的。仅有的货品大大降低了阿迪的物流成本，并让阿迪与供货商就品质控制和价格谈判时处于绝对优势。

相对于沃尔玛 1 500 平方米的"超级大卖场"，一般每个阿迪店的营业面积只有 750 平方米，大大降低了房租与水电的费用。相对于沃尔玛一家店 40 ~ 50个员工，阿迪每个连锁店一般只有 4 ~ 5 名员工，远远低于普通超市 15 名员工的平均数字。由此阿迪可以支付员工很高的薪水，但是从整体意义上又做到了节约劳动力成本。毕马威称阿迪的劳动力成本仅占其营业收入的 6%，而普通超市的员工成本一般要占到总收入的 12% ~ 16%。在阿迪店内，一般 4 个收银台只开放 2 个，当买东西的顾客排成长队时，只需按一下收银台的按铃，很快就有另外的收银员过来。除了收银台之外，整个商店内只能看到两个员工的身影，他们正专注于把空的盒子拿出去或装满盒子。阿迪的工作人员都是收银员兼理货员，根据顾客排队的长短随时调节自己的工作。相对于沃尔玛优雅的轻音乐或者柔和灯光的购物氛围，阿迪甚至不愿意浪费时间来精心摆放货物，物品都是摆放在原来的包装盒子里面，只是盒盖被撕掉了，它们或靠墙堆积，或者放在简易的架子上，价格写在普通纸上，然后贴在从天花板垂下的贴板上。于是顾客在阿迪店内经常看到鲜桃汁旁边售卖的就是蒸汽清洁器,葡萄干旁边是大米,或者名贵葡萄酒旁边是长筒丝袜。他们甚至连停车场和购物所需的塑料袋都不提供。

相对于沃尔玛遍布全世界的铺天盖地的广告,阿迪从来不做广告。阿迪只是把具体的产品信息贴到店外,就足以引起成千上万人的关注,阿迪是德国少有从开门到打烊都排长队的卖场。相对于沃尔玛的种种,阿迪似乎都处于劣势地位,但是阿迪的物品却比沃尔玛便宜。

据毕马威统计,阿迪的物品单价要比一般超市低20%~30%。这里的价格确实很低:3个冷冻比萨2.24美元,在沃尔玛至少3美元;一瓶不错的卡本奈葡萄酒2.36美元,在沃尔玛需要3美元;一件品牌的风衣才卖10美元,同样的品牌风衣在沃尔玛卖到15.99美元。无怪乎,无论是德国的穷人还是富人都发自肺腑地"感谢上帝创造了ALDI"。成本控制是阿迪成功的重要法宝。阿迪创始人卡尔坦承:"我们唯一的经营原则就是最低价格。"

沃尔玛总裁在退出声明不得不承认,沃尔玛无法在德国达到由自己设定的目标,并低估了在德国市场遇见的困难和对手的实力,沃尔玛同意向阿迪及麦德龙(Metro AG)出售其位于德国境内的百货商店。

附 录

附 表 1
1 元 的 终 值 表

n	1%	2%	3%	4%	5%	6%
1	1.010	1.020	1.030	1.040	1.050	1.060
2	1.020	1.040	1.061	1.082	1.102	1.124
3	1.030	1.061	1.093	1.125	1.158	1.191
4	1.041	1.082	1.126	1.170	1.216	1.262
5	1.051	1.104	1.159	1.217	1.276	1.338
6	1.062	1.126	1.194	1.265	1.340	1.419
7	1.072	1.149	1.230	1.316	1.407	1.504
8	1.083	1.172	1.267	1.369	1.477	1.594
9	1.094	1.195	1.305	1.423	1.551	1.689
10	1.105	1.219	1.344	1.480	1.629	1.791
11	1.116	1.243	1.384	1.539	1.710	1.898
12	1.127	1.268	1.426	1.601	1.796	2.012
13	1.138	1.294	1.469	1.665	1.886	2.133
14	1.149	1.319	1.513	1.732	1.980	2.261
15	1.161	1.346	1.558	1.801	2.079	2.397
16	1.173	1.373	1.605	1.873	2.183	2.540
17	1.184	1.400	1.653	1.948	2.292	2.693
18	1.196	1.428	1.702	2.026	2.407	2.854
19	1.208	1.457	1.754	2.107	2.527	3.026
20	1.220	1.486	1.806	2.191	2.653	3.207
25	1.282	1.641	2.094	2.666	3.386	4.292
30	1.348	1.811	2.427	3.243	4.322	5.743

1 元 的 终 值 表(续)

n	7%	8%	9%	10%	12%	14%
1	1.070	1.080	1.090	1.100	1.120	1.140
2	1.145	1.166	1.188	1.210	1.254	1.300
3	1.225	1.260	1.295	1.331	1.405	1.482
4	1.311	1.360	1.412	1.464	1.574	1.689
5	1.403	1.469	1.539	1.611	1.762	1.925
6	1.501	1.587	1.677	1.772	1.974	2.195
7	1.606	1.714	1.828	1.949	2.211	2.502
8	1.718	1.851	1.993	2.144	2.476	2.853
9	1.838	1.999	2.172	2.358	2.773	3.252
10	1.967	2.159	2.367	2.594	3.106	3.707
11	2.105	2.332	2.580	2.853	3.479	4.226
12	2.252	2.518	2.813	3.138	3.896	4.818
13	2.410	2.720	3.066	3.452	4.363	5.492
14	2.579	2.937	3.342	3.797	4.887	6.261
15	2.759	3.172	3.642	4.177	5.474	7.138
16	2.952	3.426	3.970	4.595	6.130	8.137
17	3.159	3.700	4.328	5.054	6.866	9.276
18	3.380	3.996	4.717	5.560	7.690	10.576
19	3.617	4.316	5.142	6.116	8.613	12.056
20	3.870	4.661	5.604	6.728	9.646	13.743
25	5.427	6.848	8.623	10.825	17.000	26.462
30	7.612	10.063	13.268	17.449	29.960	50.950

1 元 的 终 值 表（续）

n	15%	16%	18%	20%	24%	28%	32%	36%	40%	50%
1	1.150	1.160	1.180	1.200	1.240	1.280	1.320	1.360	1.400	1.500
2	7.323	1.346	1.392	1.440	1.538	1.638	1.742	1.850	1.960	2.250
3	1.521	1.561	1.643	1.728	1.907	2.097	2.300	2.515	2.744	3.375
4	1.749	1.811	1.939	2.074	2.364	2.684	3.036	3.421	3.842	5.062
5	3.011	2.100	2.288	2.488	2.932	3.436	4.007	4.653	5.378	7.594
6	2.313	2.436	2.700	2.986	3.365	4.398	5.290	6.328	7.530	11.391
7	2.660	2.926	3.185	3.583	4.508	5.630	6.983	8.605	10.541	17.086
8	3.059	3.278	3.759	4.300	5.590	7.206	9.217	11.703	14.758	25.629
9	3.518	3.803	4.435	5.160	6.931	9.223	12.166	15.917	20.661	38.443
10	4.046	4.411	5.234	6.192	8.594	11.806	16.060	21.647	28.925	57.665
11	4.652	5.117	6.176	7.430	10.657	15.112	21.199	29.439	40.496	86.498
12	5.350	5.936	7.288	8.916	13.215	19.343	27.983	40.037	56.694	129.746
13	6.153	6.886	8.599	10.699	16.386	24.759	36.937	54.451	79.371	194.620
14	7.076	7.988	10.147	12.839	20.319	31.691	48.757	74.053	111.120	291.929
15	8.137	9.266	11.974	15.407	25.196	40.565	64.359	100.712	155.568	437.894
16	9.358	10.748	14.129	18.488	31.243	51.923	84.954	136.69	217.795	656.84
17	10.761	12.468	16.672	22.186	38.741	66.461	112.139	186.277	304.913	985.26
18	12.375	14.463	19.673	26.623	48.039	85.071	148.024	253.338	426.879	1 477.89
19	14.232	16.777	23.214	31.948	59.568	108.890	195.391	344.540	597.630	2 216.3
20	16.367	19.461	27.393	38.338	73.864	139.380	257.916	468.574	836.683	3 325.26
25	32.919	40.874	62.669	95.396	216.542	478.905	1 033.59	2 180.08	4 499.88	25 251
30	66.212	85.850	143.371	237.376	634.820	1 645.504	4 142.07	10 143	24 201.4	191 750

附 表 2

1 元的现值表

n	1%	2%	3%	4%	5%	6%	7%	8%	9%	10%	12%
1	0.990	0.980	0.971	0.962	0.952	0.943	0.935	0.926	0.917	0.909	0.893
2	0.980	0.961	0.943	0.925	0.907	0.890	0.873	0.857	0.842	0.826	0.797
3	0.971	0.942	0.915	0.889	0.864	0.840	0.816	0.794	0.772	0.751	0.712
4	0.961	0.924	0.889	0.855	0.823	0.792	0.763	0.735	0.708	0.683	0.636
5	0.951	0.906	0.863	0.822	0.784	0.747	0.713	0.681	0.650	0.621	0.567
6	0.942	0.888	0.838	0.790	0.746	0.705	0.666	0.630	0.596	0.565	0.507
7	0.933	0.871	0.813	0.760	0.711	0.665	0.623	0.584	0.547	0.513	0.452
8	0.924	0.854	0.789	0.731	0.677	0.627	0.582	0.540	0.502	0.467	0.404
9	0.914	0.837	0.766	0.703	0.645	0.592	0.544	0.500	0.460	0.424	0.361
10	0.905	0.820	0.744	0.676	0.614	0.558	0.508	0.463	0.422	0.386	0.322
11	0.896	0.804	0.722	0.650	0.585	0.527	0.475	0.429	0.388	0.351	0.288
12	0.887	0.789	0.701	0.625	0.557	0.497	0.444	0.397	0.356	0.319	0.257
13	0.879	0.773	0.681	0.601	0.530	0.469	0.415	0.368	0.326	0.290	0.229
14	0.870	0.758	0.661	0.578	0.505	0.442	0.388	0.341	0.299	0.263	0.205
15	0.861	0.743	0.642	0.555	0.481	0.417	0.362	0.315	0.275	0.239	0.183
16	0.853	0.728	0.623	0.534	0.458	0.394	0.339	0.292	0.252	0.218	0.163
17	0.844	0.714	0.605	0.513	0.436	0.371	0.317	0.270	0.231	0.198	0.146
18	0.836	0.700	0.587	0.494	0.416	0.350	0.296	0.250	0.212	0.180	0.130
19	0.828	0.686	0.570	0.475	0.396	0.331	0.277	0.232	0.195	0.164	0.116
20	0.820	0.673	0.554	0.456	0.377	0.312	0.258	0.215	0.178	0.149	0.104
25	0.780	0.610	0.478	0.375	0.295	0.233	0.184	0.146	0.116	0.092	0.059
30	0.742	0.552	0.412	0.308	0.231	0.174	0.131	0.099	0.075	0.057	0.033

1 元的现值表（续）

n	14%	15%	16%	18%	20%	24%	28%	32%	36%	40%	50%
1	0.877	0.870	0.862	0.847	0.833	0.806	0.781	0.758	0.735	0.714	0.667
2	0.769	0.756	0.743	0.718	0.694	0.650	0.610	0.574	0.541	0.510	0.444
3	0.675	0.658	0.641	0.609	0.579	0.524	0.477	0.425	0.398	0.364	0.296
4	0.592	0.572	0.552	0.516	0.482	0.423	0.373	0.329	0.292	0.260	0.198
5	0.519	0.497	0.476	0.437	0.402	0.341	0.291	0.250	0.215	0.186	0.132
6	0.456	0.432	0.410	0.370	0.335	0.275	0.227	0.189	0.158	0.133	0.088
7	0.400	0.376	0.354	0.314	0.279	0.222	0.178	0.143	0.116	0.095	0.059
8	0.351	0.327	0.305	0.266	0.233	0.179	0.139	0.108	0.085	0.068	0.039
9	0.308	0.284	0.263	0.226	0.194	0.144	0.108	0.082	0.063	0.048	0.026
10	0.270	0.247	0.227	0.191	0.162	0.116	0.085	0.062	0.046	0.035	0.017
11	0.237	0.215	0.195	0.162	0.135	0.094	0.066	0.047	0.034	0.025	0.012
12	0.208	0.187	0.169	0.137	0.112	0.076	0.052	0.036	0.025	0.018	0.008
13	0.182	0.163	0.145	0.116	0.093	0.061	0.040	0.027	0.018	0.013	0.005
14	0.160	0.141	0.125	0.099	0.078	0.049	0.032	0.021	0.014	0.009	0.003
15	0.140	0.123	0.108	0.084	0.065	0.040	0.025	0.016	0.010	0.006	0.002
16	0.123	0.107	0.093	0.071	0.054	0.032	0.019	0.012	0.007	0.005	0.002
17	0.108	0.093	0.080	0.060	0.045	0.026	0.015	0.009	0.005	0.003	0.001
18	0.095	0.081	0.069	0.051	0.038	0.021	0.012	0.007	0.004	0.002	0.001
19	0.083	0.070	0.060	0.043	0.031	0.017	0.009	0.005	0.003	0.002	0.000
20	0.073	0.061	0.051	0.037	0.026	0.014	0.007	0.004	0.002	0.001	0.000
25	0.038	0.030	0.024	0.016	0.010	0.005	0.002	0.001	0.000	0.000	
30	0.020	0.015	0.012	0.007	0.004	0.001	0.000	0.000	0.000		

附 表 3

1 元的年金终值表

n	1%	2%	3%	4%	5%	6%	7%	8%	9%	10%	12%	14%
1	1.000	1.000	1.000	1.000	1.000	1.000	1.000	1.000	1.000	1.000	1.000	1.000
2	2.010	2.020	2.030	2.040	2.050	2.060	2.070	2.080	2.090	2.100	2.120	2.140
3	3.030	3.060	3.091	3.122	3.152	3.184	3.215	3.246	3.278	3.310	3.374	3.440
4	4.060	4.122	4.184	4.246	4.310	4.375	4.440	4.506	4.573	4.641	4.779	4.921
5	5.101	5.204	5.309	5.416	5.526	5.637	5.751	5.867	5.985	6.105	6.353	6.610
6	6.132	6.308	6.468	6.633	6.802	6.975	7.153	7.336	7.523	7.716	8.115	8.536
7	7.214	7.434	7.662	7.898	8.142	8.394	8.654	8.923	9.200	9.487	10.089	10.730
8	8.286	8.583	8.892	9.214	9.549	9.897	10.260	10.673	11.028	11.436	12.300	13.233
9	9.369	9.755	10.159	10.583	11.027	11.491	11.978	12.488	13.021	13.579	14.776	16.085
10	10.462	10.950	11.464	12.006	12.578	13.181	13.816	14.487	15.193	15.937	17.549	19.337
11	11.567	12.169	12.808	13.486	14.207	14.972	15.784	16.645	17.560	18.531	20.655	23.044
12	12.683	13.412	14.192	15.026	15.917	16.870	17.883	18.977	20.141	21.384	24.133	27.271
13	13.809	14.680	15.618	16.627	17.713	18.882	20.141	21.495	22.953	24.523	28.029	32.089
14	14.947	15.974	17.086	18.292	19.599	21.051	22.550	24.215	26.019	27.975	32.393	37.581
15	16.097	17.293	18.599	20.024	21.579	23.276	25.129	27.152	29.361	31.772	37.280	43.842
16	17.258	18.639	20.157	21.825	23.675	25.673	27.888	30.324	33.003	35.950	42.753	50.980
17	18.430	20.012	21.762	23.693	25.840	28.213	30.840	33.750	36.974	40.545	48.884	59.118
18	19.615	21.412	23.414	25.645	28.132	30.906	33.999	37.450	41.301	45.599	55.750	68.394
19	20.811	22.841	25.117	27.671	30.539	33.760	37.379	41.446	46.018	51.159	63.440	78.969
20	22.019	24.297	26.870	29.778	33.066	36.786	40.995	45.762	51.160	57.275	72.052	91.025
25	28.243	32.030	36.459	41.646	47.727	54.865	63.249	73.106	84.701	98.347	133.334	181.871
30	34.785	40.568	47.575	56.085	66.349	79.058	94.461	113.283	136.308	164.494	241.333	356.787

1 元的年金终值表（续）

n	16%	18%	20%	24%	28%	32%	36%	40%	50%
1	1.000	1.000	1.000	1.000	1.000	1.000	1.000	1.000	1.000
2	2.160	2.180	2.200	2.240	2.280	2.320	2.360	2.400	2.500
3	3.506	3.572	3.640	3.778	3.918	4.062	4.210	4.360	4.750
4	5.066	5.215	5.368	5.684	6.016	6.362	6.725	7.104	8.125
5	6.877	7.154	7.442	8.048	8.700	9.398	10.146	10.946	13.187
6	8.977	9.442	9.930	10.980	12.136	13.406	14.799	16.324	20.781
7	11.414	12.142	12.916	14.615	16.534	18.696	21.126	23.853	32.172
8	14.240	15.327	16.499	19.123	22.163	26.678	29.732	34.395	49.258
9	17.518	19.086	20.799	24.712	29.369	34.895	41.435	49.053	74.887
10	21.321	23.521	25.959	31.643	38.592	47.062	57.352	69.814	113.33
11	25.733	28.755	32.150	40.238	50.399	63.122	78.998	98.739	170.99
12	30.850	34.931	39.580	50.895	65.510	84.320	108.44	139.24	257.49
13	36.786	42.129	48.497	64.110	84.853	112.30	148.48	195.93	387.24
14	43.672	50.818	59.196	80.496	109.61	149.24	202.93	275.30	581.86
15	51.660	60.965	72.035	100.815	141.30	197.99	276.98	386.42	873.78
16	60.925	72.939	87.442	126.011	181.87	262.36	377.69	541.99	1 311.7
17	71.673	87.068	105.931	157.253	233.79	347.31	514.66	759.78	1 968.5
18	84.141	103.740	128.117	195.994	300.25	459.45	700.94	1 064.7	2 953.8
19	98.603	123.414	154.740	244.033	385.32	607.47	954.28	1 491.6	4 431.7
20	115.380	146.628	186.688	303.601	494.21	802.86	1 298.8	2 089.2	6 648.5
25	249.214	342.603	471.981	898.092	1 706.8	3 226.8	6 053.0	11 247.2	30 500.3
30	530.312	790.948	1 181.882	2 640.916	5 873.2	12 941.0	28 172.2	60 501.1	683 500

附 表 4

1 元的年金现值表

n	1%	2%	3%	4%	5%	6%	7%	8%	9%	10%	12%	14%
1	0.990	0.980	0.971	0.962	0.952	0.943	0.935	0.923	0.917	0.909	0.893	0.877
2	1.970	1.942	1.914	1.886	1.859	1.833	1.808	1.783	1.759	1.736	1.690	1.647
3	2.941	2.884	2.829	2.775	2.723	2.673	2.624	2.577	2.531	2.487	2.402	2.322
4	3.902	3.808	3.717	3.630	3.546	3.465	3.387	3.312	3.240	3.170	3.037	2.914
5	4.853	4.713	4.580	4.452	4.330	4.212	4.100	3.993	3.890	3.791	3.605	3.433
6	5.796	5.601	5.417	5.242	5.076	4.917	4.766	4.623	4.486	4.355	4.111	3.889
7	6.728	6.472	6.230	6.002	5.786	5.582	5.380	5.206	5.033	4.868	4.564	4.288
8	7.652	7.326	7.020	6.733	6.463	6.210	5.971	5.747	5.535	5.335	4.968	4.639
9	8.566	8.162	7.786	7.435	7.108	6.802	6.515	6.247	5.995	5.759	5.328	4.946
10	9.471	8.983	8.530	8.111	7.722	7.360	7.024	6.710	6.418	6.145	5.650	5.216
11	10.368	9.787	9.253	8.761	8.306	7.887	7.499	7.139	6.805	6.495	5.938	5.453
12	11.255	10.575	9.954	9.385	8.863	8.384	7.943	7.536	7.161	6.814	6.194	5.660
13	12.134	11.348	10.635	9.986	9.394	8.853	8.358	7.904	7.487	7.103	6.424	5.842
14	13.004	12.106	11.296	10.563	9.899	9.295	8.746	8.244	7.786	7.267	6.628	6.002
15	13.865	12.849	11.938	11.118	10.380	9.712	9.108	8.559	8.060	7.606	6.811	6.142
16	14.718	13.578	12.561	11.652	10.838	10.106	9.447	8.851	8.313	7.824	6.974	6.265
17	15.562	14.292	13.166	12.166	11.274	10.477	9.763	9.122	8.544	8.022	7.120	6.373
18	16.398	14.992	13.754	12.659	11.690	10.828	10.059	9.372	8.756	8.201	7.250	6.467
19	17.226	15.679	14.324	13.134	12.085	11.158	10.336	9.604	8.950	8.365	7.366	6.550
20	18.047	16.351	14.878	13.590	12.462	11.470	10.594	9.818	9.129	8.514	7.469	6.623
25	22.023	19.524	17.413	15.622	14.094	12.783	11.654	10.675	9.823	9.077	7.843	6.873
30	25.808	22.397	19.600	17.792	15.373	13.765	12.409	11.258	10.274	9.427	8.055	7.003

1 元的现值表（续）

n	16%	18%	20%	24%	28%	32%	36%	40%	50%
1	0.862	0.847	0.833	0.806	0.781	0.758	0.735	0.714	0.667
2	1.605	1.566	1.528	1.457	1.392	1.332	1.276	1.224	1.111
3	2.246	2.174	2.106	1.981	1.863	1.766	1.674	1.589	1.407
4	2.798	2.690	2.589	2.404	2.241	2.096	1.966	1.849	1.605
5	3.274	3.127	2.991	2.745	2.532	2.345	2.181	2.035	1.737
6	3.685	3.498	3.326	3.020	2.759	2.534	2.339	2.168	1.824
7	4.030	3.812	3.605	3.242	2.937	2.678	2.455	2.263	1.883
8	4.344	4.078	3.837	3.421	3.076	2.786	2.540	2.331	1.922
9	4.607	4.300	4.031	3.566	3.184	2.868	2.603	2.379	1.948
10	4.833	4.494	4.193	3.682	3.269	2.930	2.650	2.414	1.965
11	5.029	4.656	4.327	3.776	3.335	2.978	2.683	2.438	1.977
12	5.197	4.793	4.439	3.851	3.387	3.013	2.708	2.456	1.985
13	5.342	4.910	4.533	3.912	3.427	3.040	2.727	2.469	1.990
14	5.468	5.008	4.611	3.962	3.459	3.061	2.740	2.478	1.993
15	5.576	5.092	4.675	4.001	3.483	3.706	2.750	2.484	1.995
16	5.669	5.162	4.730	4.033	3.503	3.088	2.758	2.489	1.997
17	5.749	5.222	4.775	4.059	3.518	3.097	2.763	2.492	1.998
18	5.818	5.273	4.812	4.080	3.529	3.104	2.762	2.494	1.999
19	5.878	5.316	4.844	4.097	3.539	3.109	2.770	2.496	1.999
20	5.929	5.353	4.870	4.110	3.546	3.113	2.772	2.497	1.999
25	6.097	5.467	4.948	4.147	3.564	3.122	2.776	2.499	2.000
30	6.177	5.517	4.979	4.169	3.569	3.124	2.778	2.500	2.000

参考文献

[1] 余绪缨,蔡淑娥. 管理会计[M]. 北京:中国财政经济出版社,2000.

[2] 刘继伟,于树彬,甘永生. 管理会计[M]. 北京:高等教育出版社,2000.

[3] Pat Connlly. 管理会计[M]. 张建平,译. 梁剑华,苏婉玲,编审. 上海:上海教育出版社,2000.

[4] 全国中等职业学校财经类专业教材编写组. 管理会计[M]. 北京:高等教育出版社,2000.

[5] 李天民. 管理会计学[M]. 北京:中央广播电视大学出版社,2000.

[6] 黄正健,龚凯颂. 管理会计学[M]. 广州:广东人民出版社,2000.

[7] 全国会计专业技术资格考试领导小组办公室编. 管理会计[M]. 大连:东北财经大学出版社,1995.

[8] 王琳. 管理会计[M]. 大连:东北财经大学出版社,2000.

[9] 财政部注册会计师考试委员会办公室. 财务成本管理[M]. 北京:中国财政经济出版社,2003.

[10] 于树彬,刘萍,王忠民. 管理会计[M]. 4版. 大连:东北财经大学出版社,2011.

[11] 吴明礼. 管理会计[M]. 北京:中国劳动社会保障出版社,2000.

[12] 张晓燕,张利. 新编管理会计[M]. 3版. 大连:大连理工大学出版社,2004.

[13] 刘天明. 管理会计学[M]. 北京:中国物资出版社,2003.

[14] 财政部会计资格评价中心编. 财务管理[M]. 北京:中国财政经济出版社,2013.